ESSENTIALS

of Neuropsychological Assessment, 2nd Edition

신경심리평가의 핵심

원서 2판

Nancy Hebben · William Milberg 공저 | 곽세열 역

학지사

Essentials of Neuropsychological Assessment, 2nd Edition
by Nancy Hebben and William Milberg

이 역서는 부산대학교 기본연구지원사업에 의하여 출판되었음

역자 서문

한국에서 많은 선배 학자의 노력에 힘입어 양질의 신경심리평가 도구들이 개발 및 출판되었으며, 우수한 신경심리학 도서들이 번역되었습니다. 또한 현장에서 오랜 전문 경험을 쌓은 전문가들의 기관 및 학회를 매개한 교육과정들이 매우 체계화되어 단기간에 실무적 교육을 받을 수 있는 기회 또한 많아졌습니다. 그렇지만 여전히 신경심리평가의 원리들을 상세하게 다루는 마땅한 번역서가 없어서 지금까지의 신경심리평가는 시행 지침을 익히는 것을 넘어서는 원리의 학습에 어려움이 많았습니다. 또한 대학에서 강의를 준비하면서는 실무 훈련에 대한 수요가 많음에도 불구하고 이론서와 검사 매뉴얼 사이를 잇는 자리에 마땅한 교재가 없다 보니 임상심리 전공생들의 자가 학습에 어려움이 많았습니다.

이 책을 처음 접했을 때는 직접 신경심리평가를 하면서 느꼈던 갈증과 의문이 오랜 역사적 질문들임을 알 수 있었으며, 이미 많은 사람이 이 문제들을 깊게 다뤄 왔다는 것을 알고 적잖게 놀랐습니다. 본문에서도 수차례 강조될 내용이지만, 이 논의들을 이해하고 있는 것이 정확하고 타당한 자료의 해석에 매우 중요할 것이라 믿습니다.

신경심리평가에서 기반을 두는 학문의 원천에는 정신과적 장애를 주로 다루는 심리평가 분야나 심리측정학의 발전과 함께한 지능 검사의 분야와는 사뭇 다른 배경들이 있습니다. 측정 대상의 물리적 실체가 비교적 뚜렷하다는 점에서 검사의 타당도를 규정하는 논리의 구조에서도 차이가 있습니다. 따라서 시중의 훌륭한 심리평가 학습서들과 함께 신경심리평가의 특수한 사안들을 아울러 다룰 수 있다면 시중의 임상 도구들을 보다 효과적으로 활용할 수 있을 것입니다. 또한 최근에는 디지털 플랫폼을 통한 행동 자료를 수집하고 신경심리적 의미를 추론하는 기술들이 부상하고 있습니다. 새로운 기술에 대한 낙관적 전망을 타당화의 과정으로 현실화하는 작업에도 이 책에서 다루는 핵심적인 원리가 중요하게 참조될 수 있습니다.

이 책은 미국의 특수적인 사안(학회의 역사, 이중언어 및 인종)이나 검사의 상업적 특수성(시판 검사, 출판사)을 일부분 할애하여 다루고 있습니다. 현재 한국에 해당되지 않는 내용들 중 일부는 역자의 판단하에 생략하거나 역주를 통해 부연하였습니다. 또한 이 책은 출판된 지 수년의 시간이 지났기 때문에 비교적 최근의 신경심리 실무의 흐름과는 맞지 않는 내용들이 있습니다(지나치게 긴 평가 보고서 예시, 생체 표지 기술의 발전, 검사 버전). 향후 지속적으로 갱신되는 '핵심(essentials series)'에서 이러한 변천들을 함께 다룰 수 있길 기대합니다. 마지막으로, 저의 임상신경심리학 지도교수님으로서 학문의 정수를 전해주신 최진영 교수님, 그리고 서울대학교 심리학과에서 함께 고민하고 배운 임상신경과학 연구실 선배와 동료들에게 감사의 말씀을 올립니다.

이 작업은 부산대학교 기본연구지원사업(2년)의 지원을 받고 진행되었음을 밝힙니다.

2024년

역자 곽세열

저자 서문

심리평가의 Essentials 시리즈에서는 가장 효율적이고 쉽게 이용할 수 있는 방식으로 실용적인 내용을 독자에게 전달하고자 했다. 이 시리즈물에서는 인지, 성격, 교육, 신경심리와 같은 여러 영역의 도구들을 다룬다. 이 책은 숙련된 임상가가 되기 위하여 새롭게 나오거나 개정된 도구들의 활용에 숙련되는 간결하면서 촘촘한 방법과 함께 최신의 검증된 도구에 대한 정보를 유지하는 쉬운 방법들을 제공한다. 초심자들을 위해 우선순위가 매겨진 모든 정보와 기법을 총정리하고 있으며, 이 내용들은 심리 진단의 복잡한 과정에서 곧바로 확인할 수 있어야 할 것이다.

가능한 경우, 핵심 사항을 강조하기 위한 시각적 요약이 체계적인 단계별 지침과 함께 제시되었다. 각 장들은 집중적이고 간결하다. 주제는 시행, 채점, 해석 및 임상적 적용의 필수 사항을 쉽게 이해하기 위한 것이다. 이론과 연구는 계속해서 각 책의 구조에 촘촘히 짜여 있지만, 언제나 임상적 추론을 목표로부터 곁길로 새거나 압도적이지는 않게끔 배치하였다. 우리는 오랫동안 '똑똑한' 검사를 주창해 왔다. 즉, 검사 점수의 프로파일은 지식이 풍부한 검사자의 임상적 관찰과 영리한 탐색 작업에 의해 생생히 살아나지 않는 한 의미가 없다는 뜻이다. 검사 프로파일은 아동과 성인의 삶에 변화를 주기 위해 사용되어야 한다. 그게 아니라면 왜 굳이 검사를 받아야 하겠는가? 우리는 이 시리즈를 통해 독자들이 최고의 똑똑한 검사자가 되는 데 도움이 되기를 바란다.

업데이트되고 확장된 『신경심리평가의 핵심 2판』에서는 신경심리평가 실천의 기초가 되는 가정, 논리, 지식 기반 및 기술에 대한 개요를 제시하고 있다. 이 판은 신경심리검사 도구의 개발과 타당화에 영향을 미치는 급변하는 기술과 개념들을 다루고, 임상 실무에서 널리 사용되고 있는 여러 새로운 측정 방법에 대한 범위를 확장했다. 이 책은 심리기능에 대한 정상적이고 병리적인 뇌의 영향이 무엇인지 추론함에 있어서 임상적 과거력, 행동 관찰 그리고 정규 검사 결과가 어떻게 추론에 활용되는지를 설명한다. 이 책에서는 전문가와 의뢰인에게 도움이 되게끔 참조되는 이 정보를 어떻게 보고해야 하는지를 논의한다. 노인, 소아, 법의학, 기타 특수 장면에서 신경심리평가와 관련되는 실무적이고 개념적인 사안들을 다루고, 각각에 대해 실용적인 조언이 제공될 것이다. 각 장에서는 해당 영역의 지식을 깊게 할 수 있는 정보 출처를 제공하고 있다. 독자들은 또한 임상신경심리학자들의 전문적인 계발과 훈련에 대한 논의와 더불어, 그 분야의 검사 재료, 저널, 참고도서에 대한 광범위한 정보를 제공한다. 이 책은 신경심리평가의 대학원 수준 과정의 도서 목록으로 추천하며, 최신 임상심리학에서 성장하고 있는 전문 분야에서 절차와 논리에 대한 실제적인 정보를 찾는 현장의 전문가들에게도 도움이 될 것이다.

Alan S. Kaufman, PhD, and Nadeen L. Kaufman, EdD, Series Editors

Yale University School of Medicine

차 례

4장 검사의 선택, 시행, 채점 • 83

5장 해석의 핵심 • 167

1장
신경심리평가 입문

개관

현대 심리학은 생물학/신경생물학 및 사회과학 양쪽에 정체성을 두고 있다는 것을 생각한다면, 임상신경심리학이 1970년대가 되어서야 개인 진료와 의료 환경에서 명확히 정의된 학문으로 등장하기 시작했다는 것은 다소 놀랍다. 비록 신경심리학적 평가의 현대적 실무로 자리 잡은 많은 기법과 개념이 양차 세계대전 사이에 확립되었지만, 심리학의 인지 혁명(즉, 행동주의에서 인지주의로의 전환)과 신경 영상 기술의 폭발적 성장이 시작된 1970년대 중반의 시기와 병행하여 임상신경심리학이 일관된 분과로서 출현한 것은 우연이 아닐 것이다. 이러한 결정적 시기 이후 수십 년 동안에 임상신경심리학은 소아, 노인, 재활, 교육, 법의학을 포함하는 여러 가지 하위 전문 분야를 가진 학문으로 성장했다. 이후에는 박사-전 및 박사-후 훈련을 제공하는 대학-기반 대학원 과정의 풍부한 네트워크, 상위 임상 자격의 인증을 제공하는 위원회, 그리고 기초심리학 학술 분야에서 점차 신경과학이 강조되는 흐름에 힘입어 학문적 성장과 전문적 발전이 지속되고 있다. 이 분야의 놀라운 성장을 이해하기 위해서는 임상신경심리학의 최초 일반 교재의 서문을 읽으면 된다(Reitan & Davison, 1974). 1974년에 Reitan과 Davidson은 1970년 임상신경심리학에 관한 미국심리학회(APA) 심포지엄의 역사적 행사에 앞서 신경심리학 및 신경과학 분야의 '실체적 지식의 큰 성장'을 예고했다. 이 글에서는 신경심리학의 전문가라고 스스로의 정체성을 규정했던 많은 전후 1세대 임상가들에게 신경심리평가의 경험 기반적 접근이 가진 힘을 소개했다. 이 글이 나온 당시만 해도 임상 또는 실험적 신경심리학 및 행동신경학의 관련 의학 분야에 초점을 맞춘 학술지가 여섯 가지도 안 되었다는 것이 현재 관점에선 다소 아이러니한 면이 있다. 40년이 지난 지금은 뇌 또는 뇌-행동 간의 관계를 다루는 100가지 이상의 저널이 있으며, 대학의 임상 및 실험 신경심리학을 지탱하면서 임상 및 학술 전문가를 위한 연구 발견들을 요약하는 글과 논문이 수없이 많이 축적되었다.

임상신경심리학의 역사

임상신경심리학의 정의

신경심리학은 크게 뇌-행동 간의 관계에 대한 연구로 정의된다. 물론 이 정의는 연구 질문의 다양성, 그리고 중추신경계가 무한히 많은 인간의 능력과 행위를 어떻게 표상하고 조직화하고 만들어 내는지를 탐색하는 다양한 접근을 모두 포괄할 수 없다. 현대 신경심리학은 실험심리학적 방법뿐만 아니라, 검사 구성 및 심리측정의 방법론을 포함하는 기법들을 활용하여 심리학의 전통적인 문제들(주의, 학습, 지각, 인지, 성격, 정신병리)을 연구한다. 이들의 과학적 관심사는 고해상도의 구조적 · 기능적 신경 영상, 계산 모델링과 같은 최신 기술을 포함하고 있으며, 고도화되는 생명과학 기술의 단백질체학(proteomics)과 대사체학(metabalomics)과 통합되고 있다. 이 책에서는 임상신경심리적 평가의 특정 학파들의 핵심 개념들을 제시한다. 1997년 휴스턴에서 여러 전문적인 신경심리학 조직을 대표하여 열린 컨소시엄에 따르면, 임상신경심리학은

"중추신경계의 정상 및 비정상적 기능과 관련하여 전생애 인간 행동에 대한 과학적 연구에 기초한 평가(assessment) 및 개입(intervention) 원리의 활용"으로 정의할 수 있다(Hannay et al., 1998, p. 161). 이것이 현장의 문제로 넘어가면 표준화된 심리검사, 즉 인간의 인지, 능력, 기술의 다양한 측면을 평가하기 위해 고안된 도구를 활용하여 중추신경계와 행동에 대한 다양한 임상적 질문에 정보를 제공하는 과정이 된다. 성격 또는 정서 행동에 대한 검사는 신경심리학적 도구에서 활용된 경우가 많지 않다.

현장 실무에서 "중추신경계의 정상 또는 비정상적 기능"에 대한 질문(Hannay et al., 1998, p. 161)이 굉장히 많은 임상 장면에서 제기되는데, 질병과 중추신경계의 물리적 손상 결과들을 평가하는 경우뿐만 아니라, 중추신경계의 관련성이 추정되지만 뚜렷하게 정의되어 있지 않은 정신과적 질환의 결과를 다룰 때에도 중요한 문제가 된다. 어떤 경우에는 탐색 대상이 되는 중추신경계 기능 이상성이 특정 대사질환의 경우처럼 구조적 이상성 때문보다는 신경화학적 이상성의 결과일 수 있고, 처방된 약제 또는 오용된 불법 마약으로 인한 경우일 수도 있다. 신경심리평가는 (적어도 현재 기술로) 특정할 수 있는 구체적인 병리를 평가할 때 이외에도 초기 발달 단계에서 정상 발달 속도의 다양한 개인차를 평가할 때에도 활용도가 높아지고 있다. 후자의 경우는 임상적인 의뢰에서 매우 흔한 사례가 되어 교육 또는 학교 신경심리학으로 알려진 새로운 하위 전문 분야로 부각되고 있으며, 이는 학교 장면의 심리학 실무가들에게 점점 중요한 역할이 되어 가고 있다. 광범위한 임상적 질문들을 아울러 다루기 위해서 이 책에서는 뇌기능장애(brain dysfunction)라는 용어를 사용한다. 이 용어를 통해 측정 가능한 심리적 능력의 개인차가 중추신경계의 작용과 인과적 관련이 있다고 추정되는 다양한 질환을 나타낸다. 이 용어는 그 자체로는 다소 좁게 정의된 면이 있다. 왜냐하면 신경심리검사 수행은 뇌의 '기능'을 반영한다고 보는 것이 가장

[중요]
신경심리학은 뇌-행동 관계성에 대한 학문이다. 임상신경심리학은 "중추신경계의 정상 및 비정상적 기능과 관련하여 전생애 인간 행동에 대한 과학적 연구에 기초한 평가 및 개입 원리의 활용"으로 정의할 수 있다(Hannay et al., 1998, p. 161).

정확한 이해이며, 검사가 단순히 임상적 의뢰에서 주목하는 비정상성의 상태만을 반영하는 것이 아니기 때문이다.

역사적으로 신경심리학자들이 사용한 검사들은 뇌기능장애를 평가하기 위한 목적으로 개발된 것이 아니며, 많은 경우에 이들은 인지 또는 신경과학의 기초연구보다는 임상적 평가의 전통을 더 따른다. 예를 들어, 웩슬러 성인용 지능 검사(Wechsler Adult Intelligence Scale: WAIS; Wechsler, 1955)와 이 후속작들은 일차적으로 정신지체(역주: 지적장애) 여부를 확인하도록 돕거나 학업, 군사 또는 직업 장면에서의 평가를 촉진하기 위한 지능 검사로서 개발되었다(Kaufman & Lichtenberger, 1999; Matarazzo, 1972). 할스테드-라이탄 신경심리검사 배터리(Halstead-Reitan Neuropsychological Test Battery: HRB)의 전통적인 구성 요소였던 시쇼어 리듬 검사는 음악적 적성 검사의 한 부분이었다(Saetveit, Lewis, & Seashore, 1940). 신경심리학자들이 사용하던 모든 검사가 가진(또는 가져야 하는) 공통점은 뇌기능장애의 존재를 예측할 수 있는 신뢰도(reliability)와 타당도(validity)가 알려져 있다는 것이다. 신경심리검사의 최소 요구 조건은 뇌기능장애의 존재에 대한 민감성, 그리고 정상적인 뇌기능으로부터 비정상적인 뇌기능의 존재를 정확하게 구분할 수 있는 능력이다. 수년 동안, 이러한 신경심리검사의 기본적인 기준은 뇌기능장애의 위치와 심각도를 예측할 수 있는 능력, 그리고 어떤 경우에는 논쟁이긴 하지만 기능장애의 구체적인 원인을 예측할 수 있는 능력까지 포함하는 것으로 확장되었다. 가장 처음 타당화된 신경심리검사가 착안되던 시기에는 신경과 전문의의 임상적 판단 간의 일치성을 통해 신경심리학적 도구의 민감도(sensitivity)를 정량화했다(Reitan & Davison, 1974). 신경 영상과 다른 기술들이 발전함에 따라 신경심리검사가 더 민감하고 세부적인 측정으로 뇌구조와 생리의 변화를 관찰할 수 있을 것이라는 기대 또한 높아지고 있다. 오늘날에는 뇌기능장애의 존재를 탐지할 때 신경심리학적 도구가 연구와 임상 장면 모두에서 사용되고 있음을 흔히 볼 수 있다. 이후 제5장에서는 이 문제가 실무가들이 다루기를 꺼려 하는 논쟁적인 지점임을 논의할 것이다. 그렇지만 이러한 용도가 있다는 것은 검사 도구들이 지금까지 쌓아 왔던 지위가 존중받고 있음을 시사한다.

어떤 임상가들은 관찰할 결과들을 미리 지정해 놓고 다양한 환자 인구 집단을 비교할 수 있는 고정 배터리(fixed battery) 방식의 검사들을 사용해야 한다고 주장하지만, 또 다른 임상가들은 특정한 의뢰 사유나 독특한 환자의 모습에 따른 판단하에서 유연 배터리(flexible battery) 방식의 검사들을 사용해야 한다고 주장한다. 임상신경심리적 평가에서는 임상 면담과 행동 관찰 기법을 활용할 수 있는데, 이들은 검사 구성의 일반적인 방법적 표준을 반드시 따르는 것은 아니나 환자의 행동을 풍부하게 기술하는 데 없어서는 안 되는 요소이다. 많은 신경심리학자는 임상 장면에서 환자의 문제에 특정적인 질적 속성들을 포착하기 위해서 저마다 고유하고 다양하게 개발한 표준화된 검사와 절차들을 사용한다. 이러한 접근들의 장단점에 대해 이 장에서 추후에 논의할 것이다.

신경심리평가의 용도

적어도 일곱 가지의 서로 다르지만 구분된 신경심리평가의 목적과 용도를 정리할 수 있다. 이것들은 신경심리학자들이 요청받는 흔한 의뢰 사유, 그리고 많은 신경심리보고서에서 제시하고 있는 정보에 기반한 것이다. 이것들의 사용 목적은 의학, 법정, 교육 그리고 연구 장면을 포함한 다양한 맥락에서 발생할 수 있다. 여기서 제시하는 사용 목적은 일반적으로 임상적 추론이 이루어지는 논리를 반영하는 순서로 제시되었다.

1. 강점과 약점을 기술하고, 심리적 기능(인지, 행동, 정서)의 변화 그리고 장해의 존재/부재 및 심각도를 확인하는 것

   비록 임상신경심리학의 근본적 존재 이유가 뇌기능장애의 존재를 예측하는 것에 있는 것처럼 보이지만, 기능을 서술할 수 있는 힘이 훨씬 더 중요

한 목적이다. 신경심리학자로부터 기대되는 역할은 강점과 약점을 확인한 후, 환자의 현 상태가 (대개 정확한 확인은 어려운) 이전의 기저 수준 또는 병전 기능에서 변화한 결과인지, 그리고 기능장애의 수준에서 어떤 변화가 발생했는지 여부에 대한 기본적 추론을 통해 환자/의뢰인을 묘사하는 것이다. 신경심리평가는 신경병리로 규정되는 선천적 또는 발달적 이상성이 있는지를 추론할 때도 사용할 수 있다. 아동들을 평가할 때는 병전 능력을 추정할 수 있는 정보가 매우 적지만, 임상가들은 발달적 이정표에서 기대되는 수준과 가족 배경을 통해서 변화의 양상을 추정한다. 강점 및 약점의 문제와 변화 및 비정상성의 존재/부재는 뇌기능에 대한 추론이나 치료적 개입의 권고가 고려되기 이전에 다뤄져야 한다. 신경심리학자는 환자의 관찰된 모습 중에서 어떤 부분이 '정상적'으로 지적 기능이 활용된 결과인지, 그리고 반대로 관찰 중에서 어떤 부분이 뇌기능장애의 원인으로 발생한 변화인지를 추론할 수 있어야 한다. 정확한 서술과 정확한 규준 기준을 참조하는 것은 가장 기본적이고 중요한 신경심리평가의 목적이며, 모든 결정은 환자의 과거력의 맥락에서 이뤄져야 한다.

2. 검사 결과의 생물학적(즉, 신경해부학적 · 생리적) 상관물, 즉 뇌기능장애의 탐지, 차이, 위치를 결정하는 것

환자의 행동을 기술한 후에 신경심리학자는 검사 결과의 패턴, 임상적 행동, 그리고 관찰된 특정한 병력의 맥락이 뇌기능의 비정상성에서 기인하는 것인지를 알아내고자 한다. 이러한 비정상성은 뇌구조적 손상, 발달적 장애, 또는 어떤 경우에는 신경화학적 손상의 존재를 의미할 수 있다. 이러한 결정에는 어떤 뇌의 영역이 관여하고 있는지를 확인하려는 부분도 있다. 점점 세밀해지는 비침습적인 신경 영상 기법이 가능해진 시대에서는 이러한 신경심리평가의 전통적 기능이 갖는 임상적 중요성이 다소 떨어졌으며, 경우에 따라 전통의 흔적만 남아 있는 정도이다. 하지만 비정상적인 뇌의 치료와 재활을 위한 새로운 생명과학 기술이 발전하면서 뇌

영역과 심리적 증상 간의 특정적인 인과적 관계성을 밝힐 수 있는 도구의 능력은 새롭게 각광받을 수 있다. 예를 들어, 손상-행동 간의 관계성을 이해하는 것은 경두개자기자극(Transcranial Magnetic Stimulation: TMS)의 치료 표적을 결정할 때 중요하다(Pascal-Leone et al., 2002). 이러한 기술이 발전함에 따라 손상의 위치를 특정하는 것은 재활 계획을 짜는 과정에서 필수적인 요소가 될 수 있다(다음의 5번 참조).

3. 발생한 변화 또는 기능장애가 신경학적 질병, 정신과적 질환, 발달적 장애, 비신경학적 장애와 관련이 있는지 결정하는 것

임상신경심리학자가 다음으로 추론하고자 하고 의뢰받는 사안은 가장 그럴듯한 병인(원인론, etiology)이 무엇인지, 또는 기술된 변화와 기능장애를 일으킨 원인들이 무엇인지에 대한 것이다. 신경학적 장애 및 알려진 병력이 있는 경우라면 이 목적이 정확하게 달성될 수도 있다. 이는 특히 행동 변화가 병력상 뇌 특정 부위의 병변 발생과 관련이 있고, 그것이 대개 소수의 원인들로 야기되는 특이하고 갑작스러운 현상인 경우에 더욱 그렇다. 예를 들어, 비유창성 실어증(nonfluent aphasia)의 증상들(예: 머뭇거리며 비문법적인 발화)은 대개 매우 제한된 범위 내의 질병과 관련이 있을 가능성이 가장 높으며, 만약 과거력이 관찰된 바가 있다면 그 질병이 관찰된 언어 능력 변화의 원인이 된다고 말할 수 있다. 그러나 신경심리기능의 변화 또는 뚜렷한 이상성은 정신과적 · 동기적 · 발달적 또는 문화적 요인에서도 기인할 수 있으며, 설령 과거에 병력이 있었던 경우라고 하더라도 그것이 특정한 하나의 신경학적 병인에서 기인한다고 보기 어려울 수 있다. 흔히 신경심리검사의 결과들은 병인에 대해 비특이적이며 우울, 불안, 수면 부족 또는 심지어 만성 통증과 같은 많은 원인과 관련이 있을 수 있다. 신경심리학자는 이러한 경우들에서 한 사람의 조사자로서 환자 병력의 맥락하에 검사 결과들을 면밀히 검토해야 한다.

4. 시간에 따른 변화를 평가하고 예후를 구성해 보는 것

신경심리평가의 한 가지 유용한 활용은 시간에 따른 수행의 호전과 악화를 추적하는 것이다. 이것은 질병의 원인론과 진행성 여부를 알아내고, 환자의 사회적 · 재정적 계획을 짜도록 하고, 재활을 위한 치료 또는 노력들이 효과적인지 추적하는 데 도움을 준다.

5. 재활과 직업 및 교육 계획 또는 이들 모두를 위한 지침을 제공하는 것

신경심리평가는 병인을 추론하고 기술할 수 있는 힘을 통해 재활과 교육의 계획에서 광범위하게 사용되는 도구가 되었다. 치료자와 교사는 환자의 강점과 약점, 그리고 환자가 과제를 수행한 방식에 대한 프로파일을 활용하여 재활과 교육 프로그램을 개발하고 최적화할 수 있다. 어떤 문제 또는 약점이 뇌기능장애에서 기인하는 것인지, 그리고 어떤 것이 비신경학적 문제의 결과일 가능성이 높은지 앎으로써 가장 효과가 클 것으로 예상되는 치료적 우선순위에 따라서 치료자가 시간과 자원을 할당할 수 있다.

6. 가족 및 돌봄자를 위한 지침과 교육을 제공하는 것

유사한 맥락에서 신경심리적 자료는 가족 및 돌봄자들에게 이들이 사랑하는 이들이 가진 강점과 약점을 이해할 수 있도록 하며, 독립적인 기능이 제약받는 어려움으로 고통스러워하는 환자가 대처할 수 있도록 돕는다. 가족 구성원에게 동기와 성격의 문제처럼 보였던 환자의 증상이 사실은 질병의 상태로 인한 것임을 이해하게 된다면 아주 지쳐 있던 가족들이 환자의 행동에 화내는 일이 적어질 것이다. 질환의 예후를 이해하는 것도 재정 사용과 향후 돌봄 계획을 세워야 하는 가족들에게 매우 중요하다.

7. 퇴원과 치료 시행을 위한 계획 세우기

신경심리적 결함은 서서히 드러날 때가 있으며, 이는 숙련된 임상가들도 잘 묘사하기가 어렵다. 환자가 가진 능력을 이해하는 것은 환자가 어느 정도로 치료 권고와 약물 처방에 순응할지, 그리고 환자 또는 환자의 가족이 퇴원 이후에 어느 정도로 지속적인 관리 감독이 필요할지를 임상가로 하여금 가늠하도록 돕는다.

[빠른 참조 1.1]에는 신경심리평가의 사용에 대한 짧은 요약이 있다.

이 책의 뒤따르는 장에서는 임상가들이 환자를 기술하고 진단하고 치료하는 과정에서 필요한 신경심리평가 기법에 관한 핵심적 정보를 살펴볼 것이다.

빠른 참조 1.1 신경심리평가의 용도

- 심리적 기능의 강점과 약점을 기술하며 기능장애와 변화를 확인하기
- 검사 결과의 생물학적 상관물을 알아내기
- 변화 또는 기능장애가 신경학적 질병, 정신과적 질환, 발달적 장애, 비신경학적 장애와 관련이 있는지 알아내기
- 시간에 따른 변화와 예후의 진전을 평가하기
- 재활, 직업, 교육 계획을 위한 지침 제공
- 가족과 돌봄자에게 지침 제공
- 퇴원 및 치료 시행을 위한 계획 세우기

현대 신경심리평가의 이론 및 연구 기반

임상심리학의 많은 패러다임과 과학의 언어는 심리학의 학습, 인지, 발달, 사회 그리고 정신역동 분야로부터 대부분 영향을 받았다. 임상신경심리학은 인간 정신병리의 문제를 해결하기 위해 이러한 패러다임들을 혼합한 것에 생물학과 의학의 패러다임을 추가한다.

현대 임상신경심리학에서 관심을 갖는 문제들은 수 세기에 걸쳐 기술되어 왔으며 의사와 철학자들의 상상력을 사로잡았다. 신경심리학의 자세한 역사를 이 책에서는 깊게 다루지 않는다(Benton & Adams, 2000; Meier, 1997 참조). 하지만 몇몇 현대의 개념과 연구의 흐름을 살펴보는 것은 실무가들이 현재 사용하고 있는 여러 암묵적인 가정과 실천 방식의 기반을 이해하는 데 중요하다.

전체주의와 국재주의

머리에 부상을 입은 이후에 뒤따르는 행동 변화의 관찰은 5,000년 전의 이집트 의학 문서와 같은 최초의 역사 기록에서도 등장한다(Finger & Stein, 1982). 그러나 사고, 기억, 감각과 같은 것이 뇌에서 발생한다는 생각은 17세기 초가 되기까지 지지받지 못했으며, 일부 사람들은 인간의 행동과 동기를 심장의 작동으로 이해해야 한다는 아리스토텔레스의 선언을 여전히 믿었다(Finger & Stein, 1982). 19세기가 되어서야 뇌가 의식, 기억, 언어, 감정, 열정의 중심에 있다는 것에 대한 논쟁의 여지가 거의 사라지게 되었지만, 이러한 기본적인 심리적 기능의 범주들이 실제로 어떻게 발현하는지에 대해서는 완전히 합의된 적이 없다. 수 세기에 걸쳐 기술 수준의 고도화가 극적으로 진전되었음에도 불구하고, 뇌가 마음의 기관으로서 주어진 과제들을 어떻게 조직화하는지에 대한 개념 틀은 결국 두 가지 관점으로 요약되어서 지금도 여전히 신경심리학의 연구, 이론, 임상적 실천의 구조를 이루고 있다.

아마도 가장 직관적이며 설득력이 있고 확실하게 언급되어 왔던 개념은 구조와 기능 간의 국재적 대응성에 대한 것이다. 이 개념에 따르면 각기 다른 심리적 기능은 별개로 구분된 뇌구조의 영향을 받는다. 이러한 국재화의 개념은 프랑스 의사이자 생리학자였던 Franz Joseph Gall이 18세기 후반에 남긴 글에 분명하게 기술되어 있다. Gall(1835)은 뇌 안에서의 구분된 기관들이 지혜, 시적 능력, 종교성, 언어, 기억과 같은 능력을 통제한다고 주장했다. 이 입장은 다양한 증상이 다양한 뇌손상에 뒤따른다는 수많은 관찰을 설명할 수 있다는 점에서 설득력이 있었다. (Gall의 열성적인 추종자였던) Paul Broca가 좌측 대뇌 전두엽 반구의 손상과 말을 할 수 있는 능력 간의 관련성에 대한 훌륭한 기록을 남긴 후부터, 많은 신경심리학 연구는 심리적 기능과 초점적인 뇌손상 간의 대응성을 입증하고자 했다.

오늘날의 연구는 국재주의(localizationism)의 큰 원칙을 따른다. 국재주의에 따르면, 신경심리평가의 일차적인 목표는 기능을 서술하고 국재화하는 것에 있다. 이 관점은 신경심리학 그리고 인지신경과학으로도 불리는 비교적 새로운 분과에서 현대의 모습을 갖추게 되었다. 이 분과에서는 자기공명영상(MRI)과 양전자방출단층촬영술(PET)을 사용하여 대뇌피질의 작은 국소 영역 내에서의 미세한 혈류 변화를 탐지할 수 있는 신경 영상 기법을 사용한다. 이러한 기술을 활용한 연구에서는 세부적인 인지 과정의 실험적 측정치가 세부적인 특정 영역에서 국재화된 혈류 변화와 관련된다는 발견들을 입증하고 있다. 이러한 연구의 목표는 대부분 뇌에서의 인지적 국재화에 대한 세부 지도를 만드는 것이다. 가장 강한 국재화 이론은 모듈성(modularity)이라는 개념을 제안한 Jerry Fodor(1983)의 작업에 등장한다. 모듈성의 개념에 따르면, 국재화는 감각 시스템과 언어 능력의 고위 인지기능 같은 구분된 처리 요구성에 대한 불가피한 결과이다. Fodor는 제각기 다른 감각 양식에 대한 정보처리가 가능하려면 개별적으로 최적화되고 국재화된 신경 기제가 갖춰져 있어야 한다고 주장했다. 그는 특수하면서도 자동적인 규칙 활용이 이뤄지는 언어기능 또한 특정적이고 국재화된 신경 기제가 필요하다고 말했다.

국재주의만이 어떻게 뇌가 조직화되었는지에 대한 개념화 방식인 것은 아니다. Pierre-Marie Flourens(1824), Hughlings Jackson(1894), Kurt Goldstein(1939)과 Alexander Luria(1966)는 손상(또는 뇌혈류 변화로도 관찰되는)과 증상/행동 간에 상관관계가 있다는 것이 반드시 관찰된 뇌구조에 행동의 기능이 국재화되었음을 증명하는 것은 아니라고 주장했다. 비록 이들도 손상의 효과가 그 위치에 따라 달라질 수 있다는 것은 인정했지만, 그들은 뇌기능이 그 자체로 언제나 여러 구조물의 협업이 이루어진 결과라고 보았다. 이 관점은 Kurt Goldstein이 이러한 원칙에 대해 이름 붙인 전체주의(holism)라는 용어와 관련이 있다. 전체주의의 핵심 원칙들을 잘 보여 주는 다음과 같은 예시를 생각해 볼 수 있다. 비록 느슨해진 나사가 자동차의 시동이 걸리지 않는 오작동의 원인이라고 하더라도, 자동차 엔진의 운동기능이 나사 그 자체에 있다고 말할 수 없다. 증상이 나타나는 것은 전체 네트워크 내의 한 중요 요소가 교란되었기 때문이거나 같은 부위의 영향을 받는 여러 '기능' 중에서 가장 복잡하고 취약한 기능이 교란되었기 때문일 수 있다. 예를 들어, 손가락을 접질린 이후에 피아노 연주(비교적 복잡한 운동 기술)와 긁기(비교적 단순한 운동 기술) 두 가지 기능 중에서 어느 한쪽만 지장이 생겼다는 이유로 한쪽 기능이 손가락에 국재화되었다는 결론을 내린다고 생각해 보자. 이는 Paul Broca와 다른 이들이 표현성 언어(비교적 복잡한 인지 기술)를 전두엽의 특정 부위에 국재화시킨 것에 대한 Hughlings Jackson의 핵심적인 반박이었다. 그는 브로카 영역이 손상된 환자들이 정서적 맥락이나 음악적 맥락에서도 단어를 발음할 수 있다는 증거를 확인했다.

1929년에 Karl Lashley는 쥐들의 뇌 조직을 매우 초점적으로 절제했는데, 미로 학습 과제에서 쥐들에게 아주 경미하고 일시적인 효과만 발생시킨다는 것을 관찰했다(Lashley, 1929). 이 결과로 그는 뇌가 양적 작용(mass action)의 원칙을 따르며, 뇌구조들이 모두 동일한 기능을 대체하여 맡을 수 있다는 결론을 내렸다. 그의 결론은 심리측정적으로 신뢰할 만한 Halstead의 첫 신경심리검사 배터리 개발과 오늘날에도 사용되는 도구의 기반과 검사 구성 기준을 닦는 데 큰 영향을 미쳤다. 예를 들어, 널리 알려지고 사용되는 신경심리평가의 접근인 HRB는 비국재주의적 가정에 기반하고 있다(Reitan & Wolfson, 1996).

뇌-행동 관계성의 연구에 적용되는 한 가지 정교한 접근은 컴퓨터 모형을 개발하는 것이다. 이는 뉴런과 거의 유사한 방식으로 인지기능과 기능장애를 모방하는, 뉴런처럼 기능하고 상호작용하는 요소로 구성된 계산 모형을 개발하는 것이다. 뇌손상에 따른 인지의 다양한 측면과 인지 변화를 모방하는 계산 모형을 만드는 데 큰 성과들이 있었다.

이러한 모형에서는 기능 국재화 또는 모듈성에 대한 가정을 두지 않는다. 그 대신에 양적 작용과 능력 동등성(equipotentiality, 역주: 뇌의 모든 부위가 행동기능에 동등하게 기여한다는 개념)의 가정에 기반하여 구성된다(Anderson, 1995 참조). 기능적 자기공명영상 연구에 따르면, 대부분의 기능이 신경 연결망 내에서 분산되어 있다는 관점이 떠오르고 있다(Damasio, 1995). 어떤 연구자들은 많은 기능이 뇌손상 이후에 상당 부분 회복된다는 사실을 바탕으로 엄격한 국재주의에 반대하는 입장을 제시하기도 한다. 그러한 회복은 손상된 조직이 맡고 있던 일을 다른 부위에서 수행하고 있음을 시사한다(Finger & Stein, 1982).

국재주의 관점은 오늘날 신경심리검사의 결과를 개념화하는 데 있어 가장 널리 받아들이는 관점이다. 여기서는 검사 수행의 변화(또는 여러 검사의 수행 패턴)를 통해 (아마도 검사 수행의 손상으로 측정되는) 어떤 기능이 뇌의 특정 영역에 국재화되어 있음을 나타내는 것이라고 추론한다. HRB의 접근도 이러한 전통에 맞춰졌다. 그러나 임상가들은 그러한 직접적 추론이 너무 단순하며 부정확하다는 것을 주의해야(또는 적어도 인지하고 있어야) 한다. 검사 수행은 어떤 기능이 뇌의 특정 부위에 국재화되었음을 반드시 나타내는 것은 아니다. 게다가 한 가지 맥락에서 정확할 수 있는 예측(예: 손상 이후의 급성 증상 시기)이 다른 상황(예: 손상이 발생한 지 수년이 지난 이후, 아동과 노인의 경우)에서는 정확하지 않을 수 있다. Luria, Damasio, Finger와 Stein이 주장했듯이, 신경심리검사의 수행과 증상은 관심을 두는 기능에 관여하는 여러 뇌구조물의 조직화되고 분산된 네트워크가 교란된 상태를 나타내는 것일 수 있다. 뇌기능장애의 증상은 전체 시스템에서 생긴 문제를 나타내는 것이지, 매우 국한된 뇌 특정 영역 내에서 단일하게 국재화된 기능을 반영하는 것이 아니다.

검사 구성의 경험주의 대 인지주의

오늘날 신경심리평가의 다양한 접근은 대부분 두 가지 문제에 대한 논의 위에 쌓여 있다. 두 가지 문제는 행동이 어떻게 개념화되어야 하는지[경험주의(empiricism), 기능주의(functionalism)], 그리고 뇌 조직화가 어떻게 개념화되어야 하는지[인지주의(cognitivism)]이다.

오늘날 사용되는 대부분의 신경심리평가 기법은 경험주의/기능주의의 심리학적-철학적 전통에서 시작된다. 경험주의/기능주의 관점은 검사를 구성할 때, 수행의 예측이 일차적이며 검사 내용과 심리학적 의미는 부차적이라는 생각에 기반을 두는 것을 의미한다. 반면, 인지적 전통에서 나온 검사들은 일차적으로 특정한 심리적(대개는 지적 · 감각적) 기능을 측정하기 위해 구성된 것이며, 임상적 예측은 부차적이거나 파생된 목표이다. 이 문제들에 대한 자세한 논의는 본문에서 많이 벗어나는 내용이 되겠지만, 신경심리학자들은 현대 신경심리평가 접근에 깔린 기본적인 해석 및 방법적 가정에 대한 전반적 이해를 갖추고 있어야 한다.

신경심리학자들이 사용하는 모든 검사와 측정치는 어디에서부터 온 것일까? 이 간단한 질문에 대한 합당한 논의를 하려면 이 책의 지면을 통째로 써야 할 것이고, 두 명의 신경심리학자에게 이 질문을 던진다면 난상토론이 벌어질 것이다. 여기서 이 질문을 던지는 것은 임상신경심리학이 다른 임상 분야에서 그랬던 것과 비슷한 방식으로 기법들을 도출해 냈다는 점을 말하려는 것이다. 많은 경우, 어떤 검사들이 사용되는 이유는 실제로 이들이 나름대로 잘 작동하기 때문이고, 이전의 관찰에 비추어 봤을 때 잘 작동할 것이라고 기대되기 때문이다. 경험주의(empiricism)란 직접적인 경험에서 지식이 도출된다는 생각을 말하는데, 여기서는 검사를 만들어 내는 접근을 말한다. 경험적(또는 기능적) 접근은 가장 손쉽게 변호가 가능하며, 신경심리학의 비국재주의적 접근을 하는 이들에게서 찾을 수 있다. Ward Halstead와 그의 가장 유명한 제자 Ralph Reitan은 뇌가 양적 작용을 따른다는 원칙을 (때로는 암묵적으로) 받아들였다. 따라서 이들의 관점에서 신경심리 도구를 선택할 때 주요한 고려 사항은 뇌손상을 탐지해 내는 민감성이 어떻게 확인되었는가 하는 것이다. 최적의 척도들을 도출한 다음, 다양한 인구 집단을 대상으로 측정치들을 검증하는 과정을 거친다. 많은 경우에 뇌병리와 기능장애와 관련된 변화를 탐지해 내는 것이 척도들의 일차적인 목표였다.

이 과정은 1970년대 미국 신경심리학의 주요 동향이었다. 오늘날 국재주의가 뇌기능을 이해하는 관점의 주류가 되었기 때문에, 할스테드-라이탄의 전통에서 온 많은 검사는 초점적인 손상의 존재를 예측하거나 탐지하는 데 사용되었다. 그렇지만 대부분의 경우는 경험주의가 지배적이었다. 검사 자체가 어떠한지(그리고 이것들이 어떻게 도출되고 만들어지는지)는 뇌기능장애의 존재를 예측하거나 경험주의적으로 보여 준 타당도만큼 중요한 것이 아니었다.

인지적 기능 또는 기능장애에 대해 독립적으로 만들어진 이론 중에서 뇌기능장애에 대한 민감성도 강조하지만 이를 부차적인 고려 사항으로 여겼던 입장도 있었는데, 이는 또 다른 신경심리검사들의 원류가 되었다. 현대의 많은 검사는 이러한 방식으로 만들어졌다. 예를 들어, 보스턴 실어증 진단 검사(Boston Diagnostic Aphasia Examination: BDAE; Goodglass & Kaplan, 1983)와 캘리포니아 언어 학습 검사(California Verbal Learning Test: CVLT; Delis, Kramer, Kaplan, & Ober, 1987)는 주로 언어와 기억에 대한 지배적인 이론을 활용하여 만들어졌으며, 두 검사 모두 뇌기능장애의 영향을 받는다고 알려진 구체적인 기능 측면을 측정하도록 만들어졌다. 이것들의 경우, 검사의 구인타당도(construct validity), 즉 이론적 해석은 뇌기능장애의 존재에 대한 민감성만큼이나 중요한 사안이었다. 여기서는 검사 과제가 뇌손상에 민감한지 입증하는 연구가 주로 검사가 만들어진 다음에 이루어진다. 앞의 두 검사의 경우, 측정되는 심리적 기능이 뇌기능장애로부터 독립적 영향을 받는 인지 영역들이라는(명시적 또는 암묵적) 가정이 있었다. 그리고 덧붙여 이 검사들과 관련된 기능들이 국재화될 수 있다고 가정되었다.

이러한 역사적 구분을 알아 두는 것은 신경심리검사의 강점과 약점을 이해하는 데 도움이 된다. 어떤 검사들은 뇌기능장애를 훌륭하게 탐지하지만, 능력이나 실제 삶에서의 권고 사항을 서술하는 도구로 사용하기 어려울 수 있다. 또 다른 검사들은 뇌기능장애에 민감하지 못해도 심리적 영역을 명료하게 서술하는 측정치를 제공할 수 있으며, 이러한 측정치들은 재활이나 치료의 계획을 수립하는 데 활용될 수 있다. 가장 이상적으로는 검사들이 뇌기능장애의 존재에 민감해야 하고, 이론적으로 논리 정연해야 하고, 기능에 대해 서술하면서 생태적으로 타당해야 한다(Sbordone, 1996; Sbordone & Guilmette, 1999; Sbordone, Saul, & Purisch, 2007). 그러나 이들의 역사적 원류로 인해서 실무에서는 어느 정도의 타협이 이루어지고, 이 두 가지 목적 중 한 가지에만 제한되는 검사들이 많다.

생태적 타당도: 대표성, 일반화 가능성, 그리고 신경심리검사 개발의 미래

Burgess 등(2006)은 신경심리학의 역사에서 평가 도구가 변용되어 온 결과에 대해 현시점의 필요성과는 거리가 먼 개념적 · 실험적 체계라고 예리하게 분석했다. 그들은 집행기능의 예시를 들면서 검사가 기본적인 인지기능을 나타내는 구성 개념에 초점을 맞추는 검사거나 뇌기능장애의 존재에 민감하다고 드러난 검사라고 해서 반드시 환자가 실제 상황에서 어떻게 수행할지에 대한 충분한 정보를 주는 것은 아니라고 주장했다. 그들은 신경심리학자들이 현재 사용하는 대부분의 평가 도구들은 '관찰 가능한' 적응적 행동을 얼마나 잘 예측하는지를 고려하지 않고 개발되었다고 주장했다. 지각적 과정을 검증하기 위한 실험적 절차 개발에 대한 대표적인 논문인 Brunswick(1956)의 개념을 적용하여 Burgess 등(2006)은 다음 세대의 신경심리평가 도구가 현실 세계에서의 '기능'에 대해 '대표성'을 가지는 동시에 여러 상황에 걸쳐 기능의 수행에 대해 '일반화가 가능'하거나 예측적이어야 한다고 제안했다. 비록 이 기준들은 지능 검사나 기억 검사처럼 신경심리적 도구로 여기는 모든 영역에 적용할 수 있지만, Burgess 등(2006)의 논의는 '집행기능'의 검사들에 초점을 맞추고 있다(제4장에서 예시를 확인할 수 있다). 그들은 집행기능의 측정치로 널리 사용되는 위스콘신 카드분류 검사(Wisconsin Card Sorting Test: WCST)가 본래는 신경심리적 측정치로 개발된 것이 아니며, 정렬하고 분류하는 방식의 여러 측정 방법은 뇌손상의 효과에 대한 관찰이 이루어지기 이전부터 이미 개발되어 있었다(예: Weigl, 1927). 하지만 Brenda Milner(1963)의 단일 연구에서 안와전두 또는 비-전두 영역이 손상된 환자와 달리 배외측 전두엽이 손상된 환자는 WCST의 수행에 어려움을 보인다는 것이 확인된 직후부터 WCST는 '전두엽 기능'의 대표자가 되었다. 비록 WCST가 '과제 전환'과 '작업기억'에 관여할 수는 있지만, 임상가로 하여금 "어떤 일상생활의 상황에서 WCST가 측정하는 능력을 필요로 하는지에 대해 알려 주는" 자료는 이 연구에서 사실상 전무했다(Burgess et al., 2006). 그들은 다음 세대의 신경심리검사들이 순수하게 '구성 개념 중심'이기보다는 '기능 중심'이어야 한다고 조언했다. 이 검사들은 일반적인 신뢰도의 기준에 부합해야 하지만, 타당도의 차원에서는 뇌기능장애와 실세계에서의 일반화 가능성이라는 두 가지 모두로 정의되어야 한다.

주요 신경심리평가 접근: 역사, 발달, 강점, 약점

이 절에서는 현대 신경심리 실무에서 사용되는 주요 검사 접근 배경을 간단히 개관할 것이다. [빠른 참조 1.2]에서는 HRB, 루리아-네브라스카 신경심리검사 배터리(LNNB), 그리고 보스턴 과정 접근(BPA)의 논문 정보를 제공할 것이다.

빠른 참조 1.2 세 가지 주요 신경심리평가 접근의 참고 문헌

• HRB

Reitan, R. M., & Wolfson, D. (1993). The Halstead-Reitan Neuropsychological Test Battery: Theory and clinical interpretation. Tucson, AZ: Neuropsychology Press.

• LNNB

Golden, C. J., Purisch, A. D., & Hammeke, T. A. (1985). Manual for the Luria-Nebraska Neuropsychological Battery: Forms I and II. Los Angeles: Western Psychological Services.

• BPA

Kaplan, E. (1988). A process approach to neuropsychological assessment. In T. Boll & B. K. Bryant (Eds.), Clinical neuropsychology and brain function: Research, measurement and practice (pp. 125-167). Washington, DC: American Psychological Association.

할스테드-라이탄 신경심리검사 배터리

뇌기능장애의 효과를 체계적으로 평가하기 위한 심리학적 검사의 학파는 1930년대~1940년대 초에 미국의 중서부에서 시작되었다. 두 세계대전 동안, 영국(예: Hughlings Jackson, Henry Head, W. R. Brain)과 유럽(예: Constantin von Monakow, Kurt Goldstein, RezsöBalint)의 임상신경의학자들은 이미 뇌의 손상이 언어, 주의 시각, 성격에 미치는 영향에 대한 방대한 기록을 보유하고 있었다. 그러나 Ward Halstead는 이러한 관찰과 발전으로부터 비교적 떨어져서 독자적인 작업을 했다. 비록 그의 생각들은 Karl Lashley의 양적 작용과 능력 동등성 개념에 영향을 받았으나, Halstead는 비교적 백지의 상태로 작업을 시작하여, 많은 시행착오 끝에 임상신경학자, 신경외과 의사가 진단한 뇌기능장애 환자와 뇌 이상성 이력이 없는 환자를 구별하는 데 사용할 수 있는 일련의 심리검사를 종합해 냈다. 정상 성인과 뇌기능장애 환자를 구분하는 기본적인 작업을 해낼 수 없었던 수많은 검사를 시도해 보고 제외하면서, 그는 다양한 목적하에 개발되었던 여러 검사를 배터리로 모은 것이다. 예를 들어, 그의 배터리에는 19세기에 정신박약을 찾는 도구로 처음 개발된 세귄-고다드 형판

검사(Seguin, 1907), 음악 적성 검사에서의 시쇼어 리듬 검사(Saetveit, Lewis, & Seashore, 1940), 그리고 수정 개발된 다른 검사들[예: 보스턴대학 말소리지각 검사Boston University Speech Sound Perception Test와 본인이 새롭게 만든 손가락 움직임/두드리기 검사Finger Oscillation Finger Tapping Test(Halstead, 1947)]을 포함했다. 그는 이 검사들에서 뇌기능장애의 존재를 예측하는 데 사용할 수 있는 손상지수를 개발했다. 1950년대 초에는 그의 이전 대학생이었던 랄프 라이탄(Ralph Reitan)이 경험주의 전통의 정확한 예시가 된 그의 작업의 뒤를 이으면서 Halstead의 원래 배터리를 수정하고 체계화하여 좌측 대 우측 운동 수행에 대한 관찰, 체감각 검사, 그리고 실어증 선별 검사를 추가했다(Reitan, 1955). 그는 또한 확인된 초점적 · 광범위적 뇌손상이 있는 환자들과 일반 정상 통제군에게 배터리를 실시한 후에 검사 규준을 개발했다. 뿐만 아니라 그는 국재화와 인과성 추정을 가능케 하는 뇌손상지수들을 개발했다. 이로써 구성된 검사의 고정된 배터리는 할스테드-라이탄 신경심리검사 배터리(Halstead-Reitan Battery: HRB)가 되었다. Halstead의 초기 방법은 아동과 뇌전증, 정신과적 질환과 같은 다른 환자 집단들에게 적용할 수 있게 되면서 많은 후속 연구를 촉진했다.

HRB는 명확한 경험주의와 비국재주의적 기원에서 출발한다. Halstead와 Reitan이 개척한 고정 배터리 방식의 접근은 다른 환자들과 비교할 수 있는 표준적인 검사 모음집을 제공한다는 장점이 있다. 일단 측정치들이 확정되고 나면 배터리의 범위를 새로운 집단으로 확장하기 쉽고 폭넓은 규준 자료를 모으기 좋다. 비록 안정성과 비교 가능성이라는 장점은 고정 배터리 접근의 분명한 장점이지만, 이 특정 배터리의 사용은 몇 가지 이유로 인해 최근 몇 년 동안 인기가 줄어드는 추세이다. 2006년의 실무 관련 설문에 따르면, 오직 7%의 실무가들만이 HRB나 LNNB 같은 표준화되거나 고정된 배터리 접근을 사용했다(Sweet et al., 2006). 이는 1989년도의 18%에서 변화한 결과이다. 순수한 경험주의적 접근이 가진 현실적인 문제는 그것들이 가장 효율적이고 해석 가능한 측정으로 반드시 이어지지는 않는다는 것이다. HRB는 굉장히 길고 지루하기 때문에 노인이나 손상이 심한 환자의 경우에는 순응도가 떨어지고 불편함을 호소하게 된다. 오늘날 의료 지출의 한도가 정해진 여건에서 이 정도 규모의 검사는 경제적 타당성이 부족하다. 게다가 때로는 분명한 직관적 속성으로 개발된 과제에 비해서 이들이 구성하는 검사들은 측정하고 있는 것이 무엇인지 말하기 어려울 수 있다.

엄격한 반-국재주의자 정도는 아니었지만, HRB의 연구 전통에서는 초점적 손상을 나타내는 변수가 배터리에서 관찰된 경우에만 초점적 손상을 예측하고자 했다. 이는 초점적 손상의 예측에 사용할 수 있는 다양한 예측 공식과 의사 결정 규칙의 개발로 이어졌다. 이러한 공식들은 해석이 어려우며, 과제들의 무작위적인 비교로 보이거나(예: Parsons, Vega, & Burn, 1969) 타당화된 맥락을 넘어선 집단에는 일반화되지 못했다. 최근 몇 년 동안, 인지 기반의 접근이 더 대두되면서 몇몇 심리학자들은 HRB의 검사와 발견들을 언어, 기억, 그리고 다른 기능의 인지 영역에 대응시키고자 시도했다(Reitan & Wolfson, 1996). 하지만 실어증 선별 검사(Aphasia Screening Test), 그리고 심지어 권위 있는 범주 검사(Category Test)와 같은 과제들은 이 검사들이 평가하려는 언어 및 집행 기능의 개념이 발전해 가는 것에 비해 여전히 시대착오적인 관점에 머무른 면이 있었다. HRB는 여전히 자료의 풍부함, 기술자(technician)가 배터리를 시행할 수 있다는 사실, 그리고 이 접근에서는 훈련을 받기가 간편하다는 점은 다른 접근들의 좋은 본보기가 될 수 있었다.

루리아-네브라스카 신경심리검사 배터리

러시아의 신경심리학자였던 Alexander Luria는 Ward Halstead와 동시대 사람이었다. 비록 Luria는 Halstead와 대략 비슷한 시기에 작업을 했지만, 그는 뇌기능장애의 효과를 평가하는 기법을 개발하는 데 있어서 미국 연구자들과는 다른 관점을 취했다. Luria가 있던 소련은 과학자들이 자신의 연구를

Pavlov의 조건 형성 및 억제에 대한 개념과 연관 지어야 한다는 압박감을 느끼던 곳이었다. 그와 그의 스승인 Leon Vygotsky는 인간의 정신적 기능의 발달과 구조에 대한 풍부한 서술을 정식화하는 데 열중하던 확고한 인지주의자였다. Luria의 뇌 조직화 모델은 정신 능력이 기초적인 지적 요소들, 즉 다양한 방식으로 문제를 해결하고 사고하는 데 사용될 수 있는 기본단위 요소로 구성된다는 개념이 반영된 것이다. 인지란 발달, 특정 문제 상황의 요구성, 뇌기능장애의 존재 여부에 따라 달라지는 역동적인 과정을 의미했다.

Luria는 자신의 접근을 1966년에 영어로 출간된 대표 저서인 『고위 피질 기능(Higher Cortical Functions)』에서 자세히 서술하고 있다. 그는 뇌기능장애의 효과를 포착하는 한없이 많은 가능한 패턴 중에서 각각의 개별 사례를 보면서 이들에게 사용될 만한 수백 가지의 과제를 서술했다. 이 접근은 뛰어난 통찰이라는 인정을 받았지만, 이 방법을 신뢰할 수 있게 적용하는 데 필요한 기술을 개발시키는 양질의 지도를 받을 수 없었던 보통의 임상가에게는 범접하기 어려울 정도로 복잡하고 실용성이 낮다고 여겼다. 게다가 할스테드-라이탄 접근에서 설정된 표준 지침을 본 많은 임상가는 본질적으로 가변적인 Luria의 방법론이 신뢰도와 타당도를 평가하는 전통적인 방법의 대상이 되기 어렵다고 보았다.

Luria의 뇌 조직화에 대한 개념과 인지 이론을 개발하려는 그의 접근은 대부분의 현대 인지신경심리학과 실험심리 연구를 특징짓는 전조가 되었다는 점에서 매우 주목할 만한 것이었다. 그렇지만 Luria의 제자였다가 미국으로 건너가 검사 기법의 세부 내용을 소개했던 덴마크 학생 Anne-Lise Christensen이 아니었다면 평가 기법에 대한 Luria의 접근은 그저 특이한 호기심으로 남았을지 모른다. Christensen은 『루리아의 신경심리적 탐구(Luria's Neuropsychological Inverstigation)』(1974)라는 저서와 함께 『고위 피질 기능』에 언급된 실제 도구들(자극 카드, 사진 등)을 미국에 소개했다. 네브라스카 기반의 신경심리학자인 Charles Golden은 할스테드-라이탄 접근의 전문가였는데, 그는 소개된 도구들을 사용하여 새로운 검사 배터리를 만들었다. Golden은 뇌의 세부적인 기본 기능을 드러내는 동시에 HRB의 엄격한 경험주의 전통을 지키는 과제를 개발하는 데 루리아 접근의 특장점이 있을 것이라고 기대했다.

루리아-네브라스카 신경검사 배터리(Luria-Nebraska Neuropsychological Battery: LNNB)의 출판(Golden, Hammeke, & Purisch, 1978)은 신경심리검사 개발 역사에서 논쟁이 된 대표적인 대사건이었다. Golden의 방법은 뇌기능장애가 있는 사람과 정상 집단을 변별할 수 있는 문항들을 조합하여 읽기, 쓰기와 같은 다양한 인지 영역 또는 기능 영역의 이름을 붙였다. 이는 Luria가 주창한 개념들을 대변하지 않는다는 점에서 큰 비판을 받았다. 예를 들어, Luria는 쓰기처럼 간단해 보이는 기능조차도 구체적인 기저 뇌손상이나 문제가 생긴 시스템이 무엇인지에 따라서 세분화될 수 있다는 점을 다양한 경우의 수로 서술한 바 있다. Luria의 개념은 기본적인 철자법(철자와 단어를 전체적인 상징으로 표상하는 발달), 소리를 철자/단어와 연합시키기 등의 수많은 경우로 나열할 수 있으며, 각각의 경우들은 모두 개별 뇌손상 유형과 국재성을 반영하면서 쓰기기능에 독립적으로 영향을 미칠 수 있는 잠재적 구성 요소라고 보았다. Golden의 비평에 따르면, Luria가 여러 다양한 기능을 서술하기 위해 개발한 과제들을 단일 척도로 결합시키는 것은 수행의 모든 경우의 수에 대한 정확한 서술적 레시피를 찾으려던 Luria의 목표를 오히려 뒤집는 것이었다. LNNB는 언어 영역과 같은 특정 문제에 대한 민감도가 부족하다는 비판도 받았다. 비록 LNNB는 HRB만큼의 대중성을 얻는 데 실패했지만, 비교적 짧은 검사이면서 지지하는 경험적 타당도의 증거를 쌓아 가며 충실한 후속 주자를 양성했다. 비록 많은 심리학자가 쓸 만하고 신뢰할 수 있도록 만들려는 시도가 실패했다고 말할 수 있겠지만, 그럼에도 Luria의 검사가 더 효율적이고 경험적 기반이 있는 평가 접근을 개발할 수 있으리라는 희망이 되었다는 것은 부정하기 어렵다.

보스턴 과정 접근

HRB가 뇌기능장애의 평가에 대한 기준이 되어 가는 동안, 보스턴 지역의 많은 연구자는 뇌-행동의 관계성에 대한 문제를 작업하기 시작했다. 언어, 기억, 감각, 그리고 다른 전통적인 심리학적 문제에 관심을 가지고 있던 연구자와 임상가들은 세기의 위대한 신경의학자였던 Norman Geschwind와 심리학의 영역에 실어증 연구를 보급한 Harold Goodglass의 리더십 아래 힘을 모았다. 그 당시 보스턴에서도 미국 심리학의 새로운 인지에 대한 흐름은 뇌의 연구를 혁명적으로 바꾸기 시작했다. Geschwind와 Goodglass는 다른 학문 분야에서 왔지만, 두 연구자 모두 뇌에 대한 연구 과제를 기본 요소의 분석과 환원 과정으로 접근했다. 독일 신경의학, 이론 언어학 그리고 인지심리학의 영향을 받은 이들의 작업은 할스테드-라이탄의 전통과는 다른 실험적 접근을 사용했다. Davis Howes, Jean Gleason, Edgar Zurif와 Sheila Blumstein은 실어증의 연구를 혁신하기 위해 정신물리학, 언어학 그리고 발달심리학의 방법을 적용하려는 Goodglass 박사의 노력에 함께했다. 이와 동시에 Nelson Butters와 Laird Cermak의 기억과 기억상실증에 대한 연구는 뇌기능장애에 대한 주제를 실험심리학의 주류 관심사로 만들었다.

이러한 분위기 속에서 발달심리학자인 Heinz Werner의 대학원생이었던 Edith Kaplan이 작업을 시작했다. Kaplan 박사는 Goodglass의 보조원이었는데, 보스턴 재향군인 병원에서 예리한 관찰력으로 환자의 행동을 보게 되었으며, Heinz Werner로부터 개인들이 동일한 문제에 대해 각자 다른 인지 과정을 사용할 수 있다는 가르침을 받았다. Werner는 인지 발달의 주요 특징이 문제를 해결하는 수단의 변화에 있다는 점을 가르쳤다. 함께 일하던 다른 임상가와 연구자의 격려에 힘입어 Kaplan 박사는 Werner의 생각을 뇌전증 환자를 위해 새롭게 개발된 치료법이었던 뇌량(두 대뇌반구 사이를 잇는 주요 신경 연결) 절제술을 받은 환자들에게 적용했다. 그녀는 환자들이 WAIS의 퍼즐을 맞추는 과제인 토막짜기(block design) 검사를 환자의 오른편과 왼편에 두었을 때 각각 다른 방식으로 과제를 푼다는 것을 알게 되었다. 다음 20년 동안, Kaplan은 수백 가지의 관찰 결과를 수합하여 슈퍼비전과 세미나를 통해 학생과 다른 심리학자에게 그 결과들을 전했다. 1991년에 그녀는 변용된 내용과 관찰상의 권고를 반영하여 WAIS-개정판(WAIS-Revised)을 완전히 수정한 『웩슬러 성인용 지능 검사 신경심리 도구 수정판(WAIS-Revised Neuropsychological Instrument: WAIS-R NI)』을 출판했다(Kaplan, Fein, Morris, & Delis, 1991). 보스턴 과정 접근(Boston Process Approach: BPA)의 핵심 발상은 과제 수행이 과제 그 자체보다 더 중요하다는 점에 있었다. 실무에서 비록 대부분의 환자가 WAIS, 웩슬러 기억 검사(Wechsler Memory Scale: WMS), 레이-오스테리스 복합도형 검사(Rey-Osterrieth Complex Figure Test: RCFT), 그리고 기타 검사가 있는 핵심 배터리를 시행받지만, Kaplan 박사는 소위 유연 배터리 접근(flexible battery approach)이라고 불릴 방법을 사용했다. 이 접근은 의뢰 사유를 반영하는 다양한 영역에서 가져온 많은 검사의 도구를 포함하며, 첫 번째 실시된 배터리에서 관찰한 검사들을 이후의 추적에서 사용한다. 현재 76%의 임상신경심리학자는 유연한 핵심 배터리(즉, 환자 집단의 유형에 따라서 다양한 핵심 세트를 쓰는 것)를, 18%는 완전히 유연한 접근(즉, 개별 사례에 따라 다른 검사들을 쓰는 것; Sweet et al., 2006)을 사용하고 있다.

초창기의 BPA는 뒷받침하는 규준 그리고 신뢰도 및 타당도에 대한 심리측정적 속성을 평가할 수 있는 세밀한 표준적 방법이 없다는 이유로 비판을 받았다. 그러나 20년 동안 축적된 많은 연구는 Kaplan의 관찰을 지지하고 있다(예: Bihrle, Bellugi, Delis, & Marks, 1989; Freedman et al., 1994; Joy, Fein, Kaplan, & Morris, 2001; Wecker, Kramer, Wisniewski, Delis, & Kaplan, 2000). 게다가 일부 연구에서는 BPA를 정량화하려는 시도도 이루어졌다(Poreh, 2000, 2006). 그럼에도 불구하고 BPA는 HRB가 그랬던 것과 같이 폭발적인 연구를 이끌어 내지는 못했으며, 여전히 규준 정보에서 제한적인 어려움이 있다. WAIS-R

NI(Kaplan et al., 1991)는 신뢰도와 측정의 표준오차에 대한 규준 자료를 포함해 출판된 몇 안 되는 BPA의 예시였다. 하지만 이 대표적인 검사에서도 Kaplan과 그녀의 제자들이 임상적 추론에 활용한 수백 가지 관찰에 대한 신뢰도와 타당도의 정보를 제공하지 않는다. 이러한 주요 한계점에도 불구하고 이 접근은 최근 몇 년간 많은 인기를 얻었는데, 임상가들에게 HRB나 LNNB보다 훨씬 뛰어난 서술적 강점을 제공하기 때문이다. 최근 출판된 『WAIS-IV』는 이러한 과정 접근의 변수를 포함하고 기저율(base rate) 자료로도 활용할 수 있다. 이 접근은 Luria가 가르친 방법의 현대적 버전이자, 더 쉽게 배우고 적용할 수 있는 전통적이고 친숙한 신경심리 도구와 기법이라고 여긴다.

홍미롭게도 BPA는 이후에 Kaplan과 제자들처럼 검사의 행동을 관찰로부터 도출했지만 Kaplan의 것과 동일하지 않은 점수 및 해석 체계를 사용하는 전통적 검사의 개발을 자극했다. 지금은 이미 잘 확립된 델리스-카플란 집행기능 검사(Delis-Kaplan Executive Function test: D-KEFS; Delis, Kaplan, & Kramer, 2001)가 선로잇기 검사(Trail Making Test)와 같이 대중적으로 사용되던 것을 세부적인 여러 과제로 분해했다. 각 과제는 기존의 선로잇기 검사 측정치를 구성하던 다양한 '과정' 요소에 민감하도록 고안되었다.

[빠른 참조 1.3]은 주요 신경심리평가 접근들의 핵심 장점과 단점을 요약한 것이다.

빠른 참조 1.3 주요 신경심리평가 접근의 장점/단점

HRB

장점

- 비국재주의적 전통하에서 경험주의적인 설계
- 타당화 자료의 풍부함
- 다양한 환자 집단에 대한 신뢰성과 비교 가능성
- 기술자가 시행할 수 있다는 점

단점

- 검사 시행 시간과 비효율성
- 측정치가 복잡하여 어떤 기능이 측정되었는지 알기 어렵다는 점
- 검사 길이로 인해 경제성이 떨어진다는 점
- 대중성의 감소

LNNB

장점

- Luria의 측정치에 기반하여 경험적으로 설계된 배터리
- 다양한 기능 또는 인지 영역을 위한 단일 척도
- 상대적으로 짧은 시행 시간
- 경험적 연구 결과의 지속적인 축적

단점

- Luria 방법이 정확히 반영되지 않았다는 점
- HRB만큼 대중적이지 않다는 점
- 단일 척도의 존재가 개인 간 다양성에 대한 Luria의 관점과 불일치한다는 점
- 대중성의 감소

BPA

장점

- 타당화된 측정치의 변용이 흔히 사용된다는 점
- 의뢰 사유에 검사를 유연하게 맞출 수 있다는 점
- 임상 장면에서 강한 서술력을 가진다는 점
- 유연한 배터리 접근의 예시로 가장 흔히 사용되는 접근

단점

- 질적 검사 결과에 대한 규준 자료가 충분하지 않다는 점
- 사용하려면 관찰적 기술에 의존한다는 점
- 특정 훈련을 필요로 한다는 점

다른 접근들과 기여

HRB, LNNB, BPA에 덧붙여 많은 연구실에서는 다양한 장면에 유용한 검사와 임상적으로 가용한 자료를 제공하면서 검사의 실무에 대한 많은 기여를 해 왔다. 많은 경우에 이 연구실들은 실험적으로나 임상 연구에 대해 많은 힘이 되는 기여를 해 왔다.

이 책의 공간상 제약으로 인해 여기서는 임상신경심리학에 기여한 큰 획들 위주로 추렸다. 이것들은 개별적인 언급을 받을 만하지만 작업들을 크게 묶어서 제시하였다.

- **캐나다의 기여** 캐나다에서 임상 평가에 주요 기여를 남긴 이들 중에서는 Brenda Milner의 연구실이 있다. 그녀는 몬트리올 신경학 연구소(Montreal Neurological Institute)에서 신경외과 수술을 받은 환자들에 대한 수백 가지 연구를 수행했다. 그녀와 동료들, 학생들은 집행기능과 운동기능, 기억기능에 대한 아주 세련된 검사를 만들었다(예: 도안 유창성 검사, 양분 청취, 양분 촉각 검사).
- **유럽의 기여** 프랑스(Henri Hecaen), 이탈리아(Ennio DeRenzi 등), 노르웨이(Halgrim Klove), 독일(Klaus Poeck)의 유명한 신경심리학 연구실에서는 실어증 점수 체계와 언어 · 기억 · 시각 기능에 대한 검사에 중요한 기여를 했다[예: 토큰 검사, 홈이 있는 타공판 검사Grooved Pegboard Test(예: Poeck, 1986)].
- **영국의 기여** 국제적으로 유명했던 영국의 신경심리 연구실들이 있었다. 예를 들어, Elizabeth Warrington의 연구실에서는 임상 및 실험심리학에 몇 세대에 걸친 기여를 했다. Rivermead 재활병원에서 일했던 심리학자 집단은 실생활의 기능을 대변하면서 규준 자료가 잘 갖춰진 많은 검사를 고안했으며, 기억과 주의를 평가하는 검사 배터리를 구성했다(예: 워링턴

재인기억 검사, 리버미드 행동기억 검사). 이 검사들은 인지신경심리학에서 도출된 현대적 관점을 반영하는데, 앞서 다룬 '신경심리평가의 용도' 절에서 서술된 목적에 잘 부합한다. 이들의 작업은 실무를 수행하는 모든 신경심리학자가 (대중성의 차원에서) 참조할 만하며 미래의 HRB가 될 수도 있다.

- **Arthur Benton의 기여** 아이오와주의 Arthur Benton 연구실은 특별한 언급이 필요하다(Benton, Sivan, des Hamsher, Varney, & Spreen, 1994). Benton 박사는 인지기능들을 매우 특정적으로 기술할 수 있는 검사를 개발하는 데 앞장섰다(예: 선방향 검사, 벤톤 시각기억 검사). Benton의 검사는 HRB와 동시대에 개발되기 시작했는데, HRB를 지지하는 자료가 보였던 힘에 비해서 이것들의 검사가 왜 대중성을 얻지 못했는지는 불분명하다. 그는 기억과 시각 기능 검사를 고안하고 규준화했으며, 이것들은 지금도 특수한 임상 검사 장면에서 유용하다.

스스로 평가

1. 신경심리학자들이 사용한 대다수의 검사는 뇌기능장애를 평가하려는 특정적인 목적하에 개발되었다. (○ / ×)
2. 보스턴 실어증 검사와 캘리포니아 언어 학습 검사는 뇌기능장애에 대한 민감성을 일차적으로 고려하여 구성되었다. (○ / ×)
3. 다음 중 어떤 신경심리검사 배터리가 경험주의 접근에 기반하여 개발된 가장 적합한 예시인가?
   (a) 루리아-네브라스카 신경심리검사 배터리
   (b) 할스테드-라이탄 배터리
   (c) 보스턴 과정 접근
   (d) 루리아 신경심리학 연구

4. 임상신경심리학자란 무엇인가?
   (a) 미국심리학 전문위원회 또는 미국신경심리학 전문위원회에서 공인하는 심리학자
   (b) 임상신경심리학의 박사학위가 있는 심리학자
   (c) 자신이 속한 행정 단위에서 신경심리학자의 면허를 가진 심리학자
   (d) 이상 모두
5. 전체주의 이론은 개별적으로 구분된 뇌구조물에 의해 저마다 다른 심리적 기능이 관장된다고 본다. (○ / ×)
6. 국재화 이론은 뇌손상의 효과가 위치에 따라서 달라지지만, 뇌는 다수의 구조물이 협업하며 참여한다고 본다. (○ / ×)
7. 가장 이상적으로 신경심리검사는 뇌기능장애에 민감하고 생태적 타당도가 있어야 한다. (○ / ×)

정답: 1-×, 2-×, 3-b, 4-d, 5-×, 6-×, 7-○

2장

신경심리평가의 학문 분야

개관

신경심리검사 자료를 모으고 해석하는 구체적인 기술에 필요한 논의를 시작하기 전에 신경심리학 실무에 필요한 전문적 기술을 가져다주는 지식, 훈련, 경험이 무엇인지 생각해 보아야 한다. 신경심리학자로서의 역량에 필요한 기술을 직업으로서 갖기 시작한 것은 오래되지 않았는데, 소수의 대학원생이나 박사전 인턴 과정들만이 정식 기술을 배웠다. 제2차 세계대전 직후 세대에 훈련된 많은 신경심리학자는 독학을 하거나, 수련에 도움이 될 도서와 의과대학 강의를 접하도록 멘토로부터 안내받았다. 전통적인 경로는 임상심리학 박사학위를 취득한 다음, 신경심리학에서의 전문 훈련을 받는 것이었다. 신경심리학 훈련에 대한 구체적인 지침이 없었기 때문에 스스로 임상신경심리학자라고 지칭하는 사람들은 넓고 이질적인 배경과 경험을 갖고 있었다. 이들의 대부분의 경우는 단순히 신경심리검사를 실시하던 심리학자들이었으며, 다른 이들은 신경심리평가 주말 워크숍을 이수한 사람들이었고, 또 어떤 이들은 신경심리학의 전문 훈련을 받은 임상심리학자들이었고, 아주 소수의 사람들만이 자격 심사를 거친 이후에 위원회에서 임상신경심리학 자격을 공인받은 심리학자들이었다. 이 장에서는 신경심리학과 학술적 심리학 및 신경과학이 과학 분과로 성장한 것이 전문 직업으로서 임상신경심리학이 발달한 것과 함께 진행되어 왔음을 논의할 것이다. 오늘날에는 학위 교육, 박사전 및 박사후 임상 수련의 과정이 명확한 경로로 만들어져 있으며, 임상적 전문성의 진정한 완숙도를 상징하는 공식 자격증이 있다.

교육과 지식 기반

1987년, 국제신경심리학회(International Neuropsychological Society: INS)의 승인을 받은 공동 프로젝트 팀과 미국심리학회(APA) 분과-40에서는 신경심리학자의 교육, 자격 수련, 자격 심사를 위한 공식적인 지침을 출간했다(Adams & Rourke, 1992). 이를 통해 임상신경심리학의 훈련에 대한 몇 가지 기본적인 기준이 마련되었다. 위원회에서는 신경심리학의 박사학위 훈련이 학생들로 하여금 신경심리학과 관련된 '건강 서비스의 활용, 기본적인 임상 연구, 교육과 자문'을 갖추도록 할 것이라고 판단했다. 이러한 대학원 과정의 공부는 전반적인 임상 및 일반심리학의 핵심 과정과 함께 "신경과학뿐만 아니라 기초적인 인간 및 동물 신경심리학에 대한 전문화된 훈련"과 "임상신경심리학의 구체적인 훈련"이 포함되어야 한다.

현재 효력하에 있는 이 기준은 1997년 휴스턴 회의에서 분과-40과 국립신경심리학술원(National Academy of Neuropsychology: NAN)을 대표하는 40명의 신경심리학자, 그리고 박사 과정, 인턴 과정, 박사후 과정 신경심리 프로그램 감독자의 위임을 받아 개발되었다(Hannay et al., 1998). 휴스턴 회의의 합의 결과에 따르면, 임상신경심리학의 교육과 훈련은 과학자-실무자 모형을 따라야 한다(Belar & Perry, 1992). 과학자-실무자 모형은 1949년 콜로라도의 볼더에서 채택되었는데, 이 모형에 따르면 임상심리학자는 먼저 과학자로서 훈련을 받고 이차적으로 실무적 전문가로 훈련받아야 함을 명시하고 있다. 이를 신경심리학에 적용하여 임상신경심리학의 교육과 훈련도 모든 일반 신경심리학의 측면을 통합할 것을 요구받는다. 전문적인 교육과 훈련은 박사학위의 교육과 함께 시작되며, 인턴 과정과 전속 박사후 과정으로 이어진다. 휴스턴 회의에서는 임상신경심리학자를 "뇌-행동 관계성의 과학하에서 훈련을 받은 전문적인 심리학자이다. 임상신경심리학자는 중추신경계의 정상 및 비정상적인 기능에 관한 전생애 인간 행동의 과학적 연구에 기반하면서 평가를 적용하고 개입 원리를 활용하는 전문성을 가진다."라고 정의했다(Hannay et al., 1998, p.161).

휴스턴 회의에서는 임상신경심리학 전문 분야의 교육과 훈련이 그 분야 종사자와 지도감독자뿐만 아니라, 스스로 임상신경심리학자라고 지칭하는 사람들에게도 필요할 것이라고 보았다. 이 위임을 받은 회의에 따르면, 임상신경심리학의 전문성에 대한 교육과 훈련은 임상신경심리 전문 훈련을 담당하는 다른 심리학자에게도 필수적이다.

휴스턴 회의에서는 앞선 1987년의 기준을 따라서 임상신경심리학자에게 필요한 특정 지식 기반을 권고한다. 여기에는 일반 심리학, 일반 임상심리, 전문 신경심리, 뇌-행동 관계 전문 단위를 핵심으로 포함한다. 이 지식 기반은 박사학위 과정이나 다른 특별 교육과정에서 얻게 된다. 일반 심리학 교육과정에는, ① 통계, 연구설계, 방법론, ② 학습, 인지, 감각, ③ 행동의 생물 기반, ④ 사회심리와 성격, ⑤ 전생애 발달, ⑥ 심리학의 역사, ⑦ 문화와 개인차가 포함되어 있다. 신경심리학자의 수련 과정에서 실무 지식은 단순한 학술적 활동이 아니다. 임상심리학과 신경심리학의 임상적 판단을 위해서는 기초통계와 심리측정 개념, 검사의 규준과 표준화, 임상적 판단을 위한 규준 자료의 활용에 대한 이해가 있어야 한다.

신경심리평가는 인지심리학의 직접적인 응용이라고 주장할 수도 있는데, 주의, 기억, 언어와 같은 기능에 대한 최신 개념들은 대부분의 신경심리 도구의 내용을 올바르게 해석하고 설명하는 데 필수적이기 때문이다. 예를 들어, 기억 기능이 정보의 부호화, 저장, 인출의 각 과정으로 분리될 수 있으며, 각기 다른 뇌의 시스템에 기반한다는 것을 이해하는 것은 웩슬러 기억 검사

(Wechsler Memory Scale-4판)의 임상적 측정치를 해석하는 지침이 된다. 행동의 생물학적 기반에 대한 과목은 뇌기능장애로 인해 문제가 발생하는 생물학적 · 생리적 기능을 이해하는 데 필수적이며, 피질, 피질하 구조물 간의 다양한 신경해부학적 연결에 대한 많은 정보를 알려 준다. 예를 들어, 전두엽이 피질 및 피질하 구조물들과 긴밀한 연결을 이루고 있음을 아는 것은 이 부위의 손상의 효과가 먼 곳까지 뻗치게 되리라는 것을 이해하는 데 중요하다. 성격, 사회적 행동, 전생애 발달을 이해하는 것 또한 검사 수행을 이해하고 권고 사항을 전함에 있어서 고려해야 하는 환자 행동의 전반적 맥락에 대한 중요한 정보를 제공한다. 예를 들어, 젊은 성인에게서 신경심리검사의 결함처럼 보이는 것이 아동에게는 정상적 발달의 결과일 수 있으며, 노인에게서는 정상적 노화를 나타내는 것일 수도 있다. 문화와 개인차에 대한 과목의 이해는 특정 환자에게 검사 결과를 적용할 때 중요한 선행 요건인데, 검사에는 문화적 편향이 있을 수 있기 때문이다.

휴스턴 회의에서는 핵심 과목들이 정신병리학, 성격 이론, 심리측정 이론, 면담과 평가 기법, 개입, 윤리를 포함하는 통상적인 임상심리학 프로그램에 포함되길 권고한다. 이러한 권고가 있는 것은 임상신경심리학을 임상심리학 내의 하위 전문 분야 또는 임상심리학과 유사한 필수 조건을 가진 개별 전문 분야로 보아야 한다는 관점을 반영한다. 임상신경심리학자는 성격과 정신병리가 나타나는 모든 양상뿐만 아니라 이 사안들이 검사 수행과 인간의 적응에 영향을 미칠 수 있음을 이해하고 있어야 한다. 임상신경심리학자에게는 면담 기법과 평가 절차의 기술, 검사 이론의 탄탄한 기반, 전문 윤리의 기본이 갖춰져 있어야 한다.

신경심리검사의 수행은 수많은 비신경학적 요인에 영향을 받을 수 있으며, 신경학적 질병은 비신경학적 질환의 양상처럼 보일 수 있다. 예를 들어, 높은 불안과 우울 수준하에서는 신경학적 질병 없이도 검사 수행이 손상될 수 있으며, 뇌줄기와 바닥핵(basal ganglia) 손상 환자는 우울증의 모습으로 나타날 수 있다. 신경심리검사 수행이 신경학적 질환의 영향만 받는 것이 아니기 때문에 임상신경심리학자는 언제나 정신병리와 심리적 문제에 관한 임상적 판단의 맥락하에서 신경심리적 판단을 내려야 한다.

임상신경심리학자는 일반적인 임상 수업 과목뿐만 아니라 몇몇 특정한 전문 분야의 지식도 요구받는다. 휴스턴 회의에서는 특별 교육과정에 뇌-행동 관계성의 연구 기반을 제공하는 내용을 포함하도록 권고했다. 여기에는 기능적 신경해부학, 신경학 및 관련 장애, 중추신경계에 영향을 미치는 비신경학적 질환, 기능적 신경 영상, 신경화학, 행동신경심리학 같은 주제가 포함되어 있다. 신경해부학, 신경병리학, 신경과학에 대한 실무 지식은 임상신경심리학자가 내리는 판단에 대한 뇌-행동 체계성을 알려 준다. 임상신경심리학의 전문분야 훈련은 신경심리학 내의 감각, 인지, 집행기능, 연구설계, 뇌-행동 관계성의 연구방법론 과목들로 구성될 것이다.

덧붙여서 휴스턴 회의에서는 임상신경심리학 프로그램이 신경심리학 분과에 특정 과목들을 포함하도록 권고했다. 여기에는 신경심리평가와 개입 기법, 연구설계와 신경심리 분석, 직업상의 문제, 윤리, 신경심리적 질환에 대한 실용적 함의가 포함된다. 신경심리학에 특수한 이 과목들은 임상심리학에서의 기본 교육과 훈련으로 확장되어 임상신경심리학 전문성의 지식 기반을 제공한다.

휴스턴 회의에서는 또한 앞선 교육과정을 통해 임상신경심리학자가 신경심리학과 밀접한 관련이 있는 기초 영역의 기술을 습득하도록 지시했다. 임상신경심리학자는 평가의 영역에서 다음과 같은 기술들이 필요하다.

- 정보 획득, 병력 청취, 검사 선택, 검사 시행, 해석과 진단, 치료 계획, 보고서 작성, 피드백 제공, 다문화 문제의 인식

치료와 개입 분야에서는 다음의 기술들이 명시된다.

- 개입 표적을 결정하는 것, 개입의 필요성을 구체화하는 것, 사례개념화, 개입

실행, 개입 계획의 모니터링, 개입 결과의 평가, 다문화 문제의 인식

자문의 영역으로는 다음의 명목들이 중요 기술로 지목된다.

- 효과적인 기본 의사소통, 의뢰 사유 확인과 명료화, 신경심리적 서비스와 관련된 의뢰 과정에 대한 이해, 평가 결과 전달, 그리고 서비스와 장애에 대한 환자와 가족 교육

연구의 영역에서 습득해야 하는 기술로는 다음의 것들이 있다.

- 과학적 논문 개관, 연구의 설계, 시행, 모니터링, 연구 결과의 평가, 결과 소통

교육과 지도감독의 영역에서는 다음의 방법들을 통해 기술을 습득할 것을 권고하고 있다.

- 효과적인 교육, 계획, 교육과정과 과목의 설계, 효과적인 교육 기술 사용, 효과적인 슈퍼비전 방법 사용

임상신경심리학자의 정의

미국심리학회(APA)와 캐나다심리학회(CPA)로부터 임상신경심리학의 전문성이 인정받게 되면서 임상신경심리학자란 어떤 사람인지에 대한 정의에 관심이 모이게 되었다. 휴스턴 회의에서는 앞서 이러한 목적으로 구체적인 지침을 제시했다. 2001년 5월, 국립신경심리학술원(NAN)에서는 임상신경심리학자의 정의에 대한 공식적 지위를 승인했다(Weinstein, 2001). NAN의 입장에 따르면,

> 임상신경심리학자는 뇌-신경 간 관계의 응용과학에 특별한 전문 지식을 갖춘 전문가이다. 임상신경심리학자는 인지 및 학습 장애뿐만 아니라 전생에 걸쳐 신경학적, 의료적, 신경 발달 및 정신의학적 질환이 있는 환자의 평가, 진단, 치료 및/또는 재활에 이

지식을 사용한다. 임상신경심리학자는 환자의 신경인지적 · 행동적 · 정서적 강점과 약점 및 정상 및 비정상 중추신경계 기능과의 관계를 평가하기 위해 심리학적 · 신경학적 · 인지적 · 행동적 · 생리학적 원리, 기법 및 검사를 사용한다. 임상신경심리학자는 다른 의료/보건 서비스에서 제공하는 정보를 사용하여 신경행동장애를 식별하고 진단하며 개입 전략을 계획하고 실행한다. APA와 CPA는 모두 임상신경심리학의 전문성을 공인한다. 임상신경심리학자는 임상신경심리학 및 심리학의 독립적인 실무자(건강 관리 제공자)이다(www.nanonline.org, 2001).

NAN의 공식 입장에 따르면, 임상신경심리학자의 최소 교육 및 훈련 기준에는 심리학 또는 임상신경심리학 분야의 제공자 또는 실무자로서 국가 면허, 공인 대학 교육프로그램의 심리학 박사학위, 임상 관련 전문 심리학 분야의 인턴십, 임상신경심리학자의 관리 감독을 받아 '임상신경심리학 및 관련 신경과학 연구 및 실습에서' 2년(박사후 수준에서 최소 1년)의 상근 전임 전문 교육이 포함된다. NAN은 또한 임상신경심리학자가 '임상신경심리학에서 고급 훈련, 관리 감독 및 응용 지식'이 있음을 입증하기 위해 서면 및 구두 시험, 동료 검토 및 자격 증명의 공식 검증을 통해 이사회의 인증을 받을 것을 권장한다.

NAN의 정의는 APA의 임상신경심리 분과(분과 40)에서 공식적으로 취하는 입장(1988년 8월 12일)과 유사하며, 휴스턴 회의에서 발표된 '임상심경심리학 전문 교육 및 훈련'의 정책 내용을 다음과 같이 포함하고 있다.

임상신경심리학자는 중추신경계의 정상 및 비정상적 기능과 관련하여 인간 행동에 대한 과학적 연구를 기반으로 평가 및 개입의 원리를 적용하는 전문 심리학자이다. 임상신경심리학자는 인간 복지를 위해 그러한 원리를 적용하는 진단 및 개입 서비스의 박사급 심리학자로, 다음과 같은 지점에서 역량을 입증한다.

A. 해당 지역에서 인준된 신경심리학 및 신경과학 분야의 체계적인 훈련 및 실습 교육을 성공적으로 이수

B. 임상 현장에서 신경심리 서비스를 적용한 2년 이상의 적절한 지도 훈련

C. 본인이 활동하는 국가 또는 지방의 법률에 의하여 국민에게 심리적 서비스를 제공하기 위한 면허 및 인증
D. 이러한 역량 검증 차원으로 동료 검토 완수
[미국 신경심리위원회(ABCN)/미국 심리전문위원회(ABPP)]로부터의 임상신경심리학 자격증을 획득하는 것은 임상신경심리학자로서의 역량을 명확히 제시하며, 앞의 모든 기준들이 충족되었음을 보증한다(분과 40, 1989, p. 22).

이러한 정의는 1996년 APA 대의원회에서 심리학의 한 전문 영역으로 지정되어 인준한 임상신경심리 전문 분과의 정의와도 유사하다. 이 정의는 2003년에 재인준되었으며, "임상신경심리학은 중추신경계의 정상 및 비정상적인 기능과 관련하여 인간 행동에 대한 과학적 연구를 바탕으로 평가 및 개입의 원리를 적용한 전문 분야이다. 뇌-행동 관계에 대한 이해를 높이고 이를 인간 문제에 적용하는 데 주력하고 있다."라고 정의하고 있다.

미국 임상신경심리학술원(AAC)에서는 임상신경심리학자들의 첫 실무 지침을 개발하고 배포했다(AACN, 2007). 이 지침에서는 임상신경심리학을 "정상적인 뇌기능과 비정상적인 뇌기능이 광범위한 인지, 정서 및 행동 기능에 미치는 영향을 조사하는 응용과학"으로 정의한다(Board of Directors, AACN, 2007, p. 211). 여기서는 '신경심리적 평가와 자문'을 '심리학적 평가와 자문'과는 다른 것으로 보는데, 신경심리평가에서는 "객관적인 신경심리검사, 체계적인 행동 관찰 및 뇌 관련 질환의 신경심리학적 징후에 대한 지식에 기초한 결과의 해석 사용"과 "적절한 경우에 이러한 평가는 신경 영상 및 기타 신경진단 연구를 고려하고, 신경심리학적으로 지향된 재활 개입을 알려 주는" 요소로 구성됨을 명시함으로써 이를 구별하고 있다(Board of Directors, AACN, 2007, p. 212).

수련, 전문성, 자격증

임상신경심리학 전공 학생들을 대상으로 전문 교육을 제공하는 대부분의

프로그램은 임상심리학 철학 박사(Ph.D.) 또는 심리학 박사(Psy.D.) 과정이다. 이 과정들은 학생들에게 일반적인 임상교육의 맥락에서 임상신경심리학을 전공할 수 있는 기회를 제공한다. 소수의 학생들은 특별히 임상신경심리학 프로그램 과정으로 인정을 받는다. 일부 신경심리학자들은 신경심리학 이외의 학위 프로그램 출신으로, 학위 프로그램 이외에서 필요한 특정 과정을 거친다.

비록 후자가 전후 첫 번째 세대의 신경심리학자들에게 더 일반적인 수련 경로였지만, 이 학생들은 인턴십과 실습 교육을 받는 데 어려움을 겪기 때문에 오늘날 대부분의 학생은 이 경로를 선택하지 않는다. APA 인증을 받는 훈련 프로그램은 보통 임상심리학, 상담심리학 또는 임상신경심리학 프로그램에서 학생들을 받아야 하므로 임상 관련 학위가 없는 학생들이 입학하는 것은 어렵다. 매년 얼마나 많은 박사 과정의 학생들이 공인된 프로그램에서 임상신경심리학 전공으로 졸업하는지 정확하게 추정하는 것은 어렵다. APA 분과 40은 매년 93명에서 121명의 신입생을 입학시키는 임상신경심리학 박사 과정을 제공하는 32개의 공인 프로그램 목록을 웹사이트(www.div40.org/training/index.html)에서 관리하고 있다. 이 목록이 신경심리학 권장 과정의 일부 또는 전부를 제공하는 모든 박사 과정을 포함하지 않기 때문에 이것은 과소 추정된 것일 수 있다. 수련 과정 목록에는 44개의 인턴십과 82개의 박사후 프로그램도 포함되어 있으며, 수련 과정명과 수련 감독자, 연락처가 있다. 목록은 또한 채용 가능한 직책 수, 교수진의 이름과 관심사, 학점 이수 과정 및 교수진의 이사회 인증 여부와 같은 프로그램의 세부 정보를 명시한다. 임상신경심리학 박사전 인턴십 수련 프로그램에 대한 연락처는 임상신경심리학 인턴십 훈련협회에서도 확인할 수 있으며(www.utmem.edu/AITC), 임상신경심리학 박사후 훈련에 관한 유사한 정보는 www.appcn.org의 임상신경심리학 박사후 프로그램 협회에서도 확인할 수 있다. 인턴십 및 박사후 수련 과정에 대한 또 다른 자료는 www.appic.org의 심리학 박사후 및 수련 협회에서 찾을 수 있다.

신경심리학 평가에서는 실무자들이 신경학적 질환의 행동, 성격 및 정신의학적 결과를 평가하고 파악하길 기대하며, 행동 및 인지 증상을 올바른 방식으로 신경학적 원인 또는 비신경학적 원인으로 연결 지을 수 있어야 한다. 임상심리학 프로그램의 훈련은 그러한 기술을 개발하기 위한 많은 전제 조건을 제공한다. 게다가 임상신경심리학의 전문 교육을 제공하는 많은 박사 프로그램은 의학 프로그램을 제공하는 학교의 일부 과정으로 편성되어 있거나 독립적인 지역 의과대학과 강한 제휴 관계를 맺기도 하며, 이를 통해 필요한 교과목과 실습 경험을 보장한다.

신경심리학을 세부 전공으로 하는 임상심리학 박사 과정이나 임상신경심리학 박사 과정은 일반적으로 이수를 위해 5년의 시간이 필요하다. 수련은 보통 4학년 또는 5학년에 이루어지며, 대부분 일반 병원 또는 의료센터 장면에서 이루어진다. 이러한 훈련 환경은 광범위한 환자 집단에 접근할 수 있도록 하며, 매우 다양한 신경학적 · 정신과적 질환이 있는 환자에 대한 경험을 제공해야 한다.

일반적으로 신경심리학 종사자들은 심리학 분야에서 주(state)의 허가를 받아야 한다. 루이지애나주를 제외한 대부분의 주에서는 신경심리학 분야에 대한 구체적인 허가를 제시하지 않고 있으며, 신경심리학 분야의 직업의 전문성을 드러내는 것은 심리학자의 윤리적 판단에 맡기고 있다. 즉, 심리학자들은 심리학을 수행할 수 있는 자격증을 취득한 후, 잘 짜인 수련 프로그램과 감독을 거친 전문적 경험으로 만들어진 전문적인 교육과 훈련, 그로부터 얻은 역량이 발휘되는 분야 안에서 자신의 실무를 제한할 것으로 기대된다. 엄밀히 말하면 스스로 임상신경심리학자라고 부를 수 있는 전문가는 임상신경심리학 박사학위, 임상신경심리학자로서의 자격증 또는 임상신경심리학 학회 자격증 중 하나 이상의 자격을 가진 사람뿐이라고 주장할 수 있다. 그러나 현재 신경심리학 분야에서 인정받는 역량을 입증하는 유일한 공인 자격은 동료 심사와 심사를 통해 학회 수료증이나 자격증을 취득하는 것이다.

스스로 평가

1. 임상신경심리학자는 신경심리검사를 시행하는 여느 심리학자를 말한다. (○ / ×)

2. 임상신경심리학자의 지식 기반에 포함되어 있어야 하는 것들은?
   (a) 통계, 방법론
   (b) 신경심리평가 기법
   (c) 정신병리학
   (d) 기능적 신경해부학
   (e) 이상 모두

3. 다음 중 휴스턴 회의에서는 교육과 훈련을 신경심리학자의 필수로 보았던 것이 아닌 것은?
   (a) 지역에서 인준된 기관에서의 박사학위
   (b) 임상신경심리 인턴십 과정
   (c) 심리측정 이론에 대한 필수 교과목
   (d) 임상신경심리학 레지던트 과정

정답: 1-×, 2-e, 3-a

3장

면담과 임상적 과거력의 핵심

개관

환자의 의학적 · 사회적 · 문화적 · 지적 · 정서적 과거력을 세밀하게 재구성하는 것은 신경심리평가라는 퍼즐 맞추기의 필수적인 조각이다. 신경심리학자가 평가하게 되는 임상적 문제의 대부분은 긴 시간의 발달과 경험이 짜이고 엮인 결과이다. 어떤 경우에는 매우 짧은 순간의 뇌손상이나 뇌졸중으로 개인의 삶이 바뀌게 될 수도 있다. 또 어떤 경우에는 중추신경계의 질병으로 초래된 신경심리적 기능의 변화가 수개월 또는 수년의 시간에 걸쳐 진행되거나, 발달의 과정 속에서 비정상성을 나타낼 수도 있다. 중추신경계의 질병은 발달하는 청소년에게 성숙한 성인과는 다른 영향을 미칠 수 있으며, 청소년은 언어를 획득하기 이전의 아동과도 다를 수 있다. 환자의 과거력과 임상 면담은 환자의 현재 문제의 특성과 시간의 흐름을 이해하는 데 매우 중요한 자료를 제공하며, 이 자료들은 진단과 예후에 결정적인 단서가 된다. 과거력과 임상 면담은 검사 수행에 영향을 미칠 수 있는 인지적 · 정서적 기능과 이것이 영향을 미치는 심리적 · 의학적 상태에 대한 정보를 제공하기도 한다. 마지막으로, 환자의 교육적 · 사회적 · 발달적 과거력은 질환이 나타나거나 부상을 입기 전에 환자의 모습이 어떠했는지를 임상가에게 알려 준다. 많은 경우, 과거력은 제1

> **[주의]**
> 신경심리검사 결과는 진공 상태에서 해석될 수 없다. 신경심리검사 결과는 과거력의 맥락 속에서만 해석될 수 있다.

장에서 설명한 의뢰 질문의 답을 찾는 데 정식 검사 결과만큼(또는 오히려 더) 중요할 수 있다. 임상적 과거력에 덧붙여 검사 회기 이전, 도중, 이후의 환자 행동에 대한 예리한 관찰은 신경심리검사 결과의 해석을 돕는 단서가 될 뿐만 아니라, 임상적 의뢰 문제의 핵심에 대해 내리는 결론을 대신할 수도 있다.

우리는 앞선 설명을 이해하기 위해서 신경심리검사 해석의 기본 논리를 살펴야 한다. 신경심리검사는 중추신경계의 기능적 손상의 존재에 민감한 것으로 알려진, 하지만 반드시 특정적이지는 않은 심리검사를 말한다. 다시 말해, 비록 이 검사들에서 정상 수준 이하의 수행을 보였다고 해도, 이는 뇌기능장애의 결과일 수도 있고(즉, 검사는 뇌기능장애의 존재에 민감한 것), 정상 수준 이하의 수행은 뇌기능장애 이외의 요인 때문일 수도 있다(즉, 뇌기능장애에 특정적이지 않은 비정상적 검사 수행인 것). 따라서 환자의 과거력 맥락이 없이는 자료를 정확하게 읽고 진단을 내릴 수 없다. 올바른 검사 결과의 해석이 이뤄지려면 신경심리학자는 자료를 분석하는 일련의 절차를 따라야 한다.

첫째, 과거력 정보와 행동 관찰은 임상 면담, 기록 검토, 그리고 필요한 경우에 의미 있는 주변인의 보고를 통해 얻어야 한다. 그다음에는 배터리 검사들이 선정되고, 환자의 행동 표본을 얻기 위한 검사가 실시된다. 검사의 점수가 매겨지고 총점이 계산된다. 그다음, 환자가 얻은 점수는 비슷한 연령, 교육 그리고 (가능하고 관련되는 경우) 문화적 배경의 성인 또는 아동의 규준 자료의 검사 점수와 비교된다. 일반적으로 이러한 규준 검사 자료는 뇌손상이나 기능장애의 과거력이 있거나 정상이라고 여기는(뇌손상 또는 뇌기능장애의 이력이 입증되지 않은) 성인 또는 아동들로부터 얻는다. (모든 경우는 아니나) 대부분은 정답 반응으로 채점되기 때문에 낮은 점수에 비해 높은 점수가 더 나은 수행을 나타낸다. 만약 환자에게서 측정된 개별 점수 또는 여러 점수가 해당 연령이나 교육 수준의 정상인에게서 기대되는 범위보다 낮으며, 뇌기능장애의 환자들이 보이는 점수 범위 내에 있다면 신경심리학자는 여기에서 환자의 뇌기능 장애가 존재하는지 결정해야 한다. 여기에서 단순히 환자가 비정상적인 점수를 보였다는 이유로 이러한 근본적인 신경심리적 추정이 이루어질 수 있을까? (정상과 비정상의 개념은 제5장에서 다시 논의할 것이다.) 이 질문에 대한 짧은 대답은 "아니요."이다. 앞서 묘사된 상황에서 그런 추론을 하기에는 어려움이 있다. 임상신경심리적 판단에는 환자의 세부적인 과거력과 현재 삶의 상황을 경험적 검사 자료와 통합하는 과정이 있다.

과거력의 역할

신경심리검사(또는 어떤 임상 검사)가 환자가 속한 임상적 범주를 예측하고 결정하는 능력은 민감도(sensitivity)와 특이도(specificity)라는 두 가지 정량적 기준으로 나뉜다. 민감도는 실제로 존재하는 상태를 검사가 탐지하거나 분류하는 확률이다. 특이도는 정상적인 수행 여부를 올바르게 탐지하고 분류하는 확률을 말한다. 특이적인 검사는 정상 수행인데 비정상으로 분류되는 경우들을 최소화한다. 민감한 검사는 환자가 특정 집단에 속한다고 분류해 낸다.

한 검사 점수로 한 사람이 건강한 사람(Healthy Person: HP), 아니면 뇌기능 장애가 있는 사람(Brain Dysfunction: BD)에 속하는지 판단한다고 가정해 보자. 민감도는 검사가 BD인 사람을 올바르게 BD라고 분류하는 비율이다. 반면, 특이도는 HP를 올바르게 HP라고 분류하는 비율이다. 민감도와 특이도 값은 0%와 100% 사이에서 달라질 수 있다. 검사는 민감하지만 특이적이지는 않을 수 있다. 즉, 검사가 HP를 BD로 오분류하는 비율은 낮지만 BD 환자를 BD가 있다고 분류하는 비율도 낮을 수 있다. 보통 잘 설계된 검사는 두 가지 기준 모두를 최대화하고자 하며, 부정확한 결정을 내리는 결과들을 고려하여 둘 간에 균형을 맞춘다.

검사가 가진 민감도와 특이도의 능력은 임상 및 비임상 범주에서 실제 사람들이 차지하는 비율에 따라서 크게 달라진다. 탐지하려는 장애의 비율이 드물 때는 장애가 더 흔하게 분포할 때보다 검사의 특이도가 낮아지는 경향이 있다(즉, 검사가 사람들을 임상 집단으로 더 분류하는 경향). 만약 장애의 분포가 흔한 경우에는 검사가 (완벽히 민감하지는 않다는 전제하에) 장애의 존재를 놓치는 경향이 있다. 우리는 제5장에서 기저율(base rate)과 진단의 정확도에 대한 세부적인 논의를 다시 다룰 것이다. 다만 일반적인 원칙상 임상가는 환자의 과거력 정보를 통해서 개인이 특정 진단 범주에 속할 가능성을 추정한다. 이러한 정보는 신경심리검사에서 결함이 있을 가능성을 결정하는 데 도움이 된다. 또한 이 추정을 통해 질환에 앞서서 관찰되거나 신경심리검사의 결함으로도 이어지는 인지, 행동, 성격 특성의 존재를 알아내는 것도 포함된다. 이 결정은 환자의 과거력을 이끌어 냄으로써 이루어진다. 신경심리검사의 해석에서 과거력의 부분이 중요한 것은 신경심리검사가 신경심리적 요인뿐만 아니라 노력, 동기, 기분과 같은 비-신경심리적 요인의 영향도 받기 때문이다. 검사 수행(즉, 대부분의 신경심리검사들)은 인지 능력이나 병전 능력과 마찬가지로 신경학적 질환에 앞서 있었던 질환들이나 장애의 영향을 받는다. 환자의 사회 · 문화적 배경 또한 신경심리검사의 수행에 영향을 미칠 수 있다. 마찬가지로 검사 수행은 영양 섭취나 수면, 만성 통증, 약물 효과와 같은 비신경학적 의학 상태의 영향을 받는다. 수행은 태도, 동기, 자존감과 같은 성격 특성의 영향을 받기도 한다.

만약 신경학적 질환이 환자의 과거력으로부터 나온 것 같지 않다고 판단된다면, 이는 검사 결과가 해석되고 활용되는 방식에 영향을 미칠 수 있다. 반대로 장애 상태가 과거력으로부터 흔한 것이라고 판단된다면, 이 또한 검사 결과가 해석되고 활용되는 방식에 영향을 미친다. 예를 들어, 학업 수행이 지속적으로 저조하고 비숙련 노동의 직업 이력이 있는 어떤 사람이 있다고 했을 때, 이 사람은 학업성취 요인에 민감한 신경심리검사에서 정상 점수보다 더 낮은 점수를 보일 것이라고 예상할 수 있다. 이러한 예상이 되는 검사로는 지능 · 어휘 · 성취도 검사 등이 있다. 이 사람은 우수한 학업 수행과 관리직 · 전문직 지위의 직업 이력이 있는 사람에 비해서 신경심리적 결함이 실제로 있는 것 같은 양상을 보일 가능성이 높다. 질환이 뇌기능에 미치는 효과에 대한 판단은 후자의 환자(전문직 직업력)보다 전자의 환자(저조한 학업성취와 비숙련 직업력)에게서 더 보수적으로 내려야 한다. 가장 이상적으로는 두 사람에게서 달랐던 병전 성취 수준을 반영할 수 있는 규준 자료를 보정하여 판단을 내려야 한다. 우리는 검사의 타당도에 대한 문제를 제5장에서 다시 다룰 것이다.

과거력 수집

일반적으로 과거력은 기록 검토와 임상 면담에서 수집된다. 기록 검토의 출처는 많고 다양하다. 가능하다면 의학적 병력, 정신과적 병력, 가족력, 교육, 직업에 대한 기록이 확보되어야 한다. 면담 정보도 환자나 환자의 배우자, 부모와 형제자매, 교사, 돌봄자, 그리고 이러한 주변인들이 조합된 경우 등 다양한 출처에서 얻을 수 있다. 환자의 과거력을 면밀히 검토하는 것은 평가 과정의 중요한 부분이기 때문에, 특히 환자의 보고가 신뢰할 수 없는 것처럼 보일 때는 환자의 보고만 보는 것이 아니라 다양한 출처로부터 관련된 과거력을 얻는 데 모든 노력을 기울여야 한다. 주요 관계자로부터 얻은 정보는 환자에게서 얻은 정보를 뒷받침할 수 있으며, 환자에게 친숙하지 않거나 환자가 모르고 있던 부분을 보충해 줄 수 있다.

의학적 병력에서 가장 신뢰할 수 있는 출처는 병원이나 치료 의사의 기록이다. 그러나 많은 경우에 과거력 정보는 환자나 정보원으로부터 수집하게 된다. 임상가는 이들 자료의 출처의 위험성을 인식하고 있어야 하며, 정보 출처의 정확도에 기반하여 모든 예측과 임상적 판단을 재차 확인하며 단단

> **[중요]**
> 검사 결과에 대한 신경심리학자의 분석과 해석은 수집된 과거력의 범위 내에 제한된다.

하게 만들어야 한다. 예를 들어, 의식 상실을 일으키는 질환에 대한 자기보고는 특히 신뢰하기에 어려울 수 있으며, 항상 신중하게 다른 증거로 확증되어야 한다. 만약 자기보고만이 유일한 정보 출처라면, 환자가 자신을 아프거나 건강하게 보이고 싶은 동기가 있는지 또한 고려되어야 한다. 기타 이해 관계가 있는 환자와 정보 제공자는 의학적 병력을 왜곡하여 검진의 특정 결과를 얻고자 할 수 있다. 예를 들어, 입원해야 하거나 독립생활을 잃지 않으려는 환자라면 넘어지거나 낙상한 이력, 심혈관 질병, 기능적 문제와 관련된 사실을 드러내지 않을 수 있다. 소송 중인 환자는 사안이 된 사건을 둘러싼 사실들을 미화하고 보기 좋게 꾸며 낼 수도 있으며, 그들의 문제를 야기한 다른 질환이나 병리 상태에 대해서는 보고하지 않을 수 있다. 의학적 병력의 모든 출처에 대한 정확성과 신뢰성을 판단하는 것은 신경심리학자의 책무이며, 가능하거나 필요하다면 정보를 다른 출처에서 뒷받침해야 한다.

중요한 과거력 정보의 내용

기록 검토와 임상 면담에서는 인구학적 정보와 같은 흔한 자료부터 정신과적 병력과 같은 사적 내용에 이르는 항목들이 다뤄져야 한다. 이 정보들이 환자와 관련이 있을 때는 이 영역들을 다루기 위해서 모든 노력을 기울여야 한다. 다뤄질 각각의 영역에서 답을 얻기 위한 여러 질문이 만들어진다. [빠른 참조 3.1]에서는 기록 검토와 임상 면담에서 다뤄야 하는 항목 범주들이 요약되어 있다.

빠른 참조 3.1 기록 검토와 임상 면담에서 다룰 중요 항목

- 기본 인구학적 정보
- 현재 질환이나 주호소 문제 정보
- 의학적 병력
- 정신과적 병력
- 교육 과거력
- 직업 이력
- 출생 이력과 초기 발달
- 가족 배경과 과거력
- 현 상황
- 법적 이력
- 군복무 이력

기본 인구학적 정보

이 항목의 질문에는 이름, 나이, 생년월일, 인종, 성별, 주소, 전화번호, 손쓰임이 있다. 이 정보는 정확한 인구학적 규준 집단에 기반해서 검사 점수를 계산할 수 있도록 하며, 비용 청구서 발부에도 중요하다. 만약 청소년 또는 성인이 이 정보에 응답하지 못한다면 급성 혼란 상태이거나 치매의 가능성을 의심할 수 있다.

현재 질환 또는 주호소 문제 정보

면담에서는 환자의 현재 증상과 불편 사항, 증상의 광범위성과 심각성, 일상생활에서의 증상 효과에 대한 세부적인 설명을 얻어 내는 것이 중요하다. 임상가는 질환의 주관적 특성과 질환에 의해 환자가 영향을 받은 기간에 관심을 가져야 한다. 임상가는 질환이나 증상이 언제 시작되었으며, 무엇이 장애를 촉발시켰는지 알아야 한다. 또한 시간에 따른 증상의 변화 과정이 있었는지, 문제와 관련된 어떤 약물 복용, 치료, 진단 검사를 받았는지 알아내는 것도 중요하다. 환자는 이미 진단된 바가 있을 수도 있으며, 현재의 평가자는 그 정보와 더불어 그 질환이나 부상이 지금까지 환자의 삶에 미친 기능적 파급력에 대해서도 알아야 한다. [빠른 참조 3.2]에서는 현재 드러내는 문제의 과거력을 묘사하는 데 관심을 기울일 영역들을 요약하고 있다.

많은 평가 장면에서의 의뢰 질문은 사고의 결과로 일어난 부상에 집중된다. 이 경우, 사고에 대한 정보를 모으는 것이 중요하다. 환자의 자기보고에 덧붙여 사고에 대한 경찰 기록, 응급차나 응급의료기사의 기록, 응급실 기록, 초기 외상 이후의 간호사 기록이 특히 도움이 될 수 있다. 부상 경과를 추적해 온 기록을 모으는 것도 중요해질 수 있다. 이것들은 (가능하다면) 환자와의 면담 과정에서 얻게 되며, (마찬가지로 가능하다면) 의료 기록을 검토하여 얻을 수 있다. 살펴봐야 할 의료 기록은 개별적인 의료 검사들, 신경학적 검사, 치료에 대한 신경외과 의사의 보고서, 신경방사선과의 보고서, 병원의 퇴원 요약서, 검사 및 치료 중인 의사의 요약서, 그리고 이전 심리평가와 신경심리평가 보고서 및 검사의 기록 용지 또는 원자료 등이 있다. [빠른 참조 3.3]에는 신경심리학자가 얻을 것을 권장하는 관련 부상과 부상 이후의 기록, 그리고 부상 및 부상의 효과를 평가하기 위한 검토 항목이 요약되어 있다.

빠른 참조 3.2 현재 문제의 과거력

- 현재 증상과 호소하는 불편 묘사
- 증상의 심각도
- 증상의 광범위성과 지속 기간
- 발생 시점
- 치료와 성공 여부
- 약물 복용과 용량
- 이전 평가

빠른 참조 3.3 관련 부상과 부상 이후의 기록

- 사고의 경찰 기록
- 응급의료기사와 응급차 기록
- 응급실 기록
- 개별적 의학 검사 결과
- 신경학, 신경외과, 신경방사선과 기록
- 병원 기록
- 의사 기록
- 심리평가 · 신경심리평가 기록 및 원자료

의학적 병력

이 절에서는 주요 질환, 사고로 인한 부상, 독성물질 노출, 의식 상실의 이력에 초점을 맞출 것이다. 여기서는 신경심리검사 결과에 영향을 미칠 가능성이 있는 상태에 관심을 가지지만, 이 외에도 기능적 제약을 발생시키는 다른 질환도 다룬다(예: 천식, 대장염, 만성 폐쇄성 폐질환). 현재 질환의 범주에서 다룰 세부 사항으로는 발생 시점, 증상의 광범위성과 심각성, 과거와 현재의 치료, 그리고 증상의 진행 과정이다. 덧붙여서 현재와 과거의 의료 제공자, 그리고 현재 및 과거의 약물 복용과 용량에 관련한 자료를 수집해야 한다. 또한 관심을 가져야 할 것은 신체 건강에 영향을 미칠 수 있는 생활 습관 변인이며, 여기에는 약물이나 알코올, 카페인 섭취, 수면의 질, 니코틴 사용력 등이 포함된다. 의학적 병력의 검토 시에는 폐쇄성 두부 손상의 이력, 의식 상실 또는 뇌전증 간질 발작의 이력, 뇌혈관 사고, 동맥류나 선천성 기형과 같은 기타 뇌혈관적 질환 상태가 반드시 조사되어야 한다. 이와 같은 장애들은 일시적이지 않은 인지기능의 변화를 일으킬 잠재적 위험이 있다. 또 다른 중요한 것은 심장병, 고혈압, 당뇨, 만성 폐쇄성 폐질환의 이력인데, 이들은 뇌의 허혈성 문제를 일으키는 위험 요인이기 때문이다. 뇌염, 뇌수막염, 뇌농양과 같은 감염성 질병, 다발성 경화증, 파킨슨병과 같은 퇴행성 질병, 갑상샘 저하증 및 항진증, 간질환, 뇌하수체 질환과 같은 대사성 장애 또한 인지기능에 영향을 미칠 수 있다. 의학적 병력에서는 독성 뇌병증, 스터지-웨버 · 결핵성 경화증 · 윌리엄스 증후군 · 클라인펠터 증후군과 같은 선천성 또는 발달성 장애, 전반적 발달장애, 알츠하이머병과 피크병(Pick's disease)과 같은 치매도 고려되어야 한다. [빠른 참조 3.4]에는 신경심리평가와 관련된 의학적 병력의 여러 영역을 요약한 목록이 있다.

빠른 참조 3.4 신경심리평가와 관련된 의학적 병력

- 폐쇄성 두부 손상
- 의식 상실의 삽화
- 뇌전증 또는 간질 발작
- 뇌혈관성 사고와 기타 뇌혈관성 이상(예: 동맥류)
- 심장병, 고혈압, 당뇨, 만성 폐쇄성 폐질환
- 감염성 질병(예: 뇌염, 뇌수막염, 뇌농양)
- 대사성 질환(예: 갑상샘 저하증, 갑상샘 항진증, 간질환)
- 독성 뇌병증
- 선천성 또는 발달성 질병 또는 장애(예: 스터지-웨버, 결핵성 경화증, 전반적 발달장애)
- 치매를 일으키는 장애(예: 알츠하이머병, 피크병)
- 신체적 장애
- 알코올 또는 약물 사용
- 현재 또는 과거의 약물 복용과 용량

의학적 병력은 환자의 알코올 또는 약물 사용의 세부 사항과도 관련이 있다. 사용된 약물, 환자의 사용량, 알려진 건강상의 위험에 대한 정보가 필요하다. 물질 남용의 이력은 빈도와 사용량을 추정하는 데 초점을 맞춰야 하며, 현재나 과거에 의식 상실이 있었는지 알아야 한다. 물질 남용에 대한 사회적 낙인이 있기 때문에 이 문제는 환자로부터 얻은 정보일 경우에는 특히 부정확할 수 있으며, 이는 환자와 평가자 사이에 라포와 신뢰를 형성할 충분한 시간이 없었던 경우에 더욱 그렇다. 이 때문에 물질 남용의 정보는 그와 같이 얻게 된 출처와 상황에 대해 기록을 남기는 것이 중요하다.

환자의 과거와 현재의 약물 사용에 대해 아는 것도 중요하다. 환자가 지금까지 복용했던 약물 또는 현재 복용 중인 약물이 무엇인지 아는 것이 중요한데, 약물의 부작용이 중추신경계의 변화와 문제를 일으킬 수 있기 때문이다.

정신과적 병력

많은 정신과적 질환 및 관련 증상은 신경심리검사의 수행과 기능에 부정적인 영향을 미칠 수 있다. 따라서 신경심리학자는 과거력을 수집하는 동안, 과거와 현재의 정신과적 증상 및 진단을 검토해야 한다. 현재 및 과거의 의학적 질환 이력과 동일한 범주에서 이들의 발병 시점, 증상의 광범위성 및 심각성에 대한 세부 사항이 필요하다. 임상가는 진단에 대한 정보뿐만 아니라 일상생활에서 나타나는 증상 효과의 사항을 확인해야 한다. 정신과 병동에 입원한 횟수와 기간, 상담, 심리치료, 그리고 과거에 복용한 약물과 복용량, 전기충격치료 이력 또한 이 항목에서 중요한 것들이다. 덧붙여 과거의 자살 시도, 그 수단과 이후의 의학적 결과(예: 저산소증, 의식 상실)는 신경심리기능장애의 원인으로 밝혀질 수도 있다.

몇 가지 장애의 경우에는 특별한 주의가 필요한데, 그 장애들이 와해된 사고, 우울 또는 생장 증상(vegetative symptom), 그리고 불안과 관련이 있기 때문이며, 이것들은 모두 객관적인 신경학적 기능장애가 없이도 신경심리검사의 수행을 방해할 수 있다. 정신과적 장애에서 신체화와 관련이 있거나 동기 관련 문제, 비협조적 모습으로 관찰되는 성격 특성에도 주의를 기울여야 한다. 특히 중요한 것은 조현병과 같은 정신증적 장애, 주요우울장애와 양극성장애와 같은 정동장애, 외상후 스트레스장애(PTSD), 강박장애와 같은 불안장애(역주:

DSM-IV의 범주 분류[1]), 경계성 또는 강박성 성격장애, 전환장애와 통증장애와 같은 신체형 장애라고 할 수 있다. [빠른 참조 3.5]에는 신경심리평가와 관련되는 정신과적 질환의 목록이 정리되어 있다.

빠른 참조 3.5 신경심리평가와 관련 있는 정신과적 장애

- 조현병, 그리고 조현정동장애, 망상장애와 같은 기타 정신증적 장애
- 주요우울장애와 양극성장애 같은 정동장애
- 범불안장애, 외상후 스트레스장애, 강박장애와 같은 불안장애
- 신체화장애, 통증장애, 전환장애와 같은 신체형 장애
- 경계성, 강박성과 같은 성격장애

교육 과거력

교육 과거력은 병전 IQ를 알아내기 위해 사용되는 몇 가지 변수 중 하나이며, 신경심리검사 결과를 비교하는 기준점으로 활용된다. 이 항목에서 얻을 정보는 단순히 환자가 달성한 교육과정의 최종 학위를 확인하는 것 이상이다. 확인해야 하는 중요 세부 사항으로는 환자가 다닌 학교, 교육과정과 프로그램, 난이도 수준(예: 직업학교 대 예비학교), 출석, 학점 평량 평균이 있다. 학업적 강점, 약점과 함께 학습장애의 이력이 있는지, 그리고 특수교육에 배정된 이력이 있는지에 대한 정보를 얻어야 한다. 주의력결핍 과잉행동장애(ADHD)의 이력 또는 문제행동으로 인해 학교에서 체벌, 정학, 퇴학 조치를 받은 이력이 있는지에 대한 자료도 중요하다. [빠른 참조 3.6]에는 교육 과거력에 대한 정보를 얻을 때 초점을 맞춰야 하는 영역들이 요약되어 있다.

1) 원 저서의 출판 시점이 DSM-5가 출판되기 이전임.

빠른 참조 3.6 관련 교육 이력

- 최종 학위
- 출석
- 학업적 강점과 약점
- 교육과정의 난이도
- 학점 평량 평균
- 학습장애 이력
- ADHD 이력
- 특수교육 배치 여부
- 성적증명서
- 학력고사 표준점수
- 학생부 심리교육 평가 보고서

대상자의 나이와 의뢰 사유에 따라서 교육 이력은 환자의 자기보고 또는 부모와 같은 정보원의 보고를 통해 과거 정보를 얻게 된다. 하지만 임상가는 때때로 환자의 자기보고나 정보원의 보고에 의존하지 않고 학교의 기록을 얻어야 할 때도 있다. 이러한 경우에는 학교 성적표가 환자의 학업 수행을 분명히 알려 줄 수 있으며, 표준화된 검사 점수에 대한 중요한 정보를 포함하고 있을 수 있다. 아동들의 경우, 학교 기록은 특수교육에 대한 계획과 심리교육적 평가 보고서의 내용이 포함되어 있을 것이다. 이러한 기록들은 환자가 (대학을 포함한) 학령기라면 거의 대부분의 경우에 (최대한) 얻어 내야 한다. 이는 자기보고 및 정보 제공자의 보고로부터 얻은 정보의 정확성을 향상시키는 것뿐만 아니라, 아동과 젊은 성인의 학교 기록은 인지적 강점과 약점에 대한 세밀한 정보를 제공할 수 있으며, 이 연령대에서의 신경심리적 의뢰의 주요 관심사가 될 수 있다. 노인의 경우에는 교육 기록을 얻어 내는 것이 (현실적으로 어렵거나) 결정적이지 않을 때가 많지만, 가능하다면 학교 기록을 통해서 환자의 현재 수행 수준의 문제가 새롭게 생긴 문제가 아닌 오랜 시간 지속되어 온 학습

장애로 인한 것인지를 판단할 수 있다.

직업 이력

직업과 관련된 과거 정보에는 직업 유형과 직업 유지 기간, 직업을 그만둔 이유, 직업 안정성, 성취 수준, 업적 평가가 있다. 이와 같은 정보를 수집함으로써 신경심리학자는 환자의 고용 일관성, 회사 내에서의 책임 수준, 직업의 복잡성에 대해 풍부하게 알 수 있다. 이 영역들의 정보와 관련해서 초점을 맞춰야 하는 직업 이력의 과거 정보는 [빠른 참조 3.7]에 정리되어 있다.

직업 정보는 결국 병전 IQ에 대한 예측적 관련성을 나타낸다. 제2차 세계대전 이전에 태어난 성인들의 경우에는 교육 수준보다 직업 이력이 병전 IQ에 대하여 더 정확한 상관성을 보일 수 있다. 제2차 세계대전 이전에 태어난 대부분의 성인들은 고등학교를 마치지 않았고 대학 학위를 얻은 사람이 매우 드물었다. 많은 사람이 6년이나 8년의 교육만을 받았지만(Matarazzo, 1972), 이것은 꼭 인지 능력의 제약 때문만은 아니었다. 1930년대 대공황 이후에 아동들은 일터로 나가야 했고, 가족의 부양에 기여해야 했다. 이 시기를 보내면서 학교를 일찍 떠난 성인들은 직업적으로 성공했고, 비교적 높은 사회경제적 지위를 가지고 있으므로 학업성취는 직업적 성공에 대한 부정확한 예측변인인 것이다. 이러한 조건에서는 직업 이력이 교육 연한보다 병전 능력을 더 정확하게 예측할 것이다. 제2차 세계대전이 끝난 이후, 16세까지 학교에 등록하도록 하는 「의무교육법」이 제정되면서 고등학교 졸업에 대한 기대 수준이 높아지고 대학의 입시 정책들이 시행되면서 전후 세대에서는 교육이 병전 능력의 핵심 예측인자가 되었다. 임상가는 병전 능력을 나타내는 지표의 정확성과 가중치를 판단할 때 이러한 문화적 요인을 검토해야 한다.

빠른 참조 3.7 관련성이 높은 직업 이력

- 직업을 가진 시기와 유형
- 직업을 그만둔 이유
- 직업의 안정성
- 최고 수준의 성취
- 직업의 복잡성, 책임성과 독립성의 수준
- 업적 평가

출생 이력과 초기 발달

인지적 어려움의 원인은 때때로 생애 초기에 발생하며, 출생이나 산후 외상과 관련된다. 따라서 출생과 초기 발달에 대한 과거 정보를 얻는 것은 감별 진단에 도움이 되며, 출산 전, 출산 전후, 출산 후의 어려움에 대해 아는 것이 중요하다. 출산 전 관리와 임신 합병증, 분만 과정의 산고와 분만 시에 대한 정보도 수집해야 한다. 덧붙여 초기 발달의 주요 이정표에 도달했는지를 알면 다루려는 문제가 오랫동안 있었던 것인지, 새로운 것인지를 이해하는 데 도움이 된다. 환자는 적정한 시기에 걷고 말하는 것을 배웠는가, 아니면 유별나게 발달이 느렸는가? 환자는 형제자매들과 비교했을 때 비슷한 속도로 발달했는가? 아동기의 질환이나 부상, 그것의 치료, 회복, 그리고 아동기 행동장애와 관련된 정보도 얻어야 한다. [빠른 참조 3.8]에는 신경심리평가와 관련된 출생과 초기 발달 이력 정보가 정리되어 있다.

빠른 참조 3.8 출생 및 초기 발달 이력 관련 정보

- 임신
  - 합병증(예: 빈혈, 독성 혈증, 산모 당뇨병, 감염, 독성 노출)
  - 임신 중 담배, 알코올, 약물 노출

- 임신 기간
- 출생 시 산모 나이

• 출생
  - 출산 시간
  - 합병증(예: 제왕절개, 겸자 분만, 태아 고통, 목덜미 탯줄, 발작)
  - 아프가 점수(역주: 신생아의 건강 상태를 피부색, 심박수, 호흡 등의 항목으로 알아보는 검사)
  - 출생 체중
  - 신생아 문제

• 초기 발달
  - 주요 발달 이정표(마일스톤) 달성 연령
  - 합병증(예: 결장, 무호흡, 성장 실패, 영양 부족)
  - 소아 질환 및 부상(예: 귀 감염, 천식, 성홍열, 수막염, 발열성 발작, 머리 부상, 알레르기)
  - 행동 문제

아동을 평가할 때 신경심리학자는 부모나 의료 기록에서 정보를 얻는다. 대부분의 성인은 출생 과정이나 출생 시의 무게, 또는 초기 발달에 대한 세부 사항을 알지 못할 것이나, 특이점이나 이상성에 대한 인지를 할 수 있으며 이에 대한 정보를 공유할 것이다.

가족 배경과 과거력

가족에 대한 과거 정보는 신경심리평가에서 얻은 자료를 분석할 때 중요하며, 이것이 때로는 가족 구성원의 보고를 뒷받침하기 위한 실제 의료 기록과 학교 기록을 얻는 것일 수 있다. 가족 배경의 기록으로는 부모, 형제자매, 자녀의 연령과 건강 상태(또는 사인)가 포함된다. 또한 관련된 과거 정보로는 가족의 교육과 직업 성취, 정신과적 병력, 의학 및 신경학적 병력이 있다. 많은 장애는 유전적 기반이 있거나(예: ADHD, 학습장애), 사회인구학적 요인(예: 빈곤, 학대)과 관련될 수 있기 때문에 가족력은 종합적 평가를 확실히 하기 위해 수집되어야 한다. 문화적 배경도 관련될 수 있는데, 가족의 가치 체계나 발달에 영향을 미칠 수 있기 때문이다. [빠른 참조 3.9]에는 가족 이력과 배경에 대한 관련 정보가 정리되어 있다.

빠른 참조 3.9 관련 가족 배경

- 부모, 형제, 자녀의 연령과 건강 상태, 그리고 죽음의 원인
- 부모, 형제, 자녀의 교육적 성취
- 부모, 형제, 자녀의 직업적 성취
- 부모, 형제, 자녀의 정신과적 병력
- 부모, 형제, 자녀의 의학 및 신경학적 병력
- 문화적 배경

현 상황

환자의 현 상황에 대한 세부 정보를 얻는 것도 중요하다. 환자의 직장, 가정, 사회적 루틴, 일상적인 하루를 보내는 방식, 오락 활동, 취미, 운동에 대한 정보는 환자의 역량에 대한 풍부한 정보를 제공한다. 현재 삶에서 처해 있는 가까운 사람의 병이나 죽음, 힘든 대인관계, 직업 이동, 재정적 걱정과 같은 스트레스들은 일상적 기능을 방해하는 환자의 압박감이 어떠한지 알려 줄 수 있으며, 환자의 정서적 불안정성에 영향을 미칠 수 있다. 환자의 가정생활에 대해서 아는 것도 중요하다. 이 아이가 부모님, 형제자매와 같이 살고 있는가, 아니면 양부모와 함께 살고 있는가? 성인 환자라면 결혼 상태인가, 이혼을 했는가? 환자의 배우자는 건강하고, 보살펴 주며, 재정적으로 안정되었는가? 이 환자는 성적 친밀감을 포함하여 현재 관계에 만족하고 있는가? 학대의 이력이 있

는가? [빠른 참조 3.10]에는 환자의 현재 상황적 조건에 대해 수집할 정보에서 탐색할 영역들이 요약되어 있다.

빠른 참조 3.10 관련 현재 상황적 조건

- 생활의 정리
- 여가 활동, 취미, 신체 운동을 포함하는 직업, 가정, 사회에서의 일과
- 가족 문제, 학대 이력, 힘든 대인관계, 직업 변화와 문제, 재정적 어려움과 같은 스트레스들
- 결혼 상태와 결혼 이력

법적 이력

법적 문제가 있었는지에 대한 과거력은 검사 자료의 해석에 영향을 미치는 중요한 사실들을 드러낸다. 법의학 장면에서는 잦은 소송의 이력을 가졌는지 중요하게 살펴본다. 환자가 행동적 장애가 있는 경우, 그 심각도는 범죄에 연루된 이력으로 나타날 수 있다. 재차 강조되는 부분이지만, 범죄와 관련된 이력은 사회적 낙인이 있기 때문에 임상가는 단일 출처의 정보에만 의존하지 않도록 주의해야 한다.

군복무 이력

이 항목은 많은 경우에는 관련성이 없다. 하지만 군복무를 했던 환자들 중에서 복무 기간, 배치된 임무, 전투 여부, 진급한 계급, 전역 상태와 관련한 과거 정보는 군복무와 관련 없는 과거력이나 현재의 호소 문제와 어떻게 일관된 것인지, 또는 일관되지 않은 것인지에 대해 알려 준다. 또한 군대에서 입은 부상의 유형이나 정도가 관련된 정보일 수 있다.

임상 면담

환자의 의학적 · 사회적 이력에 대한 정보를 수집하는 것뿐만 아니라, 임상 면담은 신경심리검사의 해석과 관련된 다른 정보를 얻는 중요한 출처이다. 검사 측정치와 마찬가지로, 면담은 어떤 일반화나 추정이 이루어질 수 있는 행동 표본을 제공한다. 이 방법으로 임상 면담은 환자의 정동과 기분, 병식, 검사의 동기에 대한 우수한 정보원이 된다. 면담은 주의, 언어, 기억 기능과 관련된 행동의 핵심적인 표본을 제공한다. 면담은 환자의 사고에서 보이는 체계, 초점, 세부 사항에 대한 정보뿐만 아니라, 현재 드러나고 호소하는 환자 문제의 주관적 측면에 대한 정보도 제공한다. 신경심리학자는 면담으로부터 정식 검사가 불가능하다는 것을 알게 될 수도 있다. 예를 들어, 임상가는 면담을 하면서 환자가 지나치게 망상적이거나, 혼란스럽거나, 섬망 상태에 있어서 신뢰할 수 있는 타당한 검사를 얻을 수 없다고 판단할 수 있다. 또한 임상 면담은 평가자로 하여금 검사 절차를 설명하고 환자의 불안을 감소시킬 수 있는 기회가 되기도 한다.

면담은 실무, 경험 그리고 유능한 교수자의 지도감독하에서 개발되는 기술이다. 이 책에서는 면담에 대한 모든 과정을 다루지는 못하지만, 임상신경심리적 면담의 기초에 대해 다룰 것이다. 쉽고 빠른 면담 방법이란 존재하지 않는다. 적절한 장소와 협조적인 환자가 전제되었다면 라포 형성, 의사소통의 촉진, 효과적인 질문과 같은 요인은 면담을 더 생산적으로 만든다.

면담과 평가는 소음, 시각 활동, 환경적 간섭이 최대한 없는 조용한 장소에서 이뤄져야 한다. 간섭을 통제한다는 것은 검사가 표준화될 때의 환경과 검사가 실시되는 현재 환경이 현저히 달라지게 만드는 모든 방해와 변경을 최소화하는 것을 의미한다. 평가 도중에 제삼자가 있거나 녹음, 녹화, 일방향 창문이 있는 경우에는 검사 결과의 해석에 혼입 요인을 발생시킨다. 관찰자의 존재는 간섭이 발생하거나 사회적 촉진 효과로 인해 수행을 변화시킬 수 있다(McCaffrey, Fisher, Gold, & Lynch, 1996). 행동을 관찰당하는 것은 알아차리기 어려운 방식으로 행동에 영향을 미치고 행동을 바꿀 수 있다. 게다가 검사 시 관찰자가 존재하는 것은 간섭으로부터 자유로운 환경을 요구하는 검사 표준에도 부합하지 않다(American Educational Research Association, American Psychological Association, & National Council on Measurement in Education, 1999). 이는 검사실에서 잠재적 간섭들을 최소화하도록 하기 위해 다른 관찰자는 없어야 한다고 명시하고 있는 검사 매뉴얼과도 맞지 않는다(예: 웩슬러 성인용 지능 검사–III, 웩슬러 기억 검사–IV, 웩슬러 아동용 지능 검사–IV). 평가 시에 제삼자의 관찰자 존재는 규준 자료에 의존하는 검사의 활용도를 감소시킨다. 신경심리검사는 검사자와 수검자만 있는 일대일의 조건에서 표준화되었다. 규준 자료가 신뢰할 수 있게 사용되고 있는지 확실히 하기 위하여 신경심리검사의 시행은 동일한 표준 절차를 따르도록 요구된다. 2000년에 신경심리학 국립학술원에서, 그리고 2001년에 미국 임상신경심리학회에서는 신경심리검사 도중의 제삼자의 존재에 대한 공식 입장을 냈다. 어린 아동의 경우에는 초기에 아동의 협조를 얻기 위해 부모가 방 안에 들어올 필요가 있을 수 있다. 이 경우에 임상가는 비공식적 관찰 절차와 함께 시작해야 하며, 아동이 안정되고 부모가 떠난 이후에 표준화된 검사가 시행될 수 있다.

분명한 동의를 구하지 않고 면담이나 환자와의 만남을 녹음하거나 녹화하는 것은 비윤리적이다. 게다가 면담의 녹음과 녹화는 획득된 정보의 진실성을 위험에 빠뜨릴 수 있다. McCaffrey 등(1996)에 따르면, 제삼자의 관찰자 존재가 녹음기나 비디오로 대체된다고 해서 사회적 촉진 효과를 없애기는 어려워 보이는데, 이는 녹음과 녹화도 동일하게 자료를 오염시킬 위험이 있기 때문이다(Constantinou, Ashendorf, & McCaffrey, 2002, 2005).

[중요]
면담과 검사 회기에서 제삼자의 관찰자 존재와 녹화는 간섭이 생길 잠재적 위험이 있으며, 규준 자료에 의존하는 검사의 능력을 떨어뜨린다. 표준화된 검사는 제삼자의 관찰자가 있는 경우에는 시행되어서는 안 된다.

장소의 준비도 면담에서 고려되어야 한다. 검사 테이블과 편안한 의자, 조용하고 안락한 사무실이 좋겠지만,

때로는 침대 옆이나 휠체어에 앉은 상태에서 검사를 해야 할 수도 있다. 교도소의 변호사 접견실과 같은 장소에서는 주변 환경에 대한 충분한 통제가 어려울 수 있다. 신경심리학자의 사무실은 충분히 전문적인 공간이어야 한다. 개인적인 물건들로 방이 어지러워도 안 되지만, 개인적 자취를 철저히 지운 장소도 좋지 않다. 검사 테이블과 벽걸이는 적절히 배치되어 간섭이 최소화되어야 한다. 가급적이면 검사 테이블은 창밖이나 문밖의 활동이 보이지 않는 곳에 배치해야 한다. 마찬가지로 사무실 안의 개인적인 물건들은 검사하는 동안에 환자의 시야에 들어오지 않도록 배치되어야 한다. 갑작스럽게 누군가가 출입하거나 검사가 중단되는 일은 없어야 하며 최소화되어야 한다. 전화는 음성사서함으로 돌리고 문밖에는 '방해 금지' 표지판을 달아 둬야 한다. 사무실은 충분히 방음이 되어야 한다. 필요하다면 기계의 백색소음을 통해 사생활을 보호할 수 있다. 최적의 수행에 영향을 미칠 수 있는 모든 환경적 요인은 기록에 언급되어야 하고 검사 결과의 해석에서 고려되어야 한다.

가장 먼저 임상가는 라포를 만들기 위해 노력하면서 환자를 편안하게 해야 한다. 부정적이거나 적대적인 관계는 면담을 어렵게 만들기 때문에 좋은 라포는 면담의 목적을 위해 필수적이다. 환자와의 라포 형성은 임상가 개인의 방식에 따르며, 그 양식은 임상가마다 천차만별이다. 어떤 임상가는 환자와 가벼운 대화를 나누기도 하지만, 어떤 이들은 곧바로 검사를 시작하기도 한다. 환자와 가벼운 잡담을 나누는 것은 때때로 라포 형성의 과정을 돕기도 하지만, 가벼운 대화는 전문적인 직업상의 경계를 지키며 이뤄져야 한다. 시작 시에 불편하지 않은 일들에 대해 이야기하는 것은 딱딱한 분위기를 풀어 줄 수 있으며 환자가 상황에 적응할 수 있도록 한다. 임상가의 행동 중에서 비꼬는 말, 경박한 말, 임상가의 능력을 뽐내는 것은 라포를 손상시킬 수 있다. 메일이나 메모를 전달받는 것에 방해를 받거나 피할 수 있었을 실수와 관련해서 환자에게 가르치듯이 말하는 것도 라포를 훼손할 수 있다. 임상가가 환자에게 주의를 기울이지 못할 정도로 빽빽하게 메모를 작성하는 것은 극히 지양되어야 한다.

면담의 시작 시 신경심리학자는 비밀 보장 의무의 한계와 사전 설명에 의한 동의의 문제를 다뤄야 한다. 또한 신경심리학자는 평가의 이유와 검사의 주요 특성들, 즉 어떤 일이 일어나게 되는 것이며, 검사가 소요되는 시간은 얼마인지, 환자가 무엇을 예상해야 하는지에 대한 이해를 먼저 다져야 한다. 이러한 절차는 어떤 환자에게는 위협적으로 느껴질 수도 있을 실제 검사가 시작되기 이전에 환자가 평가에 대해 느끼는 불안을 줄일 수 있는 기회이자 평가자와 편안해질 수 있는 시간을 갖는 것이기도 하다. 많은 임상가는 환자가 검사를 받게 된 이유와 현재 가진 문제를 설명해 주도록 먼저 요청하면서 시작한다. 이러한 비교적 개방된 질문은 환자의 주호소 문제의 잠재적 원인에 대한 몇 가지 단서들을 알려 주고 지각된 문제들을 다루기 위한 권고 사항을 구조화하는 기반을 제공할 뿐만 아니라, 질문을 통해서 환자는 내적 논리와 연결성으로 조직화된 서사를 구성하게 된다. 이때 임상가는 검사실에서 환자가 질환이나 부상에 대한 전체 이야기의 시작, 중반부, 끝에 이르는 서술을 할 수 있는지 관찰할 수 있다. 환자의 이야기에 초점이 잘 맞춰져 있는지, 본론을 벗어나는지, 그리고 환자의 언어가 적절한 문법, 어휘, 어조로 이루어졌는지를 관찰할 수 있다. 또한 임상가는 환자가 자신의 문제에 적절한 관심을 갖고 있는지, 혹은 심지어 자신의 문제를 인식하지 못하는 것인지를 알아낼 수 있다. 임상가는 또한 환자가 부적절하게 슬픔, 고양됨, 불안함, 무관심함을 보이는지 관찰할 수 있다. 경험이 쌓이면 임상가는 환자가 반응을 계획할 수 있는지, 가깝거나 먼 과거에 대해 세부 사항을 회상할 수 있는지, 그리고 관련된 세부 사항에 집중할 수 있는지를 판단할 수 있게 된다.

의사소통의 차원에서 임상가는 몇 가지 지침을 따라야 한다. 임상가는 환자가 이해할 수 있는 언어로 말해야 하며, 환자의 지적 배경을 벗어나는 임상적 전문 용어의 사용을 피해야 한다. 용어들 중에서 임상가와 일반 대중에게 다른 의미로 전달되는 표현을 피하는 것도 중요하다. 임상가는 '지체된(retarded; 역주: '저능아'의 의미로도 사용되는)'이라는 용어를 IQ가 70 이하이며 적응적 결함이 있는 사람을 지칭할 때 쓸 수 있지만, 비전문가의 입장에서는 이것이 모욕적인 표현으로 들릴 수 있다. 효과적인 의사소통을 하려면 효과적인 침묵을 쓸 필요가 있다. 임상가는 침묵을 채우기 위하여 무언가를 들으려는 압박감을 느낄 필요가 없다. 침묵의 시간 동안에 환자는 생각을 정리하거나 스스로 추스르고 있을 수 있으며, 다시 대화를 재개하기 전에 잠깐의 시간이 필요한 것일 수도 있다. 효과적인 경청은 의사소통 과정의 일부로서 침묵을 듣는 것도 포함한다.

면담에서는 어떤 유형의 질문을 사용하는지에 따라서 다른 유형의 대답으로 이어진다. 개방형 질문은 흔히 단답을 요구하는 질문보다 더 생산적이다. 개방형 질문은 환자가 단순히 '예/아니요'로 대답하지 않도록 한다. 이는 환자로 하여금 무엇이 중요한지를 정의할 수 있는 기회를 줄 수 있으며, 승인하거나 부인하는 것 이상을 드러내도록 반응하게 한다. 예를 들어, "사고 이후에 기억을 잊어버리는 일이 더 많아졌나요?"라고 질문하기보다는 "사고 이후에 어떤 점에서 다르게 기능하게 되었나요?"라고 질문하는 것이 더 낫다. 개방형 질문은 또한 환자의 언어 능력에 대한 비공식적 관찰을 가능하게끔 한다. 환자가 자신의 생각을 표현하기 어려워하는가, 아니면 자발적인 발화에서 단어 찾기에 어려움이 있는가? 말더듬이 있거나, 특이하게 잠깐씩 멈추는 행동이 있는가? 구절의 길이는 적절한가? 나중에 면담의 세부 사항이 필요해진다면 개방형 질문에 이어서 더 정밀한 질문을 할 수 있다.

만약 환자가 어떤 것을 설명하기 어려워하는 것 같다면 임상가는 코멘트를 하거나, 해당 사안을 확장하여 질문하거나, 환자로 하여금 사안의 특정 측면에 대해 설명하도록 요청함으로써 응답을 도울 수 있다. 예를 들어, 질환이 나타나고 부상을 입었을 때 어떤 느낌이었는지 물을 수 있다. 검사의 상황과 마찬가지로, 임상가는 환자에게 말하려는 바를 구체적으로 말하도록 하거나, 특정한 문제 또는 호소하는 바의 예를 들어보도록 요청할 수 있다. 임상가가 응답을 이해했는지 분명히 확인하기 위하여 정보를 명료하게 하는 질문을 하거나 환자의 진술을 다시 바꿔 물어볼 수 있다. 물론 라포가 충분히 확립되었다면 직접적으로 물어보는 것이 환자가 말하려는 요점에 더 쉽게 도달할 것이다.

임상가와 환자는 언어적인 방식뿐만 아니라 비언어적인 의사소통도 이루어진다. 두 사람은 서로의 얼굴 표정, 목소리의 어조, 눈맞춤, 몸의 위치, 몸짓을 통해서도 의사소통한다. 임상가는 자신이 환자의 비언어적 행동을 관찰하는 동안, 환자도 임상가의 비언어적 언어를 읽고 있다는 것을 알고 있어야 한다.

행동 관찰

면담에서는 규준과 관련된 논의를 할 수 없다. 하지만 면담 중에 이뤄진 관찰은 표준화된 측정치로 확인되는 문제를 정형화하는 행동 예시를 보여 줌으로써 정식 검사 결과를 보완할 수 있다. 어떤 경우에는 면담 과정에서의 관찰이 검사 결과의 해석을 바꾸기도 한다. 예를 들어, 만약 환자에게서 단어 찾기의 어려움, 에두르는 표현, 또는 단어 오류의 특징까지 관찰된다고 했을 때, 환자는 표현성 언어 능력을 요구하는 IQ 검사와 언어기억 검사에서 저조한 수행을 보일 것으로 예상할 수 있다. 또 다른 경우에 면담 과정에서의 관찰은 검사 결과의 비신경학적 원인을 설명하기도 한다(예: 불안, 사고장애). 예를 들어, 만약 환자가 검사 동안에 지나치게 불안해 한다면 느려짐과 떨림이 환자의 수행을 방해할 수 있다.

면담과 검사 도중의 행동 관찰은 검사 자료가 해석될 맥락에 풍부한 정보를 제공한다. 행동 관찰은 평가자로 하여금 동기 수준과 주의에 대한 비공식적 평가를 할 기회를 준다. 하지만 염두에 둬야 할 것은 면담에 협조적인 환자를 관찰했다고 해서 환자가 최적의 노력을 발휘하고 있음을 관찰한 것은 아니라는 점이다. 또한 관찰 과정은 검사가 아닌 상황에서 환자가 가진 제약들이 무엇인지 알려 주며, 환자

[중요]
자료를 모으는 수단에는 다음과 같은 것들이 있다.
- 기록 검토
- 임상 면담
- 행동 관찰
- 질문지
- 신경심리검사

가 자신의 증상을 드러내도록 만든다. 행동 관찰은 평가자에게 검사 수행에 영향을 미칠 수도 있는 성격 특성을 엿볼 수 있는 기회가 되기도 하며, 이는 검사 결과에 대해 뇌기능장애 이외의 대안적 설명을 제시하기도 한다.

행동 관찰은 환자의 겉모습, 환자의 각성 수준과 기민함, 환자의 지남력 수준과 협조성 같은 사안에 중점을 둔다. 행동 관찰은 언어 사용, 감각운동기능, 그리고 대인관계기능과 관련지어 이뤄져야 한다. 덧붙여 행동 관찰은 환자의 기분, 현실 검증력, 사고 통제, 그리고 학습과 기억, 병식, 판단력과 같은 사안에도 초점을 맞춰야 한다. 다음은 임상 면담 과정에서의 관찰에서 다뤄야 하는 사안들이다.

1. 면담은 환자의 각성 및 기민함과 방해 자극에 쉽게 산만해지는 정도를 자세하게 드러낸다. 환자는 사람, 장소, 날짜에 대한 지남력을 유지하고 있는가? 과제를 수행하는 데 여러 번 반복과 환기를 해야 했는지, 여러 차례 다시금 주의를 맞추도록 했는지, 잡음과 움직임에 반응했는지, 졸린 모습이나 (반대로) 과다 각성된 모습이 있는지, 이러한 것들은 검사 수행을 약화시키는 주의 능력의 문제를 시사할 수 있다. 이러한 요인들은 어떤 뇌기능장애 또는 정신과적 장애가 있을 가능성을 시사하기도 한다. 여기서 또한 중요한 것은 활동 양식인데, 여기에는 에너지 수준, 운동기능 소견, 속도와 같은 것들이 포함된다.
2. 면담은 환자가 검사에서 얼마나 협조적일지를 보여 준다. 이는 간접적으로 검사 결과가 최적의 기능 수준을 신뢰할 수 있고 타당하게 반영할 가능성에 대한 해석을 안내할 수 있다. 비록 순응도와 동기를 보는 검사만큼 정확한 것은 아니나, 전체적인 임상적 그림에 통합할 수 있는 부가적 자료가 된다.
3. 면담은 환자의 위생 수준과 복장에 대해 관찰할 수 있는 기회를 제공한다. 옷을 입는 방식, 매무새, 몸단장, 걸음걸이와 자세, 행동 습관, 신체

적 이상성과 같은 환자의 겉모습에 주의를 기울여야 한다. 환자는 적절히 몸단장을 했는가, 아니면 지저분하고 냄새가 나는가? 위생과 단정함의 최소 기준에도 신경 쓰지 않는 것은 눈여겨봐야 하는 점인데, 이는 뇌 기능장애나 다양한 정신과적 상태와 관련되었을 수 있기 때문이다.

4. 임상 면담은 개방형 담화가 오고 가는 상황에서 환자가 자발적 발화를 어떻게 하는지 관찰할 수 있는 풍부한 기회가 된다. 대화에서 어휘를 사용하고 이해하는 방식, 단어 찾기의 어려움, 통사 문법과 음성 발화 어조의 적절성은 모두 검사자에게 드러나는 특징들이다. [빠른 참조 3.11]에는 면담과 신경심리검사 과정에서 중요한 행동 관찰의 목록이 정리되어 있다.

빠른 참조 3.11 임상 면담 과정에서의 중요한 행동 관찰

- 에너지 수준, 과잉행동과 속도 같은 운동 소견 등의 각성과 기민함의 수준
- 옷 입는 방식, 몸단장, 걸음걸이와 자세, 행동 습관, 신체적 이상성 등의 외양
- 동기와 노력 등의 협조의 수준
- 대화를 이해하고 만들어 내는 능력
- 시력, 청력, 근력, 안경이나 보청기, 지팡이 등의 보조장치의 사용 여부 등의 감각운동기능
- 빈도, 어조, 운율, 발음, 유창함, 단어 선택 등의 발화
- 정동, 기분, 적절성 등의 정서성
- 조직화와 현실 검증력 등의 사고 내용과 과정들
- 최근 및 오래 전 사건의 인출 등의 기억

5. 면담은 감각운동기능과 검사 수행에 영향을 미칠 다른 이상성이 있는지 관찰할 수 있는 기회이다. 환자는 안경이나 콘택트렌즈를 끼고 있는가? 환자의 귀가 어두운가? 환자는 보청기를 끼는가? 환자는 지팡이를 쓰면서 걷는가? 보행실조증, 경직, 근육 약화의 증거가 있는가? 감각운동의 이상성은 뇌 장애를 이해하는 데 도움이 되며, 간섭 요인으로 인한 검사

해석상의 제약 사항을 알려 준다.

6. 면담은 환자의 사회적 기술과 불안 수준에 대한 정보를 수집하는 최적의 기회가 된다. 환자는 검사자와 편안한 대인관계 상호작용을 가질 수 있는가? 환자의 자세, 눈맞춤, 행동 습관 등은 사회적으로나 연령대로 봤을 때 적절한가? 지나치게 수줍어하거나 지나치게 솔직하고 조심스럽지 않은 것은 뇌기능장애의 한 형태이거나 다른 정신과적 질환과 관련되었을 수 있다. 면담 상황에서의 환자의 행동은 면담 상황 밖에서의 행동과 비슷한 양상일 수 있기 때문에 이와 같은 정보들은 환자의 실제 삶에서 겪는 사회적 상황에서의 행동을 이해하는 데 도움이 된다.
7. 면담은 환자의 정동, 기분, 적절성과 같은 정서 특성을 탐색할 수 있도록 한다. 우울과 불안은 신경심리검사의 수행을 방해하는 두 가지 비신경학적 원인이다. 또한 정서적 불안정성과 부적절성은 뇌기능장애의 결과로 인한 반응이거나 뇌손상과 직접 관련된 기질적(organic) 변화를 나타내는 것일 수 있다.
8. 임상 면담은 환자가 자신의 결함과 그것의 원인에 대한 병식 수준이 어느 정도인지를 확인할 수 있는 기회가 된다. 결함의 특성과 심각도에 대한 환자의 반응은 어떠한가? 환자는 그 어떤 질환의 존재도 부정하면서 질병인식불능증의 가능성을 시사하는가? 환자는 증상을 과장하면서 관심을 끄는 호소를 하고 있는가? 환자는 신체적 제약의 중요성을 인식하지 못하면서 판단력이 손상되었음을 나타내는가?
9. 면담은 검사자로 하여금 환자의 설명적 · 서사적 언어의 일관성, 즉 환자의 사고가 얼마나 잘 조직화되었는지를 관찰할 기회를 준다. 환자는 이야기를 할 때 우원증(circumstantiality)이 시사되는가? 환자는 특정 사고의 연속적 흐름에 머무를 수 있는지, 즉 환자에게는 사고 이탈(tangential)이 나타나는가? 환자의 사고는 와해되어서(disorganized), 사고장애가 있거나 또는 현실 검증력이 손상되었을 가능성을 나타내는가?

10. 면담은 또한 기억 능력을 비공식적으로 평가하도록 한다. 면담에서 환자는 최근 그리고 점점 시간적으로 멀어지는 자서전적 사건들의 세부 사항을 기억해 낼 수 있는 능력을 보여 주게 된다. 환자는 오래전의 일에 비해서 어제의 일을 기억하는 데 어려움이 있는가? 환자는 사건의 세부 사항을 기억하지만 자서전적 사건의 시간대와 순서를 기억하기 어려워하는가? 여기서 이뤄진 관찰들은 정식 기억 검사의 결과가 어떤 정보를 제공하고 있는지에 대한 가설의 기반을 만들어 주며, 이를 바탕으로 추후에 자료가 일관성을 보이는지 확인할 수 있다.

제7장에서는 임상 면담, 기록 검토, 행동 관찰을 보고서에 어떻게 제시해야 하는지, 그리고 신경심리평가의 결과와 어떻게 통합해야 하는지에 대해 다룰 것이다.

스스로 평가

1. 신경심리검사는 인구통계학적 자료의 배경만으로 적절히 해석될 수 있다. (○ / ×)

2. 민감도는 뇌기능장애를 가진 사람들 중에서 분명히 뇌기능장애가 있는 것으로 판명되는 비율을 말하며, 특이도는 건강한 사람 중에서 확실히 건강한 사람으로 판명되는 비율을 말한다. (○ / ×)

3. 많은 신경심리학적 검사는 일반적으로 신경심리학적 요인과 비신경심리학적 요인(예: 동기와 정동) 모두에 영향을 받기 때문에 어떤 질환에 앞서는 시점에 수행 결함이 나타나게 만드는 인지적 · 행동적 · 성격적 특성을 알아내는 것은 신경심리학적 검사의 해석에 있어 매우 중요하다. (○ / ×)

4. 다음 중에서 면담이나 검사 회기 시 사물의 배치와 관련해서 가장 중요한 점은 무엇인가?
   (a) 사생활 보호
   (b) 의자나 소파를 뒤로 젖혀서 앉기
   (c) 자세하게 기록을 작성하기
   (d) 녹화

5. 임상 전문 용어를 사용하는 것과 관련해서 가장 최선의 면담 방식은 무엇인가?
   (a) 자주 사용되어야 하며, 특히 밝은 환자에게 그렇다.
   (b) 최소화되어야 한다.
   (c) 절대 사용되어서는 안 된다.
   (d) 사용하든 안하든 상관이 없다.

6. 비디오 녹화는 제삼자의 관찰로 인해 집중이 방해되는 잠재적인 요인을 제거한다. (○ / ×)

정답: 1-×, 2-×, 3-○, 4-a, 5-b, 6-×

4장

검사의 선택, 시행, 채점

개관

이번 장에서는 신경심리검사의 기본 요건과 논리를 다룬다. 이 장에서의 몇 가지 조언들은 숙련된 임상가에게는 상식에 해당하는 모범적 예시들이 될 것이다. 하지만 최적의 검사 수행을 이끌어 내는 것, 임상 검사 행동의 모니터링, 자료 기록하기, 검사 시행의 표준 절차 사용하기와 같은 사안에서의 전문성은 결국 타당하고 유용한 검사 결과를 얻느냐, 임상적 과실이 되느냐의 차이로 이어질 수 있다. 숙련된 임상가조차도 실무에서 흔히 보지 못하는 꾀병 환자, 신체화 장애 환자, 전환장애 증상 앞에서 당황할 수 있다.

최적의 수행 끌어내기

대부분의 신경심리검사는 검사로 측정된 수행이 가능한 한 최적에 가까운 조건하에서 산출한 환자의 최선의 노력을 반영한 것이라는 기본적인 가정에 기반을 두고 해석이 이루어진다. 기대보다 낮은 검사 점수이거나 특이한 행동 증상이 있을 때, 이것이 중추신경계의 기능장애와 관련이 있을 것이라고 판단하기 위해서는 가장 먼저 비신경학적 원인의 가능성을 배제하는 절차를 거쳐야 한다. 만약 환자가 매우 불안해하거나, 과도하게 열정적이거나, 무관심하거나, 또는 특이하고 예측이 어려운 시각 자극과 소리에 취약한 경우에는 과제 수행이 훼손될 수 있다. 예를 들어, 검사 중에 말다툼하는 목소리를 듣거나(정신없는 병원 병동의 경우처럼), 옆에서 다른 환자의 검사가 이뤄지고 있거나, 기구 상자가 떨어지고 머리 위에서는 안내 방송이 요란하게 울리고 있는 등의 상황에서는 정상 성인도 저조한 수행을 보이는 것이 이상한 일이 아니다. 환자들 중에서 지나치게 불안하고, 반복적으로 생각에 빠져들고, 내적 사고에 주의를 빼앗기는 이들은 여러 신경심리검사의 수행이 저조할 수 있으며, 이는 특히 높은 강도의 지속적인 주의를 요구하는 검사에서 그렇다. 비록 이러한 요인들은 다른 상황에서의 인지 수행을 예측하는 데 의미가 있을 수 있지만, 이것들은 결국 뇌기능에 대한 추론을 어렵게 만들 때가 많다. 자신이 왜 검사를 받아야 하는지, 그리고 검사에 노력을 기울이는 것이 치료, 직장, 학교 수행에 가져올 이득이 있다는 것을 이해한다면 의뢰된 대부분의 환자들은 신경심리검사에서 최선을 다하고자 할 것이다.

그러나 어떤 환자들은 검사를 받을 때 최선을 다하지 않는다. 이는 평가의 이유를 이해하지 못했거나, 비자발적으로 의뢰되었거나, 저조한 수행으로부터 이득이나 보상을 얻는 상황에 있는 경우이기 때문일 수 있다. 환자가 가능한 한 보여 줄 수 있는 능력을 발휘할 수 있도록 과제 수행 환경을 최적화하는 것은 신경심리학자의 역할이다. 이 장에서는 환자의 수행을 최적화하는 것에 대한 사안들을 다룰 것이며, 신경심리평가의 시행과 채점에 필요한 절차를 소개할 것이다.

[중요]
환자가 잠재력을 발휘할 수 있도록 검사 환경을 준비하는 것은 평가자의 의무이다.

적절한 검사 환경

신경심리검사는 충분히 조용한 조건에서, 그리고 사람들이 돌아다니는 소리나 시야에서 집중을 방해하는 것이 없는 조건에서 실시되어야 한다. 대부분의 경우, 이러한 환경은 충분한 인공광선(눈부신 빛이나 반사됨이 없는)이 있는 검사실이며, 적절한 온도가 유지되고, 환기가 잘 이루어지고 있다. 일반적으로 환자에게 외부 활동이 보이거나 햇빛이 비치지 않도록 창문이나 문으로부터 떨어져 앉는 것이 가장 좋다. 이것이 가능하지 않을 때, 그리고 특히 방 안의 활동이 밖에서 보인다면 가림막을 치고 문이 닫혀 있는 것이 좋다. 앉는 위치에 집중을 방해하는 그림이 걸려 있는 벽면이 보이는지 고려한다. 만약 외부 환경이 시끄럽다면 백색소음 생성기를 사용하거나, 벽면과 문에 방음장치를 준비해야 한다. 많은 수검자는 외부 방해 자극에 영향을 받지 않지만, 건강한 성인의 경우에도 특이한 소리와 대화에 주의가 가게 되고, 이는 특히 검사받는 상황이 긴장될 때 그러하다.

사무실은 친근하고 환영하는 분위기여야 한다. 방은 보수적으로 꾸며져 있어야 하겠지만, 임상가가 일하고 있는 지역의 기준을 반영하고 있으면 된다. 제3장에서 논의한 것처럼, 사무실은 전문적 공간이어야 하며 개인적인 물건들은 최소화해야 하지만 살균된 듯이 사람의 손결이 없는 것처럼 보이지는 않아야 한다. 검사자와 환자의 좌석은 편안해야 한다. 검사가 시행될 때, 대부분의 검사자는 충분히 넓은 책상을 두고 환자가 맞은편에 앉는 것을 선호한다. 하지만 검사 재료에 거치대가 필요하다면 검사자는 직사각형 책상의 끝에 앉고 환자는 옆에 앉을 수도 있다. 검사자는 검사 도구들이 손에 닿을 거리에서 바로 사용할 수 있도록 물건을 배치해야 한다. 그러나 집중이 방해될 가능성을 줄이기 위해서 검사 도구들은 필요할 때를 제외하면 보이지 않도록 해야 한다. 검사 재료를 체계적으로 준비해 놓으면 한 검사에서 그다음으로 넘어갈 때에 부드러운 전환이 가능하며, 이로써 검사의 총 소요 시간을 줄일 수 있다. 쓰려는 도구가 무엇인지 숙지하고 연습해 놓는 것은 검사 회기가 자연스럽게 흘러가도록 하며, 환자가 지루해지거나 흥미를 잃을 만한 빈 시간을 주지 않을 수 있다. 게다가 시행 규칙과 채점에 익숙해지면 검사 시행을 자동화하여 시행할 수 있으며, 환자의 행동을 관찰하는 데 더 많은 시간을 쓸 수 있다. [빠른 참조 4.1]에는 적절한 검사 환경의 특징이 요약되어 있다.

빠른 참조 4.1 적절한 검사 환경

- 조용하고 방해받지 않는 환경
- 적절한 조도와 눈부시지 않은 방
- 환영하는 분위기와 친근한 분위기(하지만 과도하지는 않은), 편안한 좌석
- 손에 바로 닿는 위치에 준비된, 하지만 사용하지 않을 때는 눈에 띄지 않는 곳에 준비된 검사 도구들

종종 검사는 최적의 조건이 아닌 상황에서도 이루어지며, 검사자가 환경에 대해 통제하기 어려울 수 있다. 예를 들어, 입원 환자는 병동의 침대 옆에서 검사를 실시해야 할 수 있으며, 구금된 사람이라면 교도소의 아무 공간에서 검사를 해야 할 수도 있다. 이러한 경우에는 검사자가 최선의 검사 환경을 만들기 위해 주변의 세부 사항을 조율해야 한다. 검사자는 또한 검사가 이뤄지는 장소에서의 조건들을 기록으로 남겨야 하며, 특히 이러한 환경이 특정 과제의 수행에 직접적인 영향을 미쳤다면 이 정보를 검사 보고서에 포함시켜야 한다.

라포 형성

환자의 수행을 최적화하기 위해 검사자는 수검자의 협조와 신뢰를 얻도록 노력해야 한다. 앞선 장에서 논의했듯이, 평가자가 형성하는 라포는 자신만의 방식을 따른다. 평가자는 먼저 환자에게 자신을 정식으로 소개하고, 성인에게

는 그들의 직함과 본명을 통해서 불러야 한다. 이는 전문적 장면에서의 격식을 갖추며, 환자에게는 당신의 존중을 전달한다. 처음의 어색함을 녹이는 약간의 일상적 대화가 필요할 수도 있지만, 가장 처음 다루어야 하는 사안은 이곳에 오게 된 목적과 검사 회기가 어떻게 진행될 것인지에 대한 설명이다. 성인의 경우에는 비밀 보장에 대한 문제를 논의해야 한다. 아동과 성인의 모든 환자는 자신이 하게 될 과제가 쉬운 것부터 어려운 것까지 다양하며, 최선을 다해야 한다는 것을 이해해야 한다.

환자는 모든 검사 문항을 시도하도록 격려받아야 하며, 어떤 경우에는 검사자의 지지와 격려를 받고 어림짐작으로 맞춰 보게 할 수도 있다. 응답의 정답 여부에 대한 정보를 제공하지 않기 위해 칭찬은 답안 그 자체가 아닌 노력에 대해서만 주어져야 한다. 환자가 이른 시점에 낙담하지 않기 위해서 검사자는 쉬운 과제부터 시작해야 하며, 과제가 점차 어려워지면 '검사가 어려웠을 수 있으며 모든 답을 맞힌 사람은 없다'고 알려 줘야 한다. 또한 칭찬은 모든 응답에 대해서 주어지기보다는 신중하게 주어져야 하며, 이는 또한 환자가 낙담하지 않도록 해 준다.

> **[주의]**
> 전문적인 환경을 유지하고, 성인 환자는 그들의 직함과 본명을 통해 부른다.

검사 회기의 구조

검사 회기의 계획은 의뢰 질문, 사용할 검사의 특성, 환자의 주요 초점과 체력에 따라 달라진다. 일반적으로 검사 회기는 환자가 가진 현재 문제의 심각도, 전반적인 건강, 나이의 제약을 받는다. 어떤 경우에는 최적의 인지 능력에 대한 신뢰할 수 있는 표본을 얻기 위해서 더 짧은 검사 회기가 필요하다. 산만함의 증상이 동반된 환자 또는 비신경학적 건강 문제 때문에 에너지 수준이 떨어져 있는 환자의 경우, 만약 목표하는 바가 다양한 과제에 대한 환자의 최대 수행 능력을 알아내는 것이라면 단 하루 안에 모든 검사를 시도하는 것은 현명하지 않을 수 있다. 반면, 검사의 목적이 하루 동안에 나타나는 인지 능력을 평가하는 것이라면 여러 차례의 회기로 과제를 나누는 것보다 1일 회기로 진행하는 것이 더 적절할 것이다. 노인이나 아주 어린 아동, 오랫동안 앉아 있을 때 신체적 통증이 심해지는 환자의 경우에는 단일 회기에서 수행을 일관되게 하기 어려울 수 있다.

일반적으로, 임상가는 면담과 검사를 하루 안에 끝내도록 노력해야 한다. 이는 검사들이 유사한 상황하에서 실시되었을 가능성을 높여 준다. 검사 회기가 여러 날에 걸쳐 있다면 수면, 질환, 불안, 그리고 다른 상황적 요인들의 차이가 검사 결과를 혼란스럽게 하고 해석을 어렵게 만든다. 예를 들어, 첫 번째 회기에서 환자의 기분은 양호했으며 지능 검사를 잘 수행했으나, 두 번째 회기에서는 환자가 불면증으로 인해 졸린 상태에서 기억 검사 수행이 저조할 수 있다. 어쩔 수 없이 다른 날까지 걸쳐 검사해야 하는 경우, 같은 시간대에 시행되었는지에 따라서 타당도의 영향을 받을 검사들은 반드시 단일 회기 내에 실시되도록 해야 한다. 그리고 여기에서 검사 수행에 영향을 미칠 수 있는 상황들에 대한 다른 정보가 있는지 살펴보아야 한다. 이는 회기 사이에 검사 결과에 영향을 미칠 만한 사건이 있었는지를 통해 확인된다. 또한 증상타당도 검사(symptom validity test)가 평가에 필요하다면 각각의 회기에 대해 다른 증상타당도 검사가 실시되어야 한다.

회기의 길이는 평가자의 숙련도, 선택된 검사 배터리, 환자의 특성에 따라 달라진다. 평가자가 검사를 잘 알고 있으며 조직화하고 있다면 과제들을 부드럽게 연결하면서 효과적인 검사 회기를 촉진할 수 있다. 더 많은 검사가 시행될수록 검사의 소요 시간은 길어진다. 어떤 환자들의 수행은 빠르지만, 어떤 이들은 수행이 느리다. 어떤 환자에게는 격려와 여러 번의 뒤따르는 추가 질문이 필요하지만, 어떤 이들은 시작부터 끝까지 효율적으로 수행한다.

검사가 단일 회기로 시행될 때, 환자에게 적정 횟수의 휴식과 점심시간이 제공되어야 한다. 어떤 환자는 휴식 시간이 거의 필요 없지만, 어떤 이들은 많은 시간이 필요하다. 휴식 시간은 검사 또는 소검사 도중이 아닌 검사 사이에 주어져야 한다. 검사 중에 피곤한 조짐을 보이거나 노력 수준의 변화가 있는지 살펴봐야 한다. 만약 간식을 먹는 짧은 시간 동안의 휴식만으로 검사를 재개하기에 충분한 수준의 집중력과 협조성을 회복하지 못했다면 검사 회기를 종료하고 다시 일정을 잡아야 할 수도 있다.

[중요]
검사 회기를 하루 안에 끝내는 것이 일반적으로는 잠재적 혼입 요인을 줄일 수 있다.

검사 순서의 균형 맞추기

고정 배터리의 검사 세트를 쓰는 대부분의 임상가는 환자에게 정해진 순서로 검사를 실시한다. 게다가 웩슬러 지능 검사와 같은 과제는 그 자체로 정해진 시행 순서가 있다. 유연한 배터리 접근을 취하는 임상가조차도 특정 순서나 나름의 설계를 거쳐서 검사를 선택한다. 예를 들어, 지남력 과제처럼 부담이 덜 되는 것부터 시작하며, 피로함이 오기 전의 회기 초반에 기억 검사를 시행한다. 하지만 검사의 순서는 임상가가 비판적으로 검토해 본 바가 없는 오랜 전통이기도 했다. 많은 경우, 어떤 검사가 언제 시행되는지는 중요한 관건이 아닐 수 있다. 예를 들어, 웩슬러 성인용 지능 검사와 웩슬러 기억 검사의 순서화 소검사(letter-number sequencing; 역주: 일련의 숫자와 글자를 순서에 맞게 다시 말하는 검사)는 어느 순서에서 시행되는지는 상관없는 것처럼 보인다. Tulsky와 Zhu(2000)는 순서화 소검사를 하나의 검사 회기에서 세 차례 실시했는데, 피로 효과 또는 순서 효과가 있다는 증거는 없었다. 평가자는 환자의 필요성에 따라서 검사 순서를 계획할 수 있으며, 환자가 지속적인 관심을 갖도록 하기 위하여 검사의 주제와 난이도의 균형을 맞추는 방법을 고려할 수 있다. 그러나 결과에 혼입되는 효과를 피하기 위해서 어떤 검사가 다른 과제보다 반드시 먼저 시행되어야 하는 경우가 있다는 점을 명심해야 한다. 예를 들어, 어떤 시각적 과제의 검사 매뉴얼에 따르면 특정 과제가 시행되기 이전이나 도중에는 다른 시각적 과제의 시행을 하지 않도록 지시하고 있다. 이 규정을 지키지 못한다면 결과의 해석을 어렵게 만들 수 있다.

동기와 각성 수준을 최적화하기

신경심리검사에 의뢰된 대부분의 환자는 안정적인 검사 결과를 내기 위한 충분한 노력을 기울이도록 동기 부여를 받는다. 일반적으로 자신의 건강 관리 또는 학업 및 직업 성취도와 관련된 정보를 알고 싶어 하는 환자의 욕구는 지시 사항에 주의를 기울이고 평가를 끝마치도록 하는 추진력이 된다. 적절한 동기 수준을 가지도록 하기 위해서는 정식 검사를 시작하기 전에 평가를 받게 된 이유를 이해하고 있는지 환자에게 직접적으로 물어보고, 환자가 회기에 대해 궁금한 점을 질문할 수 있는 어느 정도의 시간이 있어야 한다. 많은 임상가는 다음과 같은 표준적인 도입부의 설명을 해야 한다.

> 검사의 목적은 다양한 범위의 기술과 능력을 평가하기 위한 것입니다. 검사가 다양한 능력을 검사하도록 설계되었기 때문에 어떤 질문들은 아주 간단할 수도 있고, 어떤 것은 아주 어렵거나 좌절감을 줄 수도 있습니다. 당신이 모든 문제를 풀거나 모든 질문에 올바르게 답할 것이라고 기대하는 것은 아닙니다. 가장 중요한 것은 최선을 다해서 문제를 푸는 것입니다.

이러한 절차에도 불구하고 어떤 환자들은 평가에서 최적의 수행을 하려는 동기가 없을 수 있다. 어린 아동들은 지속적으로 충분한 노력을 들이지 못할 수도 있다. 의학적으로 아프거나 신체적으로 불편한 환자들은 긴 시간 동안 심적 노력을 들이는 것을 매우 힘들어할 수 있다. 노인 환자나 정신과적 질환 또는 선천적 지적장애가 있는 환자들은 장시간의 신경심리검사에서 흔히 부적절한 동기 수준이나 비협조적인 모습을 보인다. 주의력결핍 과잉행동장애에 대한 도움이나 약물이 필요한 고등학생과 대학생 또는 지적장애가 있는 이들은 특정한 결과를 얻기 위해서 저조한 수행을 보일 수 있다. 마지막으로, 법의학적 평가의 일환으로 검사를 받는 환자들은 신경심리평가에 적절한 노력을 들이지 않는다는 평가 보고서가 작성되는 경우가 많다. 비록 저조한 동기 수준은 주의산만성, 지나치게 느리거나 조심성 없는 모습, 검사의 의미나 유용성에 대한 직접적인 질문, 또는 검사나 평가자를 무시하는 무례한 표현과 같은 명시적 징후로 나타나기도 하지만, 환자가 현재 과제에 적절한 노력을 들이고 있는지를 단순한 관찰만으로 알아내는 것은 불가능까진 아니더라도 어려운 경우가 많다. 어떤 상황에서는 실제로 환자가 저조한 수행을 하려는 동기를 가지기도 한다. 이러한 환자들은 정말로 예상 범위 밖의 낮은 점수를 보이며, 매우 드물게 나타나거나 실제로 확인된 뇌 병리에서 나타나지 않는 수행 오류의 특징을 보인다. 평가자는 환자가 적정 수준의 노력을 기울이려는 동기가 있을 것이라고 절대로 미리 상정해서는 안 되며, 평가 과정에 걸쳐서 동기 수준이 달라질 수 있다는 사실에 주의해야 한다. 환자의 동기는 회기 중에 계속 모니터링되면서 평가되어야 한다. 환자가 저조한 수행을 보일 만한 동기를 가진 상태일 때는 노력 수준에 대한 체계적인 검사나 증상타당도 검사를 실시해 보는 것이 좋다. 증상타당도 검사들은 신경심리학자의 도구 세트에서는 다소 새로운 것인데, 이것들은 뇌손상이 있는 환자들의 수행과 뇌손상 환자의 행동을 가장하는 사람들의 수행을 비교함으로써 타당화되었다. 일반적인 검사에서는 증상을 가장하는 사람들의 수행이 다양하게 확인된 뇌손상 환자들의 수행보다 더 저하된 양상을 보인다. 이 검사들은 노력에 민감하지만 뇌손상에는 반응하지 않는다. 우리는 제5장에서 노력과 꾀병에 대한 문제를 논의할 것이다.

환자들 중에서 반복적으로 평가의 이유를 물어보는 이들은 자신의 수행에 대해 극도로 불안하기 때문일 수 있다. 이런 행동은 혼돈 상태, 섬망, 기타 현저한 인지적 제약으로 인한 고통과 그것에 뒤따르는 기분 불안정 또는 초조함 상태에 있는 환자들에게서 가장 빈번하게 나타난다. 정동장애 또는 불안장애로 힘들어하는 환자들 또한 주의가 쉽게 산만해질 수 있다. 이런 경우들에서는 일정 수준으로 불안을 누그러뜨리고 환자를 편안하게 만드는 적절한 노력이 이루어져야 한다. 이러한 상황에서 어떻게 대처해야 하는지를 규정하는 보편적인 규칙은 없지만, 지나친 불안은 평가의 신뢰성을 현저히 손상시킬 수 있으며 무시되어서는 안 되는 문제이다. 환자의 불안이 있음을 인식하고 이를 인정함으로써 이 사안에 대한 논의를 시작할 수 있다. 어떤 검사는 쉽거나 어려울 수 있으므로 모든 문제를 맞게 답하길 기대하는 것은 아니라는 것, 그리고 환자들은 최선의 노력을 다하는 것이 가장 중요한 부분이라는 것을 분명히 알도록 할 수 있다. 평가자는 환자의 반응이 충분히 그럴 수 있음을 인정해야 하며, 문항들이 어려울 수 있음을 설명해야 한다.

임상가는 평가의 전반적인 효율성과 시간 제약, 그리고 신뢰할 만하고 타당한 수행이 보장되는 것, 둘 사이에서 균형을 잡아야 한다. 어떤 순간에는 환자가 평가에 집중하거나 적정 수준의 일관된 노력을 기울이도록 도와주는 것이 불가능할 수도 있다. 이러한 상황에서는 평가가 임상신경심리학적 추론을 지지할 수 있을 정도의 안정적인 자료를 만들지 못했기 때문에 회기를 종료할 수도 있다. 만약 이러한 결정을 내렸다면 임상가는 이 결정에 이르게 한 행동들을 보고하고 신중하게 기록으로 남겨야 한다.

행동 관찰

환자의 동기와 노력 정도에 대한 상태는 임상 회기 동안에 관찰 가능한 행동으로 이루어지는 수많은 추론의 일부일 뿐이다. 환자의 복장, 위생, 자세, 언어, 행동에 대한 관찰은 임상신경심리학적 검사 결과를 수정하거나 지지하는 데 사용될 수 있다. [빠른 참조 4.2]에는 평가에서 중요한 행동 관찰의 목록이 정리되어 있다.

빠른 참조 4.2 행동 관찰들

- 외양(복장, 위생, 자세)
- 각성과 기민함
- 평가자에 대한 태도
- 검사에 대한 태도
- 협조, 노력, 주의의 정도
- 작업 습관
- 발화 및 언어 사용
- 행동(동기, 불안, 정동 상태)

임상가는 평가하는 동안에 환자에 대한 많은 요인을 관찰해야 한다. 이러한 요인 중 하나는 환자의 외모이다. 환자가 적절히 옷을 입고 있는지? 환자는 단정한지? 이전까지 깔끔했던 사람이 흐트러지고 악취가 나는 상태로 나타났는지? 이는 자기관리 능력에 대한 정보를 알려 주고 있을 수 있다. 평가자는 검사에 대한 환자의 협조, 노력, 주의 정도를 관찰해야 한다. 검사 지시가 주어졌을 때 환자가 잘 듣는가, 아니면 검사 지시를 반복해야 하는가? 환자가 쉽게 포기하거나 수행을 그만두지 않으려고 하는가? 환자가 검사에 관심을 갖고 시간과 노력을 투자하는 것처럼 보이는가?

또한 검사자는 환자가 검사 상황에 얼마나 쉽게 적응하는지, 그리고 검사자와 검사에 대한 환자의 적응이나 태도가 어떠한지 관찰해야 한다. 환자가 매우 불안하고 겁에 질려 보이는가, 아니면 여유롭고 편안해 보이는가? 환자는 당혹감 속에서 무안하게 웃거나 말을 더듬는가? 환자가 지나치게 열심히 하려고 하거나 비순응적인가? 환자가 자신의 응답이 맞는지 자주 확인하려고 하는가? 환자가 성공과 실패에 어떻게 반응하는가? 검사자에 대한 환자의 태도는 어떠한가? 환자가 자신만만하거나, 뽐내거나, 자기비하적인가?

임상가는 또한 검사 중에 환자의 수행 습관을 관찰해야 한다. 환자는 정확성을 잃으면서까지 지나치게 빠르게 수행하려고 하는가, 아니면 환자는 천천히 신중하게 수행하는가? 환자의 행동은 어떠한가? 환자는 침착한가, 아니면 지나치게 활동적이고 안절부절못하고 산만한가? 환자는 자기통제력이 부족한가? 관찰은 각성 수준에 대해서도 이뤄져야 한다. 환자는 졸리거나 과각성되었는가? 환자는 사람, 장소, 날짜에 대한 지남력이 있는가, 아니면 혼란스러운 상태인가?

정식 검사를 보완할 수 있는 또 다른 부분은 말과 언어를 주의 깊게 관찰하는 것이다. 검사자는 말하는 속도, 단어 찾기의 어려움(예: 일반적인 단어 어휘를 찾거나 문장을 시작하는 데 걸리는 시간), 구체적인 명사를 사용하는 대신에 대명사를 사용하는 것(예: '그 사람이' vs. '영호가', '제가 그걸 읽었어요.' vs. '제가 책을 읽었어요.'), 장황하게 에두르는 표현(예: '단어들이 있는 종이 묶음' vs. '책')에 대한 정상적인 개인차의 범위에 민감해야 한다. 다시 말하지만, 그러한 자연스러운 관찰을 평가하기 위한 규준은 존재하지 않지만, 원어민 사용자의 경험에 비춰 극단적인 편차는 언어장애의 존재에 대한 단서가 될 수 있다. 또한 평가자는 환자의 언어가 유창하면서 속도와 발화량이 정상적인지, 문법 구조를 전달하는 단어(예: 관사, 접속사, 전치사)와 어미(예: −ed, −ing, 복수형)가 누락되지 않았는지, 또는 단어 순서가 정상적인지 주목해야 한다. 속도와 음량 외에도 전체적인 음높이, 그리고 음높이와 음량의 변화가 절과 문장 끝을 끊는 지점으로 적절히 사용되는지와 같은 발화의 운율적 요소도 확인해야 한다. 언어에 대한 관찰은 환자의 말이 유창한지 유창하지 않은지, 또는 정확한지 부정확한지에 초점을 맞춰야 한다. 환자가 하는 말의 내용과 반응성에 대해서도 관찰해야 한다. 환자의 언어가 기이하거나 미숙한가? 환자가 말을 멈추지 못하거나 비정상적으로 과묵한가?

이전 장에서 언급했듯이, 행동 관찰은 환자의 동기, 불안 수준 및 정서 상태에 대한 주요 정보의 원천이다. 임상가는 눈맞춤 및 자세의 특이성 외에도 환자가 나타내는 운동 활동 및 안절부절못함의 정도에 주목해야 한다. 환자가 의자에서 과도하게 움직이거나, 손을 가만히 두지 못하거나, 책상 위에 있는 작은 물건들을 부적절하게 집고 만지는가? 환자가 고정된 자세로 이상할 정도로 가만히 있거나 조용해 보이는가? 환자의 얼굴 표정이 관찰 가능한 변화를 보이는가? 이러한 얼굴 표정이 상황과 관련된 정동의 방향과 정도에 적절한가? 환자가 사소하게 부정적인 이야기를 하면서도 울거나 웃기지 않은 상황에서도 자주 웃는가? 환자의 안면 근육이 뻣뻣하고 고정된 것처럼 보이는가? 또한 평가자는 환자의 말이나 정서 표현을 관찰할 때, 안면 근육의 비대칭성의 징후에도 주목해야 한다. 일부 신경학적 상태는 한쪽에서의 비대칭적 변화를 일으키지만 다른 쪽에서는 그렇지 않기 때문이다.

관찰은 또한 검사 도중의 운동 행동에도 집중해야 한다. 협응이 되고 있는가, 그렇지 않은가? 환자는 쓰기 및 그리기 작업에 한 손을 지속적으로 사용하면서 다른 손을 양손의 움직임이 필요한 작업에 사용하는가? 환자가 계속 움직이는가, 비정상적으로 가만히 있는가? 환자의 반응이 너무 빠른가, 느린가? 또한 감각운동기능에 대한 행동 관찰이 이루어져야 한다. 환자가 보행을 보조하는 지팡이를 사용하는가? 환자가 보청기나 안경을 착용했는가? 감각운동 이상성은 검사의 수행을 손상시킬 수 있으며, 뇌기능장애를 상세히 묘사하는 데 도움이 된다.

임상가는 검사 행동을 기반으로 임상적 판단을 내릴 때 환자의 문화적 · 사회적 배경을 신중하게 고려해야 하지만, 그와 동시에 환자의 특정 코호트나 소속집단에 대한 잘못된 고정관념으로 편향되지 않도록 주의해야 한다. 신경심리학자는 회기 중에 관찰된 행동이 환자 개인의 변화를 나타내는지, 또는 이러한 행동이 연령 또는 문화 비교집단에 적절한지 여부를 결정해야 한다. 예를 들어, 대부분의 서양 문화에서는 일상적인 대화 중에 일정량의 눈맞춤이 예상된다. 소위 말하는 정상적인 눈맞춤이 정확히 무엇인지 정량화하기는 어려우나, 대부분의 성인은 대화 중에 자신을 거의 쳐다보지 않거나 진심으로 눈맞춤을 피하는 사람과 계속 대화하는 것을 불편해한다. 대부분의 검사에서 바닥을

[중요]
검사 행동에 대한 임상적 의사 결정을 내릴 때는 문화를 고려해야 한다.

보거나 평가로부터 떨어진 곳을 보는 환자는 극심한 사회적 불안이나 전반적인 발달장애를 시사하는 행동을 보이는 것일 수 있다. 그러나 이는 모든 문화권에 해당되는 것은 아니다. 일부 문화권에서는 전문적 역할의 연장자와 상호작용할 때 과도한 눈맞춤은 무례한 것으로 여긴다. 평가자는 모든 문화에 대해서 사회적 행동의 내적 규범을 정확하게 적용하는 것이 불가능하다. 신경심리학자는 한 명의 임상가로서 자신의 전형적인 경험 내에서 비정상적이고 드문 행동을 기록한 다음, 이 정보가 임상적 의사 결정과 관련될 것인지 여부를 결정해야 한다. 많은 경우, 암묵적인 사회 규범과 평가자 본인의 예상에서 벗어나는 일탈은 환자가 속한 문화에서의 예상에서도 일탈한 것이다. 이러한 행동이 환자의 변화를 나타내는 경우에는 환자의 인지 및 정서적 행동 상태에 대한 단서가 될 수 있으며, 궁극적으로는 뇌기능 상태에 대해 추론하는 데 도움이 될 수 있다.

신경심리학과 관련된 행동 관찰의 모든 가능한 범주의 세부 사항과 해석은 이 책의 범위를 벗어나지만, 기본적으로 임상가는 이러한 관찰의 의미가 명확하지 않은 경우에도 검사 중의 전형적인 행동과 비정상적인 행동을 모두 관찰하고 기록해야 한다.

기록 보관 및 메모 작성

기록 보관 및 메모 작성에 대한 규칙은 비교적 간단명료하다. 임상가는 임상적 의뢰 질문에 대한 답변을 뒷받침하는 데 사용된 모든 자료의 서면 기록을 보관해야 한다. 이 자료에는 기록 검토 또는 면담, 행동 관찰, 검사 응답 및 검사 결과 자료, 환자 기록에 대한 메모까지 포함한다. 검사와 관련된 모든 종이 조각(예: 약속 스케줄 메모)까지 보관할 필요는 없지만 임상가는 서면 또는 구두 보고로 진술된 모든 내용을 입증할 수 있는 기록을 충분히 보관해야 한다. 결국 평가자의 메모는 이후에도 기록으로부터 검사 회기가 재구성될 수 있도록 해야 한다. 이 습관은 임상가가 자료를 수집하고 보고하는 시점의 시간 간격으로 중요한 정보를 잃어버리거나, 유사한 두 명의 환자 정보를 혼동할 수 있기 때문에 중요한 부분이다. 평가에서는 매우 방대한 양의 자료 수집이 이뤄진다. 행동 관찰 또는 부분부분의 과거력 자료는 평가가 완료된 후에 전체적인 검토가 이루어지기까지는 그 중요성이 명확하지 않을 수 있다.

특히 임상가는 공식적인 검사 점수를 도출하는 데 사용되는 자료를 수집할 때는 일관된 약어를 사용하여 명확하게 기록을 작성하도록 주의해야 한다(예: DK: 모르겠다don't know, DR: 기억이 안 남don't remember, Prmt: 반응 촉진prompt, NR: 무반응no response, Q: 평가자의 질문queried, PC: 정확히 짚음pointed correctly, PX: 틀리게 짚음pointed incorrectly). 평가자는 응답을 즉시 기록지의 적절한 위치에 읽기 쉽게 기록해야 한다. 읽을 수 없는 글은 채점 오류로 이어질 수 있다. 환자의 반응 양식 및 자발적 발화를 포함한 행동 관찰은 검사 용지나 별도의 종이에 기록할 수 있다. 웩슬러 기억 검사 및 웩슬러 성인용 지능 검사와 같이 현대 신경심리평가에서 많이 사용되는 검사는 길게 서술된 응답을 상당히 상세하고 복잡한 기준으로 채점하도록 요구하고 있다. 검사에서 응답한 그대로를 메모 없이 채점하는 것은 사실상 불가능하다. 응답은 그 자리에서 채점되어야 하므로 평가자는 채점 기준을 숙지하고 수검자에게 점수가 노출되지 않도록 주의해야 한다. 환자의 시야를 가리기 위해 비스듬히 들고 있는 클립보드를 들고 있거나 검사 매뉴얼을 사용한다면 환자가 점수를 보면서 낙심하거나 지나치게 자신감을 갖는 것을 방지할 수 있다.

말한 그대로를 옮긴 축어 기록이 없으면 평가자의 검사 및 채점의 정확성과 신뢰성을 확인하는 것이 불가능하다. 고도로 숙련된 임상가도 점수를 매길 때 오류를 범한다. 메모와 응답 항목에 대한 충분한 기록을 남기지 않는다면 유사한 수준의 기능 내에서 다른 점수 간에 간극이 발생하는 원인이 채점 오류에서 발생한 것인지, 다른 시점에서 다른 임상가가 실시한 측정치 간의 차이에서 발

[중요]
환자, 내담자의 반응을 그대로 기록해야 한다.

생한 것인지 확신하기 어려워진다. 부정확한 검사 점수는 신경심리학적 자료의 타당한 분석을 훼손하고 환자의 건강과 삶에 중대한 영향을 미칠 수 있다.

임상가는 메모에 너무 몰두한 나머지 환자를 관찰하지 못하거나 환자에 무관심한 것처럼 보이지 않을 정도로 능숙해야 한다. 기록을 남기는 것은 평가 중에 평가자가 가진 여러 의무 중 하나일 뿐이다. 응답을 주의 깊게 기록하는 것은 검사 시행, 검사 도구 준비, 환자의 행동 관찰, 환자 응답의 채점과 동시에 이루어지고 있어야 한다. 임상가는 메모지와 검사 매뉴얼에 얼굴을 파묻고 있으면 안 된다.

최근 몇 년 동안 원자료와 임상 기록은 법의학 분야와 민사 소송에서 중요한 부분이 되었다. 이러한 경우에 심리학적 자료는 의뢰인과 평가자 모두에게 중요한 법적 또는 경제적 영향을 미칠 수 있다. 미국심리학회(APA, 2002)의 윤리 기준에 따르면, 임상 기록은 환자의 기밀이 유지될 수 있는 안전한 위치에 보관되어야 한다. 실무 장면에서 이것은 승인된 개인만 접근할 수 있도록 잠긴 캐비닛에 기록을 보관하는 것을 의미한다. 마찬가지로 컴퓨터 파일은 민감한 환자 정보에 승인되지 않은 개인이 액세스할 수 없도록 저장해야 한다. 치료 과정에서 때로는 환자의 원자료가 다른 사람에게 공개되어야 할 때도 있다. 환자 또는 의뢰인의 허락 없이는 어떠한 기록이나 보고서도 공개할 수 없다. 실무 장면에서 검사 보고서는 의뢰를 요청한 전문가에게 보내지며, 특정한 요청에 따라 (그것이 적절한 경우에) 환자 또는 의뢰인에게 이를 보낼 수 있다. 현재 APA의 윤리 지침에 따르면, 원자료는 "환자/의뢰인에 의하여" 환자/의뢰인 또는 "양도서에서 확인된 다른 사람"에게, 또는 특정한 법적 의무가 있는 경우(예: 법정 절차)에 공개될 수 있다. 원자료에 대한 내용은 규정 9.04에 구체적으로 정의되어 있으며, 규정에는 "자료 또는 검사에 상당한 해를 끼치거나 검사를 잘못 대표할" 가능성이 있는 경우에만 심리학자가 자료 공개를 삼가도록 명시되어 있다. 그러나 검사 출판사들은 심리학자들이 검사 자료를 구매할 자격

이 없는 사람에게 원자료를 공개하지 못하도록 지식재산권을 행사해 왔다. 현재 일련의 윤리원칙에 따르면 원자료는 검사 자료와는 다른 것이며, 심리학자는 원자료의 보안을 유지해야 한다.

검사 절차와 표준

신경심리검사에 대해 출판된 신뢰도, 타당도, 규준 자료는 반복 가능한 일련의 표준적인 절차와 조건에서 시행된 검사를 기반으로 한다. 검사 규준을 확신을 갖고 사용하고자 한다면 검사자는 표준 절차를 따라야 한다. 표준 절차를 따른다는 것은 검사 매뉴얼의 정확한 문구를 사용하고, 검사에 포함된 특정한 도구를 사용하고, 정해진 시간 제한 및 채점 규칙을 따르고, 표준적인 질문만 사용하는 것을 의미한다. 출판된 검사 매뉴얼에서 권고되는 표준화된 절차를 조금만 위반하더라도 신경심리적 측정으로서의 검사 신뢰도와 타당도는 나빠질 가능성이 있다. 예를 들어, 검사가 쉬지 않고 진행되도록 설계되었다면 환자에게 짧은 휴식을 주기만 해도 검사 규준을 적용하는 정확성에 대해 가질 수 있는 확신이 줄어든다. 검사의 시간 제한이나 검사의 언어를 바꾸면 규준의 사용이 무효화될 수도 있다. 어떤 절차의 변동은 측정의 표준오차 내에서만 발생하므로 평가자가 규준 정보를 활용하는 능력에 영향을 미치지 않을 수도 있다. 하지만 불행하게도 절차를 특정한 방식으로 바꾸는 것이 무해한지, 부정확한 결과로 이어지는지 여부를 아는 것은 사실상 불가능하다.

일부 상황에서는 반드시 표준적 절차에서 벗어나야 할 때가 있다. 검사 도구는 다양한 장애나 감각운동에 문제가 있는 환자에게 변용되어야 할 수도 있다. 예를 들어, 시각이 손상된 사람은 그 문제가 없었다면 스스로 읽었을 항목을 큰 소리로 읽어 줄 검사자가 필요할 수 있다. 표준 절차에서 벗어나야 하는 경우, 이 정보를 검사 보고서에 기록함으로써 독자는 검사 절차가 수정되었음을 인지하며 규준 정보를 통한 해석에 주의가 필요함을 알게 된다. 임상가는 자신의 판단을 통해서 환자의 특수한 요구에 맞춰 조정된 검사에서 어떤 검사가 해석 가능한지 구별해야 한다.

어떤 신경심리평가(예: 루리아의 신경심리 연구, 보스턴 과정 접근)에서는 환자의 능력에 대한 추가 정보를 얻는 한계 검증(testing limits) 방법을 통해 유사-실험적으로 기존의 검사 절차를 다르게 써야 한다고 제안한다. 비록 일부 임상가의 손에서는 이러한 변용이 동일하거나 더 정확한 임상적 판단으로 이어질 수 있지만, 현재로서는 이러한 실험적 위반이 검사 민감도와 특이도에 미치는 효과를 검증한 자료는 부재하다. 이 책에서는 어떤 검사 체계를 사용할지에 대한 공식적인 입장을 취하는 것은 아니지만, 임상가는 표준화된 검사 절차를 비표준화된 방식으로 변용하는 것이 가져오는 대가와 잠재적 이득에 대해 인지하고 있어야 한다. 우리는 다음 사항을 권장한다. 임상가는 이러한 절차 위반이 검사의 신뢰도와 타당도에 미치는 효과를 정확히 추정할 수 있거나, 특수한 상황으로 인해 표준 절차가 부적절한 경우에만 표준 절차를 위반해야 한다. 만약 한계 검증을 통해 추가 정보를 얻을 수 있는 경우에는 검사의 나머지 항목에 영향을 미치지 않도록 표준 절차에 따라 검사를 수행한 이후에만 이루어져야 한다.

표준 절차의 경우, 숙련된 평가자라도 때때로 매뉴얼의 지침을 다시 읽고 검사 절차를 다시 익힐 것을 권장한다. 검사 작업을 수행하면서 시간이 지남에 따라 검사의 시행과 채점 방식이 미묘하게 바뀌었을 수 있다. 검사 절차를 주기적으로 확인하면 검사자가 정확한 문구를 사용하고 있는지, 채점 규칙을 새롭게 만들고 있지는 않았는지 확인할 수 있다. 숙련된 평가자는 잘 알려진 절차가 변경되지 않았는지 확인하기 위해 개정된 검사의 매뉴얼을 검토해야 한다.

[중요]
한계를 검증하는 것은 표준 절차에 의한 검사를 시행한 이후에만 이뤄져야 한다.

검사 시행

> **[주의]**
> 지시 사항과 질문을 명확히 전달해야 한다. 검사 질문의 단어를 설명하거나, 단어를 덧붙이거나, 검사 매뉴얼에서 허용하지 않은 지시문 반복으로 환자를 돕고 싶은 유혹을 견뎌야 한다.

평가자는 평가 도중에 해야 하는 여러 작업이 있다. 환자의 협조를 유지하기 위해서는 환자의 반응을 기록할 때, 환자의 행동을 관찰할 때, 환자의 응답을 채점하는 동안에 검사 문항을 조직화되고 부드럽고 일관된 방식으로 세심하고 정확하게 시행해야 한다. 평가가 원활하게 진행되도록 하기 위해 평가자는 잘 계획되고 체계적인 방식이 되도록 시행할 검사를 철저히 숙지하고 있어야 한다. 이를 위해서는 불필요한 시간 지연을 방지하기 위해 검사 도구와 적절한 재료를 준비해야 한다. 검사 매뉴얼과 자극 외에도 지우개가 있거나 없는 샤프연필, 검사자를 위한 펜, 여분의 용지, 스톱워치, 그리고 클립보드도 검사자의 준비물에 있어야 한다. 그러나 검사 자극은 필요할 때까지 눈에 띄지 않아야 하며, 사용 후에는 가능한 한 빨리 치워서 책상 위에서 어수선하지 않게 해야 한다. 검사자의 좌우측에 책꽂이가 있다면 이는 수검자의 시야에 들어오지 않아야 할 물건들을 보관하기에 적절하다. 검사자가 표준 절차와 채점 규칙에 익숙하다면 과제 간에 원활한 이동이 더 쉬워진다. [빠른 참조 4.3]에는 검사 시행에 필요한 절차의 핵심이 정리되어 있다.

빠른 참조 4.3 검사 시행의 단계

- 라포 형성하기
- 협조 유지하기
- 격려하기
- 모호한 반응 탐색
- 검사 도구를 준비해 놓기

- 스톱워치를 눈에 띄지 않게 사용하기
- 행동 관찰하기
- 체계적이고 부드럽고 변동 없이 검사 문항을 시행하기
- 응답을 그대로 기록하기
- 반응이 주어질 때 바로 채점하기

검사를 시행할 때는 검사 지침을 정확히 따라야 한다. 표준 절차를 따르는 것은 일반적이고 구체적인 지시문을 검사 매뉴얼에서 명시한 그대로 정확히 표현하는 것을 말한다. 매뉴얼에서 설명을 허용한 경우가 아니라면 환자에게 질문에 있는 단어를 설명하고 싶은 유혹을 참아야 한다. 매뉴얼에서 지시문의 반복을 허용하지 않는다면 지시문에 단어를 추가하거나 지침을 반복하여 환자를 돕고 싶은 유혹을 견뎌야 한다. 오직 매뉴얼에서 지시하는 바에 따라서 추가적인 질문을 할 수 있다.

시간을 재는 것은 신중하면서도 가능한 한 눈에 띄지 않게 해야 한다. 임상가는 스톱워치가 환자의 주의를 분산시키지 않도록 주의해야 한다. 일반적으로는 환자에게 특정한 검사 문항에 할당된 시간을 알려 주는 것이 허용되지 않는다. 시간 제한에 대해 질문을 받는다면 환자에게 작업이 완료되면 알려 주거나 가능한 한 빨리 대답하도록 상기시키는 것이 좋다. 환자에게 응답의 정답 여부에 대한 피드백을 제공하는 것도 일반적으로 허용되지 않는다. 피드백과 격려는 환자의 특정 반응에 구체적으로 해당되지 않아야 한다. 즉, 검사자는 환자가 제대로 수행하지 못하고 어려움을 겪고 있을 때만이 아니라, 검사 회기 전반에 걸쳐 분산된 피드백을 해야 한다. 오답에서만 반응하는 검사자는 의도치 않게 답이 틀렸다는 단서를 주는 것이며, 이는 환자의 의욕을 꺾을 수 있다. 또한 문항이 끝난 이후라고 하더라도 질문에 정답을 알려 주는 것은 허용되지 않는다. 어떤 경우에는 환자에게 반복해서 응답하도록 하거나 더 구체적으로 응답하도록 요청하여 환자의 모호한 응답을 명확하게 할 필요가 있다. 응답에

추가 질문으로 탐색하는 것은 검사 매뉴얼에서 분명하게 허용하는 경우에만, 그리고 매뉴얼에서 명시한 방식으로만 이뤄져야 한다. 검사자는 환자의 응답을 명확히 하고자 할 때 절대로 유도심문을 해서는 안 된다. 답변은 "무슨 뜻인가요?" 또는 "좀 더 자세히 알려 주시겠어요?"와 같은 중립적인 탐색을 통해서 명확하게 만들어야 한다.

경우에 따라서 수행을 주저하고 꺼려 하는 환자가 있다면 연습 문항을 해 보도록 격려할 필요가 있다. 당신이 원하는 것이 환자의 최적의 수행이라면 당신은 환자의 "모르겠어요."라는 첫 번째 반응을 그대로 받아들여서는 안 된다. 환자가 "모르겠어요."라고 하는 것은 실수할까 봐 두려워하는 것일 수 있다. 그러한 경우에는 환자에게 가능한 모든 방법으로 대답하도록 요청하고, 환자가 최선의 노력을 다하는 데 관심이 있음을 상기시킬 수 있다. 때로 격려를 받은 환자는 과제 수행을 거의 마친 과제에 대해서 더 오랜 시간을 소요하면서 제한 시간을 넘기게 될 수도 있다. 시간 제한이 끝나서 갑작스럽게 검사 자극을 넘기거나 가져가 버리는 것은 이후 문항에서 잘하고자 하는 환자의 성취 의욕을 꺾을 수 있다. 하지만 그러한 경우에도 제한 시간을 엄격하게 준수하여 문항을 채점해야 한다.

검사 채점

> **[중요]**
> - 채점 기준에 대해 완전하게 숙지하라.
> - 바로 채점하라.
> - 검사 매뉴얼에 따라 채점하라.
> - 채점 이후에 재확인하라.

검사자는 검사의 진행 도중에도 채점할 수 있어야 하는데, 정답과 오답의 개수를 통해 검사와 소검사가 언제 중단되어야 할지를 결정하기 때문이다. 이는 또한 어떤 답변의 경우에 점수를 바로 부여할 수 없으며 추가 질문이 필요하다는 점에서도 중요하다. 채점 기준을 완전히 숙지한 검사자는 환자의 응답이 주어지는 대로 채점할 수 있으므로 필요할 때 더 명확히 말하도록 질문할 수 있다. 검사자가 쉽게 채점되지 않는 응답을 접하게 되면 중립적인 탐색 질문을 사용하여 응답을 명확히 하도록 요청해야 한다. 이후에 채점을 다시 확인했을 때 추가 질문이 필요 없었다는 것이 분명해지면 채점에서 추가 응답을 무시할 수 있다.

임상가가 채점을 할 때는 환자가 점수를 볼 수 없어야 한다. 이는 후속 반응에 영향을 미치거나 현재 당면하고 있는 과제에서 환자를 산만하게 할 수 있기 때문이다. 클립보드를 비스듬히 들고 있거나 조심스럽게 기록하면 환자의 눈에 점수가 드러나지 않을 수 있다.

채점은 항상 검사 매뉴얼에 따라 이뤄져야 하며, 매뉴얼에는 모범 답안에 대한 지침이 설정되어 있다. 채점 지침이 완전히 숙지된 검사자는 응답의 점수를 빠르고 정확하게 식별할 수 있으며, 표준 시행 절차를 더 잘 따를 수 있다. 그러나 매뉴얼에는 모든 가능한 정답 또는 오답이 나열되어 있지 않으므로 검사나 특정 문항의 목적을 이해하면 헷갈리는 응답을 채점하는 데 도움이 된다.

숙련된 검사자도 채점 오류를 범한다. 검사 매뉴얼을 주기적으로 검토하면 검사자가 의도치 않게 잘못된 채점 기준을 적용하지 않았는지 확인하는 데 도움이 된다. 채점은 항상 점검하고 다시 확인해야 한다. 이는 환자의 나이, 맞고 틀린 항목의 개수, 항목 간의 점수 이월에 대한 계산까지 모두 포함한다. 원점수를 표준점수로 올바르게 변환했는지를 재확인하는 것에서도 마찬가지이다. 검사자는 주의해야 하는 흔한 채점 오류를 참조 도서에서 숙지해야 한다. 『Essentials of WISC-IV Assessment』에서 Flanagan과 Kaufman(2009)은 최저 점수보다 낮게 기입한 점수를 놓치는 것, 기록지에서 요약지로 원점수를 잘못 옮겨 쓰는 것, 환산 점수 총점의 합산을 잘못 계산하는 것, 읽을 수 없게 써 놓는 것, 연령 규준 참조표를 잘못 사용하는 것, 점수 변환표에서 행을 잘못 읽는 것 등으로 인해서 최종 도출된 점수에 오류가 발생할 수 있다고 말했다. 웩슬러 지능 검사 및 여러 검사(WAIS-IV, WMS-IV, WISC-IV, NEPSY-II)를 위해 Pearson 및 기타 출판사에서는 컴퓨터 채점 프로그램을 사용한다. 이러한 프로그램에서는 검사자가 계산한 수치를 다시 재확인할 수 있다.

특수한 요구가 발생하는 장애

입력과 출력 채널의 문제

대부분의 신경심리검사는 기본적인 운동 및 감각 기능 손상이 없다는 전제하에 설계되어 있다. 평가자는 시각과 청각의 민감성, 그리고 뼈, 근육, 말초신경계에 영향을 미치는 신체장애의 제약을 반드시 고려해야 한다. 환자에게 입력되는 정보에 영향을 미치는 모든 요인과 출력 채널의 모든 제약 요건은 검사 보고서에 언급되어야 하며, 해석 과정의 일부로 고려되어야 한다. 환자의 입력 또는 출력 채널의 제약은 특정한 기능 영역에서의 능력을 평가하기 어렵게 만든다. 예를 들어, 비유창성 실어증 환자의 경우에 이들에게서 추론의 복잡한 문제를 이해하는 능력을 평가하는 것이 불가능할 수도 있는데, 이들은 단순히 자신이 가진 지식을 보여 줄 수 있는 적정한 수단이 없을 수 있기 때문이다.

시각, 청각, 몸의 상부에 현저한 장애가 있는 환자에게 제기되는 임상적 질문에 답하는 것은 신경심리학의 분야에서 어려운 문제이다. 어떤 경우에는 장애가 있는 감각 및 운동 체계의 사용을 요구하지 않는 도구를 선택할 수도 있다. 예를 들어, 임상가는 시각에 심각한 손상이 있는 환자에게는 일차적 청각을 요구하는 과제를 사용할 수 있으며, 반대로 청각에 심각한 손상이 있는 환자의 경우에는 시각 과제를 사용할 수 있다. 팔이나 손동작을 쓸 수 없는 환자에게는 언어적 반응을 요구하거나, 반대로 심한 조음장애가 있거나 중추신경계와 무관한 이유로 발화를 할 수 없는 경우에는 팔이나 손동작 반응을 요구할 수 있다. 어떤 경우에 이러한 접근은 검사 결과의 해석에 현저한 제약 사항이 되며, 변화 또는 감퇴가 있을지 모르는 특정한 신경심리기능의 평가가 불가능할 수 있다. 예를 들어, 청각 손상의 환자에게 언어기억이 평가의 주요 관심사일 수 있으며, 심한 조음장애가 있는 환자에게 이름대기 능력이 주요 관심사일 수 있다. 비록 환자들의 이러한 능력들을 더 정확하게 평가한다는 것은 불가능할 수 있지만 말이다.

많은 신경심리학자는 기존에 있던 측정 도구를 수정하여 장애가 있을 때에도 사용할 수 있게끔 수정하고 싶은 유혹을 느끼게 된다. 예를 들어, 시각장애가 심한 환자의 경우에는 그림을 맞닥뜨리고 이름을 말하는 보스턴 이름대기 검사(Boston Naming Test; Kaplan, Goodglass, & Weintraub, 2001)를 '정의를 듣고 그 이름을 말하기' 과제로 대체하여 이름못대기증(명칭실어증, anomia)이 있는지를 확인할 수 있다. 비록 이런 수정이 불가피한 경우도 있지만, 이는 공식적으로 알려진 다른 대안이 없는 경우에만 매우 주의해서 시행되어야 한다. 이러한 과제의 결과를 보고할 때, 평가자는 그러한 절차의 출처와 수정의 이유(예: 감각 또는 운동 제약)를 기록에 남겨야 한다. 또한 관찰된 바를 다른 임상가가 재현할 수 있도록 기록 시에 절차를 충분히 자세하게 기술해야 한다. 표준화나 규준이 없는 절차인 경우라고 하더라도, 때때로 이러한 작업은 수행의 변화를 입증할 수 있는 유일한 방법일 수 있으며, 임상적 목적에 맞게 자료를 유용하게 만들 수 있다. 절차의 수정을 고려할 때마다 검사 해석을 혼동시킬 수 있는 변용된 검사를 쓰기보다는 구체적인 특정한 목적에 적합한 도구가 존재하는지를 먼저 확인해야 한다.

시각 손상이 있는 환자 검사하기

맹인 환자에게는 웩슬러 지능 검사 또는 웩슬러 기억 검사와 같은 표준화된 검사에서 언어 영역에 해당하는 검사들을 시행하는 것이 적합할 수 있다. 비언어적 또는 시각적 능력을 평가하는 것은 확실히 더 어렵다. 촉각수행 검사(Tactual Performance Test: TPT)와 같은 검사는 공간적 조작과 비언어적 문제해결, 정상인의 눈가리개 착용 수행을 요구하는 과제인데, 이를 대안적으로 사용할 수 있다. 그러나 TPT나 일부 언어 검사를 성공하는지 여부는 그 이전의 시각 경험에 따라 달라질 수 있음을 명심해야 한다.

청각 손상이 있는 환자 검사하기

많은 과제가 언어 능력에 의존하기 때문에 청각장애가 있는 환자를 검사하는 것은 특히 어려운 일이다. 청각장애인과 평가자가 미국 수화(ASL)를 알고 있다면 언어적 과제는 수화를 통해 시행될 수 있다. 때로는 문자언어가 구두언어를 대체할 수도 있다. 그게 아니라면 구두 검사가 완전히 생략되어야 할 수도 있다. 비언어적 과제에서도 청각장애가 있는 사람에게는 과제 지시를 이해하는 것이 어려울 수 있다. 지시는 수화, 글, 몸짓을 통해서 제공받아야 할 수 있다. 비언어성 지능 검사(Test of Nonverbal Intelligence-Third Edition: TONI-3; Brown, Sherbenou, & Johnson, 1997), 비언어 지능 검사(Comprehensive Test of Nonverbal Intelligence: CTONI-2; Hammill, Pearson, & Wiederholt, 2009), 나글리에리 비언어적 능력 검사(Naglieri Nonverbal Ability Test-Individual Assessment, 어린이 및 청소년용; Naglieri, 2000) 또는 웩슬러 비언어적 능력 척도(Wechsler Nonverbal Scale of Ability: WNV; Wechsler & Naglieri, 2006)와 같은 과제들은 언어의 제약이 없는 검사이기 때문에 청각장애인의 비언어적 추론과 지능을 측정하기에 가장 적합할 수 있다. 손가락을 가리키는 것으로 응답을 선택하게 되며, 지시는 팬터마임(무언극)을 통해서 제시된다. Sattler(1992)는 WISC-청각장애아동 수정판의 동작성 소검사 실시를 위한 팬터마임 지시문을 제공했다. 이러한 지시법은 WISC-IV, WAIS-IV의 동작성 소검사에서 수정하여 사용할 수 있다. 기억 과제도 마찬가지로 비언어적 측정 도구에 제한을 둬야 할 수 있다. 하지만 평가자는 반드시 글과 팬터마임 및 몸짓을 통해 환자에게 충분한 지시를 제공해야 한다.

실어증 환자 검사하기

후천성 언어장애가 있는 환자가 적절한 산출 채널을 가지고 있음을 확인하는 것은 이 환자를 검사할 때의 일차적인 어려움이다. 반응을 나타낼 수단이 없는 환자를 검사할 수는 없다. 실어증의 양상과 증상들을 평가하는 것은 보스턴 실어증 진단 검사-III(Boston Diagnostic Aphasia Examination Third Edition; Goodglass, Kaplan, & Barresi, 2001), 보스턴 이름대기 검사-II(Kaplan et al., 2001)를 통해 가능하다. 환자가 보이는 언어 결함의 심각도에 따라서 (청각장애의 경우와 마찬가지로) 평가는 비언어적 검사들과 언어 능력에 의존하지 않는 다른 검사들로 이어서 진행할 수 있다.

운동 손상 환자 검사하기

운동장애가 있는 환자들은 빠른 속도로 수행해야 하는 과제와 협응된 운동을 요구하는 비언어적 과제에서 특히 불리할 수 있다. 이러한 경우에는 언어성 소검사만 실시하거나 운동의 요소가 없는 과제만을 시행하여 전반적인 인지 능력을 평가하는 것이 현명할지 모른다. 덧붙여 운동장애를 가진 다른 사람들과 수행을 비교하여 평가할 수 있는 표준화된 규준 자료가 없을 수 있지만, 운동에서의 장애를 고려하여 편의를 제공하는 검사의 수정이 이뤄질 수 있다. 또한 운동 결함은 인지 능력에 대해 잘못된 인상을 줄 수 있다는 점에 유의하라. 검사가 수정되는 예로, 큰 소리로 읽어 주는 방식으로 검사 절차를 수정할 수 있고, 환자의 가리킴 능력까지 손상된 경우에는 검사 선택지를 차례차례 가리키면서 환자가 정답에 대한 동의 여부에 확인하는 방식으로 절차를 수정할 수 있다. 또 다른 수정 방식은 시간 제약이 없이 검사를 하는 것이다. [빠른 참조 4.4]에는 입력과 산출 채널에 제약이 있는 환자에게 가능한 검사 절차의 수정들을 요약해 두었다.

빠른 참조 4.4 입력 및 산출 채널의 제약이 있는 환자에게 가능한 검사 배터리 수정

시각장애 환자의 검사
- 표준화된 검사에서 언어 영역 검사를 시행한다.
- 비언어적 검사 중에 공간적 조작과 문제해결력을 요구하지만 시각을 요구(예: 촉각 수행 검사)하지는 않는 검사를 시행한다.

청각장애 환자의 검사
- 언어성 과제에서는 가능하다면 수화를 사용한다.
- 구두언어를 문자언어로 바꾼다.
- 팬터마임, 수화, 몸짓을 통해 지시 사항을 전달한다.
- 비언어적 검사를 위해 개발된 검사를 사용한다(Test of Nonverbal Intelligence, Comprehensive Test of Nonverbal Intelligence, Naglieri Nonverbal Ability Test, Wechsler Nonverbal Scale of Ability).

실어증 환자의 검사
- 적절한 산출 채널이 존재하는지 분명히 한다.
- 보스턴 실어증 진단 검사와 같은 검사를 통해 실어증의 특징을 확인한다.
- 비언어적 검사를 사용한다.
- 팬터마임이나 몸짓을 통해 지시 사항을 전달한다.

운동장애가 있는 환자의 검사
- 언어적이면서 운동 요소가 없는 과제를 통해 전반적인 인지 능력을 평가한다.
- 빠른 속도를 요구하는 운동 과제를 피한다.
- 시간 제약이 없는 운동 능력을 검사한다.

검사 선택

임상가는 신경심리평가에서 실시할 검사를 선택할 때, 의뢰된 질문, 평가 대상에 대한 검사의 적절성, 검사에 사용할 수 있는 규준 자료 및 검사 배터리의 포괄성에 주의를 기울여야 한다. 의뢰 사유에 따라서 평가자는 가능한 결함에 대한 가설을 세우고, 예상되는 영역에서의 결함을 도출해 내고 측정할 수 있는 검사를 선택한다. 예를 들어, 환자가 중대뇌동맥 뇌졸중을 앓았다는 사실을 아는 것은 후천성 언어 결함의 가능성을 시사한다. 따라서 검사 배터리에는 보스턴 실어증 진단 검사(Boston Diagnostic Aphasia Examination: BDAE-III; Goodglass et al., 2001)와 같이 실어증적 결함에 민감한 도구가 포함되어야 한다. 저산소증에 의한 이차적 손상이 의심되는 경우, 기억기능에 대한 심층 분석에 더 초점이 맞춰질 수 있다. 중요한 문제는 검사가 고려되고 있는 구체적인 응용의 맥락에서 해당 검사가 타당도와 신뢰도를 갖추고 있는지 여부이다. 평가자는 조사가 이뤄지고 있는 기능 영역의 장애에 민감한 검사를 사용해야 하며, 그 특정 검사가 기능 수준의 한 표본으로서 실제 생활에서의 행동에 예측적일지를 잘 알고 있어야 한다.

검사는 또한 특정 환자에게 적합한지에 따라 선택된다. 환자의 나이와 교육 수준을 고려하는 것이 검사 선택에 중요한 부분이며, 경우에 따라서는 언어와 문화적 배경이 검사 선택을 결정할 수 있다. 검사 배터리로 선택된 각 검사에서는 환자의 수행을 비교하는 데 적합한 좋은 규준 자료를 사용할 수 있어야 한다. 충분히 성숙한 15세의 청소년이라고 하더라도 웩슬러 성인용 지능검사(WAIS-IV; Wechsler, 2008a)를 받기에는 연령이 너무 낮다. 해당 검사에는 15세를 위한 규준 자료가 없기 때문이다. 또 다른 예로, 어떤 사람이 노년기까지 영어의 언어적 지식을 획득하지 않았다면 보스턴 이름대기 검사 II(Boston Naming Test; Kaplan et al., 2001)와 같은 검사는 해석 가능한 자료를 제공하지 않을 수 있다. 영어가 모국어가 아닌 환자의 경우, 이들의 수행은 이름대기 능력의 상실이 아니라 특정 대상의 이름에 대한 경험과 노출의 부족을 반영할 수 있다. 다른 언어로 쌓인 지식 기반이 문제가 되지 않는다면 당연히 환자가 선호하는 언어에 맞는 도구를 사용하는 것이 중요하다.

검사는 또한 검사 배터리의 포괄성을 넓힐 수 있는지를 고려하여 선택된다.

일반적으로 신경심리평가에서는 많은 영역을 평가해야 한다. 평가자에게 병전 능력을 평가하는 자료가 필요한데, 거의 모든 경우에는 지능을 측정함으로써 능력들 간의 불일치성을 확인하기 위한 다른 검사들 간의 비교 기준선을 설정해야 한다. 포괄적인 검사 배터리에는 기능이 무너진 처리 과정의 지점을 찾아내고, 해당 결과의 일관성을 확인하기 위해서 상위 및 하위 인지 영역을 아우르는 많은 측정치를 포함한다. 또한 임상가는 신뢰성 있게 결함을 알아내기 위해서 다수의 측정을 통해 동일한 인지 영역을 평가할 수 있는 검사 배터리를 조립해야 한다. 일반적으로 검사 배터리는 환자의 주의력을 구성하는 요소 전반을 탐색하기 위해서 다양한 주의력 측정치를 포함해야 한다. 검사 배터리는 일반적으로 추론, 계획, 구성, 세트 설정 및 유지와 같은 집행기능의 측정과 언어 및 시각적 학습 및 기억의 측정이 포함되어야 한다. 또한 검사 배터리에는 일반적으로 언어 능력과 학업 능력, 시각, 촉각 및 운동 능력을 평가하기 위한 검사가 포함된다. 많은 경우에 검사는 동기 부여, 노력, 정서적 기능 및 기분 문제도 다뤄야 한다. 실시 가능한 검사 개수는 검사가 가능한 시간과 환자의 체력에 따라 결정된다. 오래되어서 유용성이 떨어진 검사를 쓰지 않는 것도 평가자의 의무이다. [빠른 참조 4.5]에는 검사 선택과 관련된 요소가 요약되어 있다.

[중요] 포괄적인 일련의 검사 측정 선택하기
- 각성과 주의
- 집행기능
- 지능/학업
- 학습과 기억
- 언어 능력
- 시공간 능력
- 감각 및 운동 능력
- 정서, 행동, 성격
- 노력과 순응성

빠른 참조 4.5 검사 선택의 고려 사항

의뢰 사유
- 가설 생성
- 사용할 검사에 대해 타당도가 알려져 있음.

적절성

- 연령
- 교육
- 난이도
- 좋은 규준 자료의 가용성
- 최신의 측정 도구

포괄성

- 넓은 범위의 기능 평가
- 하위 및 고위 영역의 평가
- 동일 영역에 대한 다수의 측정
- 고정된 배터리 대 유연한 배터리

어떤 특정한 검사 배터리를 사용할지는 신경심리학자의 선택이며, 종종 평가자의 개인적 선호를 반영한다. 어떤 경우에는 신경심리학자가 HRB처럼 이미 개발되거나 고정된 검사 배터리를 사용한다. 여기에는 아마도 지능 검사와 다른 기억 검사가 추가될 수 있다. 다른 경우에는 신경심리학자가 인지적 강점과 약점에 대한 구체적인 질문에 답하기 위해 설계된 유연한 배터리를 구성한다. 설문 조사에 따르면, 현재 임상신경심리학자는 유연한 배터리를 고정된 배터리보다 훨씬 더 자주 활용한다(Sweet, Nelson, & Moberg, 2006). 사용할 수 있는 검사들은 다양하고 너무 많아서 여기에 모두 나열할 수 없지만, 다양한 기능 영역에 초점을 맞추면서 각각에 대한 몇 가지 도구들을 살펴본다. 신경심리검사의 모음집과 논평, 그리고 검사 규준 및 시행에 대한 정보는 『A Compendium of Neuropsychological Tests-3』(Strauss, Sherman, & Spreen, 2006) 또는 『Neuropsychological Assessment-5)』(Lezak, Howieson, & Loring, 2012)를 참조한다. 임상가는 자신이 사용하는 검사의 업데이트 및 수정 사항을 주기적으로 확인해야 한다.

검사 배터리들

할스테드-라이탄 신경심리검사 배터리

1955년부터 HRB(Reitan & Wolfson, 1993)는 범주 검사, 손가락 진동 검사, 시쇼어 리듬 검사, 음성인식 검사, 촉각수행 검사의 점수들(총시간, 기억, 국재화)로 구성되는 다섯 검사의 일곱 가지 점수를 통해 할스테드 손상지수(impairment index)를 계산해 왔다. 또한 HRB에 통상적으로 포함되지만 손상지수에는 포함되지 않는 검사로는 선로잇기 검사(trail making test), 실어증 선별 검사, 감각지각 검사, 악력 검사가 있다. 손상지수는 뇌의 장애를 나타내는 검사 점수의 비율로서 0점에서 1점 사이의 범위에 있다. 할스테드 손상지수는 손상 범위에 속하는 점수들의 개수를 손상지수의 구성 검사 총 개수(7개)로 나누어 계산한다. 0.5점 이상의 점수를 받은 환자는 '뇌손상 있음'으로 분류된다. 할스테드 손상지수는 뇌의 손상과 일치하는 기능 수준을 확인하기 위해 사용되지만, 기능장애의 유형이나 정도를 나타내지는 않는다.

이러한 한계점을 보완하는 다른 요약지수들은 HRB와 그것의 보충 검사들을 활용할 수 있다. 평균 손상 평정점수(average impairment rating)는 뇌기능장애의 존재를 결정하고 손상의 정도를 정량화하는 데 사용된다. 손상 평정 평균은 12개 검사의 환산된 점수(0~4점; 0점은 평균 이상, 1점은 평균, 2점은 평균에서 1표준편차 아래, 3점은 2표준편차 아래, 4점은 3표준편차 아래)의 평균을 매겨서 지수를 구성한다. 12개 검사는 기존의 할스테드 손상지수에 포함되는 7개 측정치와 함께 선로잇기 검사 B, WAIS 기호쓰기, 실어증 선별 검사, 공간관계 검사, 지각장애 검사로 구성된다. 또 다른 지수는 전반적 신경심리 결함척도(general neuropsychological deficit scale)이다. 여기에서는 HRB 소검사들 중 42개의 검사 변인에 기반하고 있으며, 수행 수준과 패턴, 운동과 감각 수행에서의 편재성, 특정 결함과 질환에 특이적인 징후를 평가함으로써 뇌기능장애의 존재를 나타내는 데 이 척도를 사용한다. 신경심리 결함 척도를 계산하는 세부 사항은 Reitan과 Wolfson(1993)에 수록되어 있다. 성별, 연령, 인종, 교육에 따른 성인의 규준 자료는 Heaton, Miller, Taylor와 Grant(2004)에서도 확인할 수 있다.

범주 검사(category test) 이 검사는 개념 형성과 추상적 추론 능력을 평가하는 복잡한 비언어적 과제이다. 유연한 문제해결 능력과 경험을 통해 배울 수 있는 능력을 검사한다. 원래의 버전은 슬라이드를 사용하지만 출판사[Psychological Assessment Resources(PAR), Western Psychological Services]를 통해 소책자와 단축형 검사도 사용할 수 있다.

손가락 진동 검사(finger oscillation test) 손가락 두드리기 검사(finger tapping test)라고도 하는 이 과제는 양쪽 검지손가락의 소근육 운동 속도를 측정한다. 뇌손상의 편측성을 평가하는 데 도움이 될 수 있다. 손가락 두드리기 판은 Neuropsychology Center(www.neuropsych.com) 및 PAR에서 얻을 수 있다.

시쇼어 리듬 검사 이 검사는 비슷하거나 서로 다른 음악 리듬을 구별하도록 한다. 이 검사는 시쇼어 음악 능력 검사(Seashore, Lewis, & Saetveit, 1960)에서 파생되었으며, 주의기능의 경우처럼 비특이적 기능에 의존한다.

음성인식 검사 이 검사는 4개로 적힌 무의미 단어 중에서 들려준 무의미 단어가 무엇이었는지 맞히도록 한다. 청각지각 검사이며, 주의력 문제에 민감하다.

촉각수행 검사(TPT) 이 과제는 세귄-고다드(Seguin-Goddard) 형판을 이용해서 촉각 지각과 형태 재인, 정신 운동적 문제해결, 공간 위치와 모양에 대한 촉각기억을 측정한다. PAR에서는 휴대용 버전이 개발되어 있다.

선로잇기 검사(Trail Making Test: TMT) 선로잇기 검사는 빠른 속도를 요구하는 검사로서 지속적인 시각 주의, 시각 탐색, 순서화, 인지적 유연성을 측정한다. 두 개의 파트로 나뉘어 있는데, 선로잇기 A는 숫자의 순서화를 요구하며, 선로잇기 B는 글자와 숫자를 번갈아 가며 순서대로 잇도록 한다.

실어증 선별 검사 언어와 비언어적 능력을 측정하는 짧은 검사이다. 검사는 이름대기, 읽기, 철자 맞히기, 쓰기, 몸의 부위 맞히기, 산수 계산하기, 모양 그리기, 좌우 구분하기의 능력을 포함한다.

감각지각 검사(sensory perceptual examination) 이 검사는 환자 몸 양쪽의 촉각, 청각, 시각 자극에 대한 지각 능력을 평가한다.

악력 검사 이는 악력기를 통해 양손 각각의 힘을 측정한다.

카플란 베이크레스트 신경인지평가

카플란 베이크레스트 신경인지평가(Kaplan Baycrest Neurocognitive Assessment: KBNA; Leach, Kaplan, Rewilak, Richards, & Proulx, 2000)는 20~90세의 인지기능을 평가하기 위해 설계되었다. 이 도구는 인지기능의 개관, 진단, 치료와 계획, 모니터링을 목적으로 한다. KBNA는 주의와 집중, 즉각 및 지연 기억 회상과 재인, 언어 유창성, 공간 처리, 추론과 개념의 전환을 평가한다. 지수 점수(표준점수)와 과정 점수(백분율 범주)를 활용할 수 있다. 시행 시간은 대략 60분이다.

루리아-네브라스카 신경심리검사 배터리

루리아-네브라스카 신경심리검사 배터리(Luria-Nebraska Neuropsychological Test Battery: LNNB; Golden, Purisch, & Hammeke, 1985)는 신경심리 기능을 측정하기 위해 고안된 종합적 검사 배터리이다. LNNB는 대뇌기능 장애의 전반적인 측정치를 제공하며, 편재화와 국소 뇌손상으로 인한 국재화의 측정도 가능하다. 배터리의 유형 1에는 269개 문항(유형 2는 279개 문항)이 있으며, 여기서 운동기능, 리듬, 촉각기능, 시각기능, 수용성 언어, 표현성 언어, 쓰기, 읽기, 산수, 기억, 그리고 지적 처리 과정을 포함하는 11개의 임상 척도를 도출할 수 있다. 유형 2에는 추가적인 임상 척도로 중간기억이 있다. 임상척도로부터 다섯 가지로 요약되는 질병의 특이성, 좌반구, 우반구, 프로파일 상승, 그리고 손상 척도를 도출할 수 있다. 또한 배터리가 처음 출판되었을 때 양반구와 전두엽, 감각운동, 두정엽-후두엽, 그리고 측두엽에 해당하는 8개의 국재성 척도가 개발되었다. LNNB는 1.5~2.5시간이 소요되며, 단일 회기 또는 여러 차례의 짧은 회기로 시행될 수 있다. LNNB는 15세 이상의 환자를 위해 설계되었으나, 13세와 14세에도 사용될 수 있다. 아동용 LNNB는 8~12세 대상의 아동들을 위해 개발되었다. 채점과 해석은 복잡하지만 컴퓨터 프로그램의 도움을 받을 수 있다. LNNB와 아동용 LNNB, 채점 프로그램은 Western Psychological Services에서 이용할 수 있다. 배터리의 특성과 신경심리학적 연구 결과, 비판적 고려 사항들은 Lezak 등(2012)에서 확인할 수 있다.

NEPSY-II

NEPSY 검사 배터리(Korkman, Kirk, & Kemp, 2007)는 지능 검사의 보충을 받아 3~6세 아동의 신경심리적 상태를 포괄적으로 평가할 수 있다. NEPSY-II는 이론적으로 도출된 여섯 가지 내용 영역으로 기능을 평가한다. 여섯 가지 영역에는 주의, 집행기능, 언어, 감각운동, 시공간 처리, 기억과 학습, 사회적 지각이 있다. 각 영역 내의 각자의 소검사는 일차적 점수(환산 점수 또는 백분율)를 도출한다. 또한 다양한 처리 과정 점수도 일부 능력과 오류율을 환산 점수와 백분율, 누적 백분율로 나타내고 있다. 비교 점수도 환산 점수로 나타내면서 높은 인지기능과 낮은 인지기능을 통계적으로 비교할 수 있다. 이 배터리의 일반적인 평가는 미취학 아동은 25분, 학령기 아동은 60분이 소요된다. 평가를 전체 시행하는 것은 어린 아동의 경우 1.5시간, 나이가 있는 아동은 2~3시간이 소요된다.

주의와 집행기능 영역 내에서의 측정치는 선택주의 · 지속주의 · 주의산만성, 억제 · 과제 실행 · 인지적 유연성 · 계획, 작업기억, 분산주의를 평가한다. 언어 소검사는 음운처리, 언어 유창성, 이해력, 이름대기, 반복, 조음 운동 통제와 발음을 측정한다. 감각운동 영역에서의 측정치에는 소근육 운동 속도, 시각운동의 정확성, 촉각 능력, 운동의 순서화, 운동 자세 및 순서화 모방을 평가한다. 시각 및 시공간 처리 소검사에서는 도형 그림 복사하기, 블록 구성하기, 위치와 방향성의 판단 능력을 평가한다. 기억 및 학습 영역에서의 측정치는 문장의 즉각적 기억, 이름, 얼굴, 목록, 도형에 대한 즉각 및 지연된 기억, 서사적 이야기에 대한 기억과 단어 목록의 간섭을 평가한다. 사회적 지각 영역에서는 얼굴의 기억, 사람의 얼굴에서 나타내는 정서 상태를 재인하고 식별하는 능력, 타인이 자신과 다른 생각과 지각을 가질 수 있음을 이해하는 능력의 측정치를 포함한다. NEPSY-II는 Pearson사에서 구할 수 있다. [빠른 참조 4.6]에는 NEPSY-II의 검사들이 정리되어 있다.

빠른 참조 4.6 NEPSY-II

검사들

청각 주의 & 반응 세트	동물 분류하기	시계
도형 유창성	억제	동상
몸의 부위 명칭 말하기 및 식별하기	음소 처리	빠르게 이름 말하기
지시 이해	연쇄적 조음 운동	단어 생성하기
무의미 단어 따라 말하기	시각 운동 정확성	손끝 두드리기
손의 위치 모방하기	연쇄적 손동작	화살표
	사진 퍼즐	
길찾기	도형 퍼즐	도형 복사
블록 구성하기		문장 반복하기
	도형 기억/지연	
목록 기억/지연	이름 기억/지연	

얼굴 기억/지연	단어 목록 간섭
	마음 이론
서사 이야기 기억	
정서 재인	
영역 요약 점수	**연령대**
주의 및 집행기능	아동과 청소년 (3~16세)
언어	
시공간 처리	
감각운동	
사회 지각	
기억 및 학습	

신경심리평가 배터리

신경심리평가 배터리(Neuropsychological Assessment Battery: NAB; Stern & White, 2003)는 일련의 종합적인 성인 인지기능을 평가하기 위해 설계되었다. 선별을 위한 모듈(12개 검사)과 다섯 개의 핵심 모듈(주의, 언어, 공간, 기억, 집행기능)이 있다. 모듈들은 고정된 방식이나 유연한 방식의 배터리로 조합되거나, 33개의 개별 검사들은 단독으로 시행될 수도 있다. 두 개의 동일한 형태의 세트가 있다. 전체 배터리는 4시간이 소요된다. 검사는 18~97세 성인에게 실시할 수 있다.

동형 · 반복형 신경심리평가 배터리

동형 · 반복형 신경심리평가 배터리(Repeatable Battery for the Assessment of Neuropsychological Status: RBANS)는 퇴행성 질병, 혈관 질환, 외상성 뇌손상

과 같은 신경학적 장애가 있는 20~90세의 성인을 대상으로 인지기능의 손쉬운 측정을 위해 개발되었다(Randolph, 1998). RBANS는 12개의 소검사를 포함하며, 각 소검사로는 목록 학습, 이야기 기억, 도형 복사, 선 지각, 그림 이름대기, 의미 유창성, 숫자폭, 기호쓰기, 목록 회상, 목록 재인, 이야기 기억 회상, 도형 회상이 있다. 소검사 요인은 다섯 영역으로 나뉘며, 즉각기억, 시공간/구성, 언어, 주의, 지연기억이 있다. 유사하게 상응하는 여러 형태의 버전이 있어서 질환의 진행과 회복을 추적하기 위한 재시행이 가능하다. 시행 시간은 약 30분이다.

병전 평가

흔히 환자들은 부상 또는 능력의 감퇴가 발생한 이후에 평가에 의뢰되며, 대부분의 경우에는 감퇴나 변화의 정도를 구체적으로 확인할 수 있는 손상 이전의 검사 점수가 없다. 따라서 병전기능은 교육 및 직업적 성취와 같은 인구학적 변인, 그리고 부상에 의한 감퇴에 저항적이면서도 인지 능력에 예측적인 검사 수행에 기반해서 추정되어야 한다. 일반적 정보 보유량을 나타내는 어휘력 검사와 단어 읽기 능력은 지능과 높은 상관관계를 보이며, 병전 정신 능력을 추정하는 최선의 검사 수단이 될 때가 많다. 여기서는 병전 인지 능력을 추정하는 데 사용할 수 있는 몇 가지 측정치들을 소개한다. [빠른 참조 4.7]에 검사의 목록과 해당되는 연령 범위, 출판사가 정리되어 있다.

빠른 참조 4.7 병전 평가를 위한 검사들

검사		연령	출처
미국 성인 읽기 검사	American National Adult Reading Test	16~70세	Strauss et al. (2006)
	Shipley–2	14세 이상	WPS
언어처리 검사 속도와 역량	Speed and Capacity of Language Processing Test	16~65세	Pearson
성인 읽기 웩슬러 검사	Wechsler Test of Adult Reading	16~89세	Pearson
광범위 학업성취 검사–단어 읽기	Wide Range Achievement Test –4 Word Reading	5~94세	PAR

미국 성인 읽기 검사–2

미국 성인 읽기 검사–2(National Adult Reading Test-2: NART-2)는 16~70세 성인의 병전 지적 능력을 추정하기 위해 고안되었다. NART-2는 환자들에게 50개의 불규칙적으로 발음되는 단어를 소리 내어 읽도록 한다. NART-2는 영국에서 1982년에 처음 출판되었으며, 이후에 미국과 캐나다에서 북미 성인 읽기 검사(AMNART)로 수정되었다(Grober & Sliwinski, 1991; 역주: 한국에서는 한국 성인 읽기 검사(KART) 참조; 이동영, 이다현, 전종호, 2022). 읽기 검사는 Strauss 등(2006)에서 제공하는 정보로 만들 수 있다.

Shipley–2

Shipley–2(Shipley, 2008)는 두 개의 소검사로 구성되며, 다중선택 어휘력 검사와 논리적 순서화를 활용하는 추상화 측정 검사가 있다. 어휘력은 뇌손상으로 인한 감퇴에 상당히 저항적이기 때문에 어휘력 검사는 병전 능력의 측정치로 활용될 수 있으며, 어휘력과 추상적 사고력 간의 간극은 인지 손상의 측정치가 될 수 있다. 규준은 7~89세 사이에서 가용하다.

언어처리 검사 속도와 역량

언어처리 검사 속도와 역량(Speed and Capacity of Language Processing Test: SCOLP; Baddeley, Emslie, & Nimmo-Smith, 1992)은 언어처리의 결함을 탐지하고 언어처리의 속도를 측정한다. 손상으로 인해 오랜 기간 느려져 있는 처리속도를 구별하기 위해 고안되었다. SCOLP에는 두 가지 검사가 있는데, 이해 속도 검사와 단어 찾아내기 어휘력 검사가 그것이다. 이해 속도와 어휘력 간의 간극은 새롭게 발생한 인지 손상이 실제로 있을 만한 개연성의 정도를 평가하는 데 활용한다. 규준은 16~65세 사용에서 가용하다.

성인 읽기 웩슬러 검사

성인 읽기 웩슬러 검사(Wechsler Test of Adult Reading: WTAR)는 Psychological Corporation(현재는 Pearson사)사에서 2001년에 출판했으며(Wechsler, 2001b), 16~89세의 지적 기능의 병전 수준을 추정하기 위해 고안되었다. 불규칙적인 단어만을 사용하거나, 교육 연한과 조합한 방식으로 추정한다. 환자는 불규칙적으로 발음되는 50개의 단어를 소리 내어 읽어야 한다. 검사는 WAIS-III, WMS-III과 같은 규준을 적용할 수 있다.

광범위 학업성취 검사-단어 읽기-4

광범위 학업성취 검사-단어 읽기-4(Wide Range Achievement Test-Word Reading-4: WRAT-4; Wilkinson & Robertson, 2006)는 단어 읽기 능력의 선별용 도구이며, 5~94세 개인의 성취도를 측정하기 위해 고안되었다. 환자가 일련의 단어들을 소리 내어 읽도록 하며, 점점 더 빈도가 낮고 어려운 단어가 나온다. 언어적 결함이 없는 환자들에게서 단어 읽기 소검사는 병전 인지 능력에 대한 정보를 제공한다.

지능

지능 및 인지 능력 전반을 측정하는 것은 몇 가지 이유에서 신경심리검사 배터리에서 중요한 부분을 차지한다. IQ 검사의 결과는 다른 측정 결과와 비교되는 기저선을 설정한다. 대개 환자들의 수행은 신경심리검사 배터리에 포함된 다양한 일련의 검사들이 측정된 IQ 범위의 근처에 걸쳐 있을 것으로 기대된다. 이 범위에서 크게 벗어나는 것은 인지 손상을 시사하며, 특히 손상의 패턴이 나타날 때는 더욱 그렇다. 또한 일반적인 지능 검사는 다차원적인 도구로서, 이를 통해 환자들이 넓고 다양한 과제를 어떻게 수행하는지 관찰할 수 있다. 다양한 소검사에서 보이는 환자의 수행은 평가 도중에 향후 검사 시행 방식에 대한 지침을 제공하며, 손상의 패턴을 명확하게 한다.

선별용 지능 검사

어떤 상황에서는 시간의 제약, 실용성, 환자가 최근 전체 지능 검사를 받은 적이 있다는 점과 같은 이유 때문에 환자의 IQ를 추정하는 짧은 측정 도구를 활용하는 것이 좋을 수 있다. 어떤 도구들은 언어 및 비언어적 지능 모두에 대한 측정 도구를 제공하는 반면, 다른 것들은 하나의 능력이나 또 다른 능력에만 초점을 맞춘다.

비언어 지능 검사-II

비언어 지능 검사-II(Comprehensive Test of Nonverbal Intelligence: CTONI-II; Hammill et al., 2009)는 그림 유추, 그림 범주, 그림 순서, 기하학적 유추, 기하학적 범주 및 기하학적 순서의 6개 하위 소검사로 구성된 비언어적 추론 검사이다. 하위 소검사에는 유비추론, 범주 분류 및 순차적 추론을 측정하도록 설계되었다. 이러한 하위 소검사에서 CTONI-2는 비언어적 지능지수, 그림 관련 비언어적 지능지수, 기하학적인 비언어적 지능지수라는 세 가지 종합 점수를 제공한다. 검사에 대한 응답은 손으로 지목하는 방식으로 이뤄진다. 이 검사는 6~89세까지의 개인에게 적합하다.

카우프만 단축형 지능 검사-II

카우프만 단축형 지능 검사-II(Kaufman Brief Intelligence Test, Second Edition: KBIT-II; Kaufman & Kaufman, 2004b)는 두 가지 척도, 즉 언어성(결정화된 능력) 척도와 비언어성(유동적 추론) 척도가 있다. 언어성 척도는 언어적 지식과 수수께끼 검사라는 두 가지 소검사로 구성된다. 두 검사는 단어 지식, 일반적인 정보의 습득 범위, 언어적 개념 형성, 추론 능력을 측정하며, 표현성 및 수용성의 언어 능력을 요구한다. 비언어적 척도는 행렬 소검사만을 포함한다. 행렬 소검사는 새로운 문제를 해결하는 능력을 측정하며, 그림 간 관계성의 지각과 시각적 유추를 완성시키는 과정을 요구한다. 문항은 그림판으로 제시되며, 4~90세에 이르는 연령대에서 실시할 수 있다.

비언어적 지능 검사-3

비언어적 지능 검사-3(Test of Nonverbal Intelligence-3: TONI-3; Brown et al., 1997)은 행렬추론 과제에 기반한 짧은 비언어적 지능 검사이다. 과제는 추상적 추론과 비언어적 문제해결력을 측정한다. 언어를 요구하지 않는 과제로서 영어 사용에 어려움이 있는 사람들에게 유용하다. 6~89세 연령에 사용 가능하다.

레이븐누진행렬

레이븐누진행렬(Raven's Progressive Matrices)은 비언어적 능력을 평가하기 위해 고안된 일련의 세 가지 행렬 세트이다. 가장 쉬운 수준은 색채누진행렬

(Raven, 1947/1995)로, 어린 아동(5~11세), 정신장애가 있는 청소년 및 노인에게 적합하다. 중간 난이도 수준은 표준누진행렬(Raven, 1938/1996)로, 일반 인구(6~16세 및 17세 이상)에 적합하다. 가장 어려운 난이도 수준은 인구의 상위 20%(12~16세 및 17세 이상)를 대상으로 하는 고급누진행렬(Raven, 1965/1994; Raven, Raven, & Court, 1998)이다.

웩슬러 단축형 지능 검사

웩슬러 단축형 지능 검사(Wechsler Abbreviated Scale of Intelligence: WASI; Wechsler, 1999)는 전반적 인지기능에 대한 안정적이고 짧은 측정치로서 고안되었다. 어휘, 공통성, 토막짜기, 행렬추론의 네 가지 소검사로 구성된 버전이 있으며, 이들은 언어성 지능과 동작성 지능, 전체 지능지수로 계산된다. 두 개의 소검사로만 구성된 버전에서는 어휘와 행렬추론을 포함하며, 전체 지능지수를 계산할 수 있다. 검사는 6~89세 사이에 실시할 수 있으며, 전국 2,245명에 기반하여 표준화되었다.

광범위 지능 검사

광범위 지능 검사(Wide Range Intelligence Test: WRIT; Glutting, Adams, & Sheslow, 1999)는 언어성 및 비언어성 능력을 4개의 소검사로 평가하며, 어휘, 언어 유추, 다이아몬드, 행렬 검사가 있다. 소검사는 언어성 지능과 시각적 지능, 전반적 전체 지능으로 조합된다. 검사는 4~85세 사이에 실시할 수 있으며, 전국 2,285명에 기반하여 표준화되었다.

지능 검사

카우프만 청소년 및 성인용 지능 검사

카우프만 청소년 및 성인용 지능 검사(Kaufman Adolescent and Adult

Intelligence Test: KAIT; Kaufman & Kaufman, 1993)는 11~85세 사람들을 위해 고안된 다중 요소 지능 검사이다. 6개의 하위 소검사로 구성된 핵심 배터리에서 유동성 지능(fluid IQ), 결정성 지능(crystallized IQ), 조합지표 지능(composite IQ)으로 구성된 세 가지 점수를 도출한다. 결정성 지능 척도는 지식을 통한 문제해결력을 측정하며, 청각적 이해, 이중 의미, 정의 내리기가 포함된다. 유동성 지능은 새로운 문제해결력을 측정하는 세 가지 소검사(Rebus 학습, 암호 풀기, 논리적 단계)가 있다. 핵심 배터리는 네 가지 추가 소검사를 통해서 즉각 및 지연 기억과 비교할 수 있다.

카우프만 아동용 지능 검사–II

카우프만 아동용 지능 검사–II(Kaufman Assessment Battery for Children, Second Edition: KABC-II; Kaufman & Kaufman, 2004a)는 인지 능력과 처리 기술을 개별적으로 측정하는 도구이며 두 가지 이론, 즉 카텔–혼–캐럴(Cattell-Horn Carroll: CHC) 모형과 루리아 신경심리 모형에 기반을 둔다. 문화적으로 공정하도록 고안하였으며, 루리아 모형을 적용하여 비언어성 검사 선택지도 제공하고 있다. 네 가지 척도가 있는데, 동시 처리/시각 처리, 순차적 처리/단기 기억, 계획 능력/유동추론, 학습 능력/장기 저장 척도가 그것이다. 다섯 번째 척도인 지식/결정성 지능은 선택할 수 있다. 각 모형은 두 가지 전반적 점수를 연령–기반 표준화 점수로 제공한다. 루리아 모형에 따른 핵심 배터리는 25~55분이 소요되며, CHC 모형에 따른 핵심 배터리는 35~70분이 소요된다. KABC-II는 3~18세 아동과 청소년에게 시행할 수 있다.

스탠포드-비네 지능 검사–V

스탠포드-비네 지능 검사–V(Stanford-Binet Intelligence Scales-V; Roid, 2003)는 CHC 요인 분석 체계에 따라 정리된 다섯 가지 인지 영역(유동추론, 지식, 정량적 추론, 시각–공간 처리, 작업기억)을 측정하는 10가지 과제로 구성된다. 각 요인 내에는 언어성 영역과 비언어성 영역이 있다. 유동추론 영역에는 사물 배열/행렬, 초기 추론, 언어적 부조리 및 언어적 유추에 대한 검사가 포함된다. 지식 영역에는 절차 지식과 그림 부조리, 어휘 검사가 있다. 양적 추론에는 수량적 지식, 수리추론 능력, 단어 문제가 포함된다. 시각-공간 처리에는 패턴 분석, 종이 접기 및 자르기, 방향 이해하기, 공간 정보와 관련된 단어 문제가 있다. 다섯 번째 요인인 작업기억에는 사물기억, 시각폭, 문장기억, '마지막 단어' 기억이 있다. 요약 점수는 소검사들의 환산 점수, 그리고 소검사 점수들이 조합된 요인지수, 두 개의 영역 척도(비언어 지능, 언어 지능)로 구성된다. 단축형 IQ는 사물 배열/행렬과 어휘 검사를 통해 활용할 수 있다. 스탠포드-비네 지능 검사 5판은 2~85세 사이의 4,800명을 규준 자료로 표준화되었다. 각 소검사당 약 5분이 소요된다.

웩슬러 검사들

미국에서 가장 보편적으로 사용되는 지능 검사는 David Wechsler로부터 개발되었다. 성인 대상(16~90세)은 WAIS-IV(Wechsler, 2008a), 아동 대상(6세~16세 11개월)은 WISC-IV(Wechsler, 2003)가 있다. 아동의 경우에 2세 6개월~7세 3개월에 이르는 연령에서는 WPPSI-III(Wechsler, 2002)를 사용할 수 있다(역주: WISC-V, 2014; WPPSI-IV, 2012의 최신 버전이 있음).

WAIS-IV 및 WISC-IV에서는 전체 지능지수 및 연령-환산된 소검사 점수를 제공한다. WAIS-IV의 경우, 언어이해지수(Verbal Comprehension Index: VCI)는 상식, 어휘, 공통성으로 구성된 하위 소검사에 대한 연령환산 점수로 구성된다. WISC-IV에서 VCI는 어휘, 공통성, 이해로 구성된 하위 소검사에 대한 연령환산 점수로 구성된다. WAIS-IV에서 작업기억지수(Working Memory Index: WMI)는 산수, 숫자폭 하위 소검사의 연령환산 점수로 구성되며, WISC-IV에서 WMI는 숫자폭, 문자-숫자 순서화 하위 소검사의 연령환산 점수로 구성된다. 지각추론지수(Perceptual Reasoning Index: PRI)는 토막짜기, 행렬추론,

시각 퍼즐(WAIS-IV) 또는 공통그림 찾기(WISC-IV)의 하위 소검사에 대한 연령환산 점수로 구성된다. 처리속도지수(Processing Speed Index: PSI)는 기호쓰기, 동형찾기의 하위 소검사에 대한 연령환산 점수로 구성된다. WAIS-IV 및 WISC-IV의 핵심 하위 소검사의 시행 시간은 이전 검사보다 짧다.

WISC-IV 통합판

웩슬러 아동용 지능 검사-IV 통합판(WISC-IV Integrated; Wechsler et al., 2004)은 WISC-IV와 수정된 WISC-III을 합친 것이다. 이 검사는 아동의 지능과 인지 과정을 평가하기 위해 전통적 접근과 처리 과정-기반의 접근을 조합하는 종합적인 접근으로 설계되었다. WISC-IV 통합판은 WISC-IV와 그것의 핵심 지표지수, 그리고 임상가가 한계를 검증하고 아동이 문제를 해결하는 과정을 탐색하기 위한 16개의 선택 소검사들로 구성되어 있다. WISC-IV 통합판의 언어성 영역에서는 공통성, 어휘, 이해, 상식, 그림단어 검사에서 다중 선택지에 기반한 추가적인 처리 과정 소검사들을 제공한다. 언어성 영역에 속하는 다른 처리 과정으로는 시각 숫자폭, 공간폭, 글자폭, 글자-숫자 순서화 과정 접근, 산수 과정 접근, 토막짜기 과정 접근, 엘리손(Elithorn) 미로, 기호쓰기 회상, 기호쓰기 복사 소검사들이 있다. 아동의 인지적 강점과 약점의 기반을 확인하고 도움을 제공하기 위해서 WISC-IV 통합판은 스물다섯 가지의 추가적인 과정 점수를 제공한다. WISC-IV 통합판에 활용할 수 있는 규준 자료는 6~16세에 걸친 700명 이상의 층화 표본 아동과 학습장애, 전반적 발달장애, 외상성 뇌손상이 있는 다양한 특수 집단을 포함한다.

주의

주의력 평가는 주의 개념의 구조망을 이루는 다양한 측면을 평가하는 것을 말한다. 주의 개념의 구조망이 아우르는 개념은 다양한데, 정보를 받아들이는 폭, 주의를 집중하고 분할하고 지속시킬 수 있는 능력, 심적 조작, 간섭이나 산만하게 하는 방해 자극에 대한 저항 등과 관련이 있다. 그러나 과제가 어느 하나의 범주에 더 들어맞는 경우가 있다고 하더라도, 이러한 여러 측면 중 한 가지만을 측정할 수 있는 주의 과제는 사실상 없다. 또한 주의력이 양호하다는 것은 다른 인지 능력이 온전히 기능하도록 하는 기본 구성 요소이기 때문에 한 사람이 어떻게 주의를 잘 할당하고 유지하는지를 측정하는 것은 필수적이다. 주의 관련 문제의 본질을 분명히 하기 위해서 주의력의 다양한 검사를 시행할 필요가 있다.

간단 주의 검사

간단 주의 검사(Brief Test of Attention: BTA; Schretlen, 1997)는 17~84세 대상으로 분할된 청각 주의를 측정하는 검사이다. 일련의 숫자와 글자들을 녹음하여 들려준다. 검사의 전반부에서는 수검자가 글자는 무시하면서 숫자의 개수를 세도록 한다. 검사의 후반부에서는 숫자를 무시하고 글자의 개수를 세도록 한다. 시행 시간은 10분 이하이다.

색선로 검사

색선로 검사(Color Trails Test: CTT; D'Elia, Satz, Uchiyama, & White, 1996)는 처리의 속도와 함께 순서화, 심리적 유연성, 시각 탐색 능력을 측정하기 위해 설계되었다. 선로잇기 검사(trail making test)와 유사하지만, 언어와 문화적 편향의 영향을 최소화하기 위해서 글자 대신에 색깔을 사용하였다. 18세 이상의 성인에게 개별적으로 사용되며, 3~8분가량 소요된다. 8~16세의 경우에는 아동용 색선로 검사(Children's CTT)도 활용할 수 있다(Llorente, Williams, Satz, & D'Elia, 2003). 아동용 색선로 검사는 5~7분가량 소요된다.

종합 선로잇기 검사

종합 선로잇기 검사(Comprehensive Trail-Making Test: CTMT; Reynolds, 2002)는 주의집중력, 산만한 방해로부터의 저항, 과제 세트-전환 능력을 요구하는 다섯 가지의 시각 탐색과 순서화 과제를 포함한다. 다른 선로잇기 과제들과 마찬가지로, 환자는 가능한 한 빠르게 일련의 자극을 지시된 순서에 따라 연결해야 한다. 다섯 선로 각각에 대해 T-점수가 도출되며, 다섯 선로 과제의 T-점수를 합친 조합 점수도 활용할 수 있다. 8~74세에 이르는 대상에게 시행할 수 있으며, 시행 시간은 5~12분이다.

전산화된 정보처리 검사

전산화된 정보처리 검사(Computerized Test of Information Processing: CTIP; Tombaugh & Rees, 2008)는 정보처리의 속도를 측정하기 위하여 점진적으로 난이도를 높여 가는 세 가지로 전산화된 반응 속도 검사이다. 정보가 처리되는 속도를 측정할 뿐만 아니라, 외상성 뇌손상에서 다소 저하된 양상의 노력 수준을 탐지하는 데 보조적으로 활용할 수 있다. 이 검사는 15~74세 대상에 적합하며, 시행 시간은 15분이다.

코너스 연속수행 검사-II

코너스 연속수행 검사-II(Conners' Continuous Performance Test-Second Edition: CPT-II; Conners, 2004)는 6세 이상의 아동 및 성인의 각성장애와 충동적인 반응 양식으로 나타나는 시각적 주의 문제를 확인하기 위해서 사용된다. 검사는 컴퓨터로 제시되며, 누락(omission)과 오반응(commission)의 오류 개수, 지각 민감도, 반응 속도와 같은 측정치 정보를 제공한다. 시행 시간은 14분이다.

숫자폭 검사

숫자폭(Digit Span) 검사는 WAIS-IV와 WISC-IV의 작업기억 소검사 중 하나이다. 숫자바로따라하기(Digit Span Forward: DSF)는 주어진 숫자들의 순서대로 따라서 말하도록 한다. 이 검사는 기본적인 주의력 또는 이해의 너비에 대한 측정치이다. 숫자거꾸로따라하기(Digit Span Backward: DSB)는 제시된 숫자들의 반대 순서로 회상하도록 한다. 이 검사는 심적 조작 및 통제를 측정하며, 작업기억을 요구한다. 또한 WAIS-IV에는 순서화 검사(sequencing)가 있는데, 이는 제시된 숫자를 가장 낮은 숫자에서 높은 숫자로 순차적인 순서로 반복해야 한다. 숫자거꾸로따라하기(DSB)와 마찬가지로 이는 심적 조작 및 통제 능력을 측정하며 작업기억을 요구한다.

숫자경계 검사

숫자경계 검사(Digit Vigilance Test: DVT; Lewis, 1995)는 지속주의력을 측정하며 시각 주사(scanning) 및 정신 운동 속도를 요구하는 시각 지우기(cancellation) 과제이다. 누락 오류와 완료하기까지 걸리는 시간의 측정치를 활용할 수 있다. 20~85세 사이의 규준을 활용할 수 있다(Heaton, Miller, Taylor, & Grant, 2004). 시행 시간은 10분이다.

청각순차합산 검사

청각순차합산 검사(Paced Auditory Serial Addition Test: PASAT; Gronwall, 1977; Gronwall & Sampson, 1974)는 지속 및 분할 주의력, 정보처리의 속도를 측정하도록 설계되었다. 과제는 달라지는 시간 간격으로 연이어 제시되는 숫자에서 두 숫자의 쌍을 연속해서 더하도록 한다. PASAT에는 아동용을 포함한 여러 버전이 있다. 순서에 대한 정보는 Strauss 등(2006)에 요약되어 있다.

러프 선택주의 검사

러프 선택주의 검사(Ruff 2 & 7 Selective Attention Test; Ruff & Allen, 1996)는 16~70세 대상에서 시각 탐색과 지우기(cancellation)를 측정하는 데 사용한다.

목표자극(2와 7)은 알파벳 글자 또는 다른 숫자들 사이에 파묻혀 있다. 검사는 속도와 정확도로 측정한다. 시행 시간은 5분이다.

기호숫자양식 검사

기호숫자양식 검사(Symbol Digit Modalities Test: SDMT; Smith, 1991)는 속도를 요구하는 기호 치환하기 과제이며, 시각 주사 및 시각 추적을 요구한다. 참조표를 확인하면서 환자는 90초 동안에 특정 숫자를 특정한 기하학적 도형과 짝을 지어야 한다. 반응은 쓰기 또는 말하기를 통해 받아서 두 가지 반응을 비교할 수 있다. 과제는 8~91세 연령을 대상으로 활용할 수 있고, 시행 시간은 5분 이내이다.

일상생활주의 검사

일상생활주의 검사(Test of Everyday Attention: TEA; Robertson, Ward, Ridgeway, & Nimmo-Smith, 1994)는 18~80세 성인의 주의를 측정하기 위해 설계되었다. 검사는 일상적인 과제를 대표하는 8개의 소검사로 구성되며, 세 가지 유사 양식이 있다. 이 검사는 주의기능의 세 가지 측면을 평가한다. 선택주의, 지속주의, 주의 전환이 그것이다. 시행 시간은 45~60분이 소요된다. 아동용 TEA는 6~16세 대상으로 실시할 수 있다. 아동용 검사는 9개의 소검사와 두 가지 유사 양식이 있다. 여기서는 선택주의, 지속주의, 분할주의, 한 과제에서 다른 과제로의 주의 전환 능력, 반응의 억제 능력을 측정한다. 시행 시간은 55~60분이다.

주의력변수 검사

주의력변수 검사(Test of Variables of Attention: T.O.V.A.; Greenberg, 2007; Leark, Greenberg, Kindschi, Dupuy, & Hughes, 2007)는 아동과 성인(4~80세 이상)의 ADHD와 같은 주의장애를 선별하고, 진단하고, 치료 예후를 추적하는

데 활용하기 위하여 설계된 전산화된 주의 검사이다. 검사는 언어와 문화에 영향을 받지 않는다. 소요 시간은 21.6분이다. 새로운 버전에서는 증상타당도 지수(Symptom Validity Index)가 있어서 증상의 과장이 있는 경우를 알아낼 수 있다(2009년 1월 17일 S. Hughes의 e-mail 서신에서).

선로잇기 검사

선로잇기 검사(Trail Making Test: TMT)는 지속적 시각 주의, 시각 주사, 순서화, 인지적 유연성을 측정하며 빠른 수행을 요구하는 검사이다. 이는 HRB의 한 부분이었으나, 흔히 HRB와 별개로도 사용된다. 두 가지 파트가 있는데, 선로잇기 검사 A는 숫자의 순차적 연결을 요구하며, 선로잇기 검사 B는 글자와 숫자를 번갈아 가며 순차적 연결을 해야 한다. 성인용 버전은 15~89세를 대상으로 실시할 수 있고, 아동용은 9~14세를 대상으로 실시할 수 있다. 8~85세의 연령에 대한 규준이 있다(Strauss et al., 2006). 시행 시간은 10분 미만이다(www.neuropsych.com).

버질 연속수행 검사

버질 검사(Vigil, 1996)는 6~90세의 아동과 성인의 지속주의와 경계성(vigilance)을 측정하는 데 사용된다. 컴퓨터에서 시행되며, 언어적 표적과 비언어적 표적이 제시되는 과제 둘 다 있다. 각 과제는 8분 소요된다.

집행기능

이 범주에서는 과제 세트의 설정, 유지 및 전환, 계획 및 조직화, 판단, 추론과 추상화, 자기조절과 같은 많은 고위 인지기능을 아우른다. 환자가 보유한 집행기능 영역에서의 능력과 장애를 포착하기 위해서 검사들은 이들의 다양한 과정을 포괄할 수 있어야 한다.

집행기능장애 행동평가

집행기능장애 행동평가(Behavioural Assessment of the Dysexecutive Syndrome: BADS; Wilson et al., 1996)는 일상적인 상황에서의 계획 능력, 조직화, 문제해결, 주의력에서의 결함에 민감한 배터리이다. 배터리는 여섯 개의 검사(시간적 판단, 규칙 전환 카드, 행동 프로그램, 열쇠 찾기, 동물원 지도, 수정된 6요소)와 정서 또는 성격, 동기, 행동, 인지와 관련된 변화를 포착하는 20문항의 집행기능 문제 질문지(Dysexecutive Questionnaire)로 구성되어 있다. BADS는 16~87세의 연령 규준이 있다. BADS의 수정 버전인 아동용 BADS(Emslie et al., 2003)는 8~16세를 대상으로 사용할 수 있다.

범주 검사

범주 검사(category test)는 HRB의 일부로서 개념 형성과 추상적 추론을 평가하는 복합적인 비언어적 과제이다. 검사는 유연한 문제해결과 경험으로부터의 학습 능력을 요구한다. 본래의 버전에서는 슬라이드를 사용하지만, 책자형 범주 검사(Booklet Category Test: BCT; DeFilippis & McCampbell, 1997)는 청소년과 15세 이상의 성인에게 활용할 수 있다. 또한 단축형 범주 검사(Wetzel & Boll, 1987)는 20세 이상 성인을 대상으로 사용할 수 있다. 아동용 범주 검사(Boll, 1993)는 5~16세에서 사용할 수 있다.

통제단어연상 검사

통제단어연상 검사(Controlled Oral Word Association Test: COWAT)는 언어적 유창성, 즉 특정한 종류에 속하는 단어들을 최대로 산출할 수 있는 능력을 측정하는 데 사용된다. FAS 검사에서 환자는 F, A, S의 글자로 시작하는 단어를 1분 동안 최대한 생성해야 한다. Strauss 등(2006)에서는 7~95세의 규준 자료를 활용할 수 있으며, Heaton 등(2004)에서는 20~85세의 규준이 있다. Strauss 등(2006)에서는 C, L, F로 시작하는 단어를 말하는 검사와 서스튼 단어 유창성 검사에서의 규준 자료가 공개되어 있다. 범주 검사는 이와 유사한 검사로서 동물, 과일, 채소와 같이 특정 범주에 속하는 단어들을 최대한 많이 생성하도록 요구한다. 범주 검사의 규준은 Strauss 등(2006)에서 확인할 수 있다.

델리스-카플란 집행기능 검사

델리스-카플란 집행기능 검사(Delis-Kaplan Executive Function System: D-KEFS; Delis, Kaplan, & Kramer, 2001)는 문제해결, 유연한 사고, 언어 및 시공간 유창성, 개념 형성, 계획 및 추론, 언어적 억제, 가설 검증, 연역적 추론, 추상적 사고를 포함하는 다양한 집행기능을 종합적으로 평가하기 위해 설계된 9개의 검사로 구성되어 있다. D-KEFS에는 순서 정렬 검사, 선로잇기 검사, 언어 유창성 검사, 색상-단어 간섭 검사, 도안 유창성 검사, 탑옮기기 검사, 20개 질문 검사, 단어 맥락 검사, 속담 검사가 있다. 8~89세의 연령에 대한 규준이 있다.

러프 도형 유창성 검사

러프 도형 유창성 검사(Ruff Figural Fluency Test: RFFT; Ruff, 1998)는 비언어적 유창성, 즉 최대한 많은 도형 반응을 생성하는 능력을 측정하기 위해 고안되었다. 과제는 격자 위에 있는 점들을 선으로 잇되, 중복되지 않는 고유한 도안을 60초 이내에 최대한 그리도록 한다. 16~70세 연령에서 사용할 수 있다.

스트룹 색상단어 검사

스트룹 색상단어 검사(Stroop Color and Word Test; Golden, 1978)는 인지적 유연성, 자극 외 간섭에 대한 저항, 우세한 습관 반응 억제 능력을 측정하는 데 사용된다. 환자의 수행은 다음의 세 가지 과제에서 비교된다. 단어 읽기, 색상 말하기, 색상단어 말하기가 그것이다. 마지막 과제에서는 (글자로 적힌 색상 단어와 불일치하는) 단어의 인쇄된 색상을 말해야 하며, 단어를 읽어서는 안 된다. 2002년 판의 성인용 버전은 15~90세의 연령대에 사용할 수 있다(Golden & Freshwater, 2002). 아동용(5~14세)도 개발되어 있다(Golden, Freshwater, & Golden, 2003).

언어 개념화와 유창성 검사

언어 개념화와 유창성 검사(Test of Verbal Conceptualization and Fluency: TVCF; Reynolds & Horton, 2006)는 언어 유창성, 전환, 규칙 유추, 시각 탐색, 인지적 유연성을 포함하는 집행기능의 여러 양상을 측정하기 위하여 개발되었다. 검사는 언어 및 비언어적 평가를 포함하며, 범주 유창성, 분류하기(위스콘신 카드분류 검사의 언어적 버전과 같음), 글자 이름대기, 선로잇기 검사 C형의 총 4개의 측정치를 포함한다. 8~89세를 대상으로 사용할 수 있다.

런던탑 검사-드렉셀 대학-II

런던탑 검사-드렉셀 대학-II(Tower of London-Drexel University, Second Edition: TOL-DX-II; Culbertson & Zilmer, 2000)는 고위 문제해결력과 집행기능 능력을 평가하기 위하여 설계되었다. 아동용은 7~15세, 성인용은 16~80세를 대상으로 사용할 수 있다.

위스콘신 카드분류 검사

위스콘신 카드분류 검사(Wisconsin Card Sorting Test: WCST; Grant & Berg, 1993)는 추상적 추론, 개념 형성, 보속적(perseverative) 반응을 측정하기 위해 사용된다. 이 과제는 환자로 하여금 각 카드의 소속을 구분하는 세 가지 규칙 중 한 가지에 따라 카드를 분류하도록 한다. 이를 통해 성공한 범주화, 보속 반응, 보속 오류, 비보속 오류, 반응 세트 유지의 실패, 학습 효율성의 측정치가 산출된다. 전문적 매뉴얼(Heaton, Chelune, Talley, Kay, & Curtiss, 1993)에는 6.5~89세 사이의 규준이 있다. 64개 카드를 사용하는 버전도 있다(Kongs, Thompson, Iverson, & Heaton, 2000).

학습과 기억

기억의 평가는 언어 및 비언어적 양식 모두에서 어쩌면 서로 달라 보이는 수많은 과정을 평가하도록 한다. 기억의 평가는 정보 부호화와 정보 획득, 보유와 인출, 소멸 속도, 간섭 취약성, 그리고 재인기억과 자발적 회상에서 나타나는 차이까지 평가하는 것을 말한다. 어떤 기억 검사 도구는 이 과정들의 대부분을 평가하는 측정치를 포함하고 있으나, 어떤 검사들은 한 가지 측면만 측정하기도 한다.

벤튼 시각기억 검사

벤튼 시각기억 검사(Benton Visual Retention Test: BVRT; Sivan, 1992)는 기하학적 도형의 회상을 통해 8세 이상의 아동 및 성인의 시각기억을 측정한다. 세 가지 검사 유형은 연습 효과의 혼입 없이 재검사를 할 수 있도록 한다.

간단 시공간기억 검사 수정판

간단 시공간기억 검사 수정판(Brief Visuospatial Memory Test-Revised: BVMT-R; Benedict, 1997)은 시각적 학습과 기억을 다수의 시행과 목록 학습의 형식으로 측정하는 검사로 개발되었다. 여섯 가지의 기하학적 도형이 3회의 학습 시행으로 제시되고, 25분의 지연 이후에 회상 시행이 이루어진다. 자극이 동등한 여섯 가지 검사 세트를 통해 시간 지연에 따른 변화를 측정할 수 있다. 규준 자료는 18~79세 성인에 대해 적용할 수 있다.

부쉬케 선택적 상기 검사

부쉬케 선택적 상기 검사(Buschke Selective Reminding Test: SRT; Hannay & Levin, 1985, after Buschke, 1973)는 여러 번 시행되는 목록 학습 과제를 이용하여 언어적 기억을 측정한다. 목록을 처음 제시한 이후에 환자가 회상하지 못한 단어만을 이후 시행에서 반복해서 제시한다. Strauss 등(2006)에서 대체하여 사용할 수 있는 단어 목록과 5~15세 및 18~91세의 연령 규준을 확인할 수 있다.

캘리포니아 언어 학습 검사-II

캘리포니아 언어 학습 검사-II(California Verbal Learning Test-Second Edition: CVLT-II; Delis, Kramer, Kaplan, & Ober, 2000)는 16~89세의 성인을 위한 단어 목록 학습 과제이며, 언어적 학습과 기억의 측정치를 제공한다. CVLT-II는 장보기 목록의 형식을 활용하여 4개의 의미 범주로 구성된 16개의 단어를 5번의 시행에 걸쳐 제시한다. 처음 5회의 시행 이후에는 간섭 목록이 제시되고, 이후에는 처음 제시되었던 목록의 단기-지연 회상을 시행한다. 20분이 지난 이후에는 장기-지연 회상이 시행된다. 검사의 끝에는 재인 시행이 있다. CVLT-II는 언어 정보의 획득, 회상, 보유, 인출에 대한 정보를 제공한다. 또한 이 검사는 학습에서 사용된 검사에 대해서도 알려 준다. 아동용 검사(Delis, Kramer, Kaplan, & Ober, 1994)는 5~16세를 대상으로 가능하다.

아동기억 척도

아동기억 척도(Children's Memory Scale: CMS; Cohen, 1997)는 5~16세 아동들의 주의와 작업기억, 언어와 시각기억, 단기-지연기억, 회상과 재인, 학습 특성의 차원을 측정하는 종합적인 기억 검사 도구이다. 핵심 소검사들은 8개의 요약 점수를 제공한다. 언어즉각, 언어지연, 시각즉각, 시각지연, 일반 기억, 지연재인, 주의와 집중, 학습이 그것이다. 청각(언어) 영역의 핵심 소검사로는 이야기 기억, 언어 짝짓기-연합학습 검사가 있다. 시각(비언어) 영역의 핵심 소검사로는 공간기억과 얼굴 재인 과제가 있다. 주의 및 집중력 영역에는 숫자폭과 심적통제 과제가 있다. 추가 선택 검사로는 단어 목록 학습, 복합 그림 기억 검사가 있다. CMS는 WISC-IV와 WPPSI-III과 공통 규준을 사용하기 때문에 지적 능력과 학습, 기억기능을 비교할 수 있다.

문-사람 검사

문-사람 검사(doors and people test)는 Baddeley, Emslie와 Nimmo-Smith(1994)로부터 개발되었다. 검사는 시각 및 언어 기억, 회상 및 재인, 망각에 대한 측정이 이뤄지며, 문, 도형, 이름, 사람을 직업과 짝지어서 제시한다. 환산된 점수와 백분율을 16~97세 대상의 청소년과 성인에게 활용할 수 있다.

홉킨스 언어 학습 검사

홉킨스 언어 학습 검사 수정판(Hopkins Verbal Learning Test-Revised: HVLT-R; Brandt & Benedict, 2001)은 16~80세 이상 성인 대상의 단어 목록 학습 과제이며, 언어적 학습과 기억의 측정을 할 수 있다. HVLT-R은 세 가지 의미 범주에서 12개 단어로 구성된 목록을 3회의 시행에 걸쳐 제시한다. 20~25분의 시간이 지난 이후에는 사전에 예고 없는(incidental)[1] 장기-지연 회상이 시행된다. 검사의 끝에는 '예-아니요' 방식의 재인 시행도 있다. HVLT-R은 언어 정보의 획득, 회상, 보유, 재인에 대해 알려 준다. 여섯 가지 동형의 단어 목록들은 시간에 따른 변화를 측정하도록 한다.

레이 청각언어 학습 검사

레이(Rey, 1958)가 레이 청각언어 학습 검사(Rey Auditory Verbal Learning Test: RAVLT)를 처음 개발했다. 이 검사는 목록 학습 과제로서 언어적 학습 및

---

1) 역주: 앞선 시행에서 기억하고 있으라는 설명이 없는 것.

기억, 순행 및 역행 간섭, 보유, 부호화와 인출을 측정한다. RAVLT를 받는 환자는 15개 단어를 5회의 시행 동안에 학습한다. 그다음 두 번째 목록이 제시되고, 그다음에는 처음 제시되었던 목록에 대한 단기-지연 회상과 장기-지연 회상, 재인 시행이 이루어진다. 시행, 채점, 규준 정보(7~89세)에 대한 정보가 담긴 핸드북(Schmidt, 1996)을 Western Psychological Services에서 얻을 수 있다. 대안적인 목록과 규준 자료는 Strauss 등(2006)에서도 확인할 수 있다.

레이 복합도형 검사와 재인 시행

레이 복합도형 검사와 재인 시행(Rey Complex Figure Test and Recognition Trial: RCFT; Meyers & Meyers, 1995)은 네 가지 시행(복사, 즉각 회상, 지연 회상, 재인)을 통해서 시공간적 회상과 재인기억, 반응 편향, 처리속도, 시각 구성 능력을 측정한다. 환자는 레이-오스테리스 복합도형(Rey-Osterrieth Complex Figure: ROCF; Rey, 1941)의 원본을 복사하여 따라 그린다. 3분 이후에는 그림을 기억하라는 사전 경고 없이 도형을 재생시키도록 한다. 30분이 지연된 이후에는 환자가 다시 도형을 회상하도록 하고 재인 시행을 수행한다. 초판의 매뉴얼에 포함된 규준은 18~89세를 대상으로 실시할 수 있다. 6~17세의 아동 및 청소년을 위한 규준 자료는 매뉴얼 보충 자료에서 확인할 수 있다(Meyers & Meyers, 1996). 대안적인 복합도형과 규준 자료는 Strauss 등(2006)에서 확인할 수 있다.

리버미드 행동기억 검사-III

리버미드 행동기억 검사-III(Rivermead Behavioural Memory Test, Third Edition: RBMT-III; Wilson et al., 2008)은 일상생활에서 마주하는 기억 문제들을 평가하기 위해 고안되었다. 예를 들어, 약속, 이름, 보내야 하는 메시지 기억하기를 포함하여 이야기 회상, 얼굴 재인, 그림 재인, 지남력을 측정한다. RBMT-3은 새로운 기술을 습득하는 능력을 평가하는 새로운 소검사를 더하여 암묵기억에 대한 구분된 측정치를 추가로 포함한다. 16~89세 사이의 청소년 및 성인을 위한 검사이다. 아동용 RBMT는 5~10세 11개월 대상으로 사용할 수 있다.

기억과 학습 검사-2

기억과 학습 검사-2(Test of Memory and Learning, Second Edition: TOMAL-2; Reynolds & Voress, 2007)는 5~59세를 대상으로 학습 및 기억 능력을 평가하기 위해 고안되었다. 지수 점수로는 언어기억, 비언어기억, 조합기억지수를 활용한다. 보조지수에는 언어 지연 회상, 학습, 주의 및 집중력, 순차기억, 자유 회상, 연합 회상이 있다. 가용한 소검사로는 이야기 기억, 언어 학습, 문장기억, 도안기억, 그림기억, 손가락창(공간폭) 검사가 있다. TOMAL-2는 여덟 가지의 핵심 소검사와 여섯 가지의 추가 소검사가 있으며, 두 개의 지연 회상 과제가 있다.

웩슬러 기억 검사-IV

웩슬러 기억 검사-IV(Wechsler Memory Scale-Fourth Edition: WMS-IV; Wechsler, 2009)는 WAIS-IV와 함께 사용할 수 있는 공동 규준이 있는 종합적인 기억 평가 도구로, 16~90세 사이의 성인을 대상으로 지적 능력과 기억 간의 관계를 측정할 수 있다. 16~69세 성인의 경우, WMS-IV는 다섯 가지의 요약 점수, 즉 핵심지수로는 청각기억지수, 시각기억지수, 즉각기억지수, 지연기억지수, 시각 작업기억지수가 있다. 청각(언어) 기억 영역의 요약 점수는 이야기기억과 단어 짝짓기 연합 과제로부터 계산된다. 시각(비언어) 영역의 요약점수는 공간기억과 디자인(도안)기억 과제로부터 계산된다. 시각 작업기억 영역에서 주요 소검사는 공간 합산 과제와 기호폭 과제로 구성된다. 노인 대상으로는 공간 합산 과제와 공간기억 과제를 시행하지 않는다. 추가 측정치로 간이인지상태 검사(Brief Cognitive Status Exam: BCSE)에서는 지남력, 정신적 통제, 시계 그리기, 우연적 회상, 자동성 및 억제적 통제, 언어 산출을 측정한다.

광범위 기억과 학습 평가-II

광범위 기억과 학습 평가-II(Wide Range Assessment of Memory and Learning, Second Edition: WRAML-II; Sheslow & Adams, 2003)는 5~90세의 아동, 청소년, 성인의 학습과 기억 능력을 평가하기 위해 설계되었다. 핵심 배터리에서는 언어기억, 시각기억, 주의/집중력에 대한 지수 점수를 산출한다. 또한 이 지수 점수로부터 일반기억지수를 산출할 수 있다. 기호 및 언어적 작업기억 과제와 도안, 그림, 단어, 이야기 정보에 대한 재인 소검사로 구성된 작업기억지수도 활용할 수 있다. 핵심 소검사들로는 이야기 기억, 언어 학습, 도안기억, 그림기억, 손가락창(공간폭), 숫자-글자(청각폭)가 있다.

언어기능

임상가는 언어 능력의 다양한 측면을 행동 관찰을 통해서 조사할 수 있다. 손상되지 않은 청각적 이해력은 환자가 반복이나 설명을 요청하지 않고도 지시를 따를 수 있는 능력을 통해 평가할 수 있다. 손상되지 않은 따라 말하기 능력은 환자가 구절이나 문장을 반복해서 말하는 것을 관찰함으로써 확인할 수 있다. 다른 언어기능들의 특정적 결함을 상세하게 묘사하기 위해서는 구체적인 검사들을 필요로 한다. 어휘 기술, 실어증 특징, 이름대기 어려움을 평가하기 위해서 검사들이 필요할 수 있다.

보스턴 실어증 진단 검사-III

보스턴 실어증 진단 검사-III(Boston Diagnostic Aphasia Examination-Third Edition: BDAE-3; Goodglass et al., 2001)는 언어 및 언어 관련 능력의 종합적인

측정 도구로, 성인의 실어증 증후군의 진단을 돕는다. 검사는 자발적 발화와 유창성, 청각적 이해력, 이름대기, 구두읽기, 따라 말하기, 쓰기, 읽기 이해력을 세부적으로 측정한다. 백분율 점수는 실어증이 있는 집단 사람들의 수행과 환자의 수행을 비교할 수 있다.

보스턴 이름대기 검사-II

보스턴 이름대기 검사-II(Boston Naming Test-II: BNT-II; Kaplan et al., 2001)는 직면적 이름대기와 단어 인출 결함을 평가하는 데 사용된다. 검사는 60개의 선으로 그려진 저빈도에서 고빈도로 나열된 그림들의 이름을 환자가 말하는 능력을 평가한다. 지각적 문제가 있는 환자는 범주 또는 의미적 단서를 제공받을 수 있다. 뚜렷하게 인출의 어려움이 있는 환자들은 음소적 단서를 제공받고, 그림의 이름을 산출하는 데 도움을 받을 수 있다. 5~13세의 아동과 25~93세의 성인을 대상으로 하는 규준 자료는 Strauss 등(2006)에서 활용할 수 있고, 인구학적 조정을 거친 20~85세를 대상으로 하는 규준 자료는 Heaton 등(2004)에서 확인할 수 있다.

표현성 그림단어 어휘 검사

표현성 그림단어 어휘 검사(Expressive One-Word Picture Vocabulary Test, 2000 Ed.: EOWPVT-2000; Brownell, 2000)는 아동에게 그림의 이름을 말하도록 함으로써 영어 사용자들의 표현성 어휘력을 측정한다. 2~18세(11개월)를 대상으로 그림 또는 여러 사물이 제시되면 그 이름을 말해야 한다. 수용성 그림단어 어휘 검사(Receptive One-Word Picture Vocabulary Test)와 공통 규준을 사용하기 때문에 표현성 어휘와 수용성 어휘 능력 간에 의미 있는 비교가 가능하다.

표현성 어휘 검사-2

표현성 어휘 검사-2(Expressive Vocabulary Test, Second Edition: EVT-2; Williams, 2006)는 영어 표현성 어휘와 단어 인출의 측정 도구로 사용된다. 이 검사에서 수검자는 그림의 이름을 말하고, 그림에 대한 구체적인 질문에 답하고, 그림의 동의어를 말해야 한다. 동의어 말하기 문항에서는 수검자에게 그림과 단어가 제시되며, 이를 보고 그림과 일치하는 동일한 의미의 다른 한 개의 단어를 말해야 한다. 검사는 2.5~90세 이상 대상의 규준을 포함하며, PPVT-4와 공통 규준을 사용함으로써 수용성 및 표현성 어휘력을 비교할 수 있다.

다중언어 실어증 검사

다중언어 실어증 검사(Multilingual Aphasia Examination, Third Edition: MAE; Benton, des Hamsher, & Sivan, 1994)는 단축형으로 제작되었으나 후천적 언어 장애의 존재, 심각도, 질적 속성의 종합적인 평가를 위해 고안되었다. 구두 표현, 청각 이해, 읽기 이해, 철자법의 검사를 포함한다. MAE는 6~12세의 아동과 16~97세의 청소년 및 성인을 대상으로 사용할 수 있다. 스페인어 수정판도 있다.

피바디 그림어휘 검사-4

피바디 그림어휘 검사-4(Peabody Picture Vocabulary Test-4: PPVT-4; Dunn & Dunn, 2006)는 영어의 수용성 어휘 검사이다. PPVT-4는 2.5~90세 이상의 규준이 있으며, EVT-2와 공통 규준을 사용할 수 있다. 검사에서는 검사자가 읽어준 단어를 4개의 그림 중에서 하나로 선택해야 한다.

수용성 그림단어 어휘 검사

수용성 그림단어 어휘 검사(Receptive One-Word Picture Vocabulary Test:

ROWPVT; Brownell, 2000b)는 영어 듣기 또는 수용성 어휘 검사이다. 아동과 초기 성인인 2~18세(11개월)를 대상으로 사용할 수 있으며, 검사에서는 사물 또는 개념을 그것의 이름과 일치시켜야 한다. 검사는 EOWPVT-2000과 공통 규준으로 만들어졌으며, 수용성 및 표현성 어휘 사이에 의미 있는 비교가 가능하다.

청소년/성인 단어 찾기 검사

청소년/성인 단어 찾기 검사(Test of Adolescent/Adult Word Finding: TAWF; German, 1990)는 12~80세의 청소년 및 성인을 대상으로 단어 찾기를 평가한다. 단어 찾기 과제는 명사와 동사 모두에서의 이름 말하기, 서술된 내용의 이름대기, 문장을 완성시키는 이름대기, 범주에 이름대기를 포함한다. 처리속도와 정확도가 모두 평가될 수 있으며, 이해력 추가 영역에서는 수행의 어려움이 저조한 이해력 때문인지 아니면 단어 찾기의 문제 때문인지를 구분할 수 있다.

토큰 검사

토큰 검사(Token Test; DeRenzi & Vignolo, 1962)는 청각적 이해력에 대한 간단한 측정 도구로, 수용성 언어기능장애를 확인하기 위해 사용한다. 토큰 검사는 다중언어 실어증 검사(Multilingual Aphasia Examination: MAE; Benton, des Hamsher, & Sivan, 1994)의 일부로 사용하며, 아동용은 6~12세, 청소년 및 성인용은 16~97세를 대상으로 사용할 수 있다.

학업성취도 검사

종합적 검사 배터리는 종종 학업성취도의 측정 도구를 포함한다. 학업성취도 검사의 수행은 학습 문제 또는 장애의 패턴과 학업적 강점 및 약점에 대한 정보를 제공할 수 있다.

그레이 구두읽기 검사-4

그레이 구두읽기 검사-4(Gray Oral Reading Test-Fourth Edition: GORT-4; Wiederholt & Bryant, 2001)는 읽기와 이해 능력을 개별적으로 검사하는 도구이다. GORT-4는 속도와 정확도를 조합하는 유창성 점수와 이해력을 묻는 질문에 올바르게 대답한 개수로 구두읽기 이해 점수를 제공한다. 구두읽기지수는 유창성 점수와 구두읽기 이해 점수를 조합하여 계산한다. 검사는 6~18세 사이의 아동 및 청소년을 대상으로 개발되었다.

카우프만 기능적 학업 능력 검사

카우프만 기능적 학업 능력 검사(Kaufman Functional Academic Skills Test: K-FAST; Kaufman & Kaufman, 1994)는 읽기 및 산수로 구성된 두 가지 소검사를 사용하여 개인이 일상적인 상황에서 읽기와 수학을 적용하는 능력을 측정한다. K-FAST의 문항들은 교실 밖에서 일어나는 일상을 반영한다. 검사는 15~85세의 청소년과 성인을 대상으로 규준이 만들어졌다.

카우프만 학업성취 검사-II

카우프만 학업성취 검사-II(Kaufman Test of Educational Achievement, Second Edition: KTEA-II; Kaufman & Kaufman, 2004c)는 읽기, 수학, 문자언어, 구두언어에서의 성취도를 측정하기 위해 설계되었다. KTEA-II는 오류 분석과 중재 계획의 수립을 위한 처방적 정보를 제공한다. 검사는 4세 6개월~25세의 유아 및 성인에게 실시할 수 있다. 단축형은 읽기, 수학, 문자 표현에 대해서 가능하며, 4세 6개월~90세 범위의 대상에게 실시할 수 있다(KTEA-II 단축형; Kaufman & Kaufman, 2004d).

넬슨-데니 읽기 검사

넬슨-데니 읽기 검사(Nelson-Denny Reading Test; Brown, Fishco, & Hanna,

1993)는 어휘, 이해, 읽기 속도에 대한 성취도와 진행 단계를 평가하기 위해 설계되었다. 이 검사는 고등학교와 대학교에서의 실태 조사를 목적으로 개발되었다. 어휘 발달, 읽기 이해, 읽기 속도를 측정하는 두 개의 파트로 구성되어 있다.

웩슬러 기초학습기능 검사

웩슬러 기초학습기능 검사(Wechsler Fundamentals: Academic Skills; Wechsler, 2008b)는 철자법, 숫자 조작, 읽기 이해, 단어 읽기 영역에서의 학업 수준을 빠르게 평가할 수 있도록 하는 단축형 학업성취 배터리이다. 이 검사는 개별적으로 실시하거나 여러 검사와 함께 실시할 수 있다. WASI와도 연동이 되어서 인지 능력과 학업성취 사이의 간극에 대해서 비교할 수 있다. 이 검사는 유치원부터 12학년(고등학교 3학년), 그리고 18~50세 사이의 성인을 대상으로 실시할 수 있다. 다른 버전에서는 학생의 발달 진행 단계를 모니터링할 수 있다. 이 검사는 뒤이어 설명되는 웩슬러 개인성취 검사(WIAT)의 역할을 이어 가기 위한 것이다.

웩슬러 개인성취 검사-II

웩슬러 개인성취 검사-II(Wechsler Individual Achievement Test-Second Edition: WIAT-II; Wechsler, 2001a)는 WISC-IV, WISC-III, WAIS-III, WPPSI-III(Differential Ability Scales-II: DAS-II), 그리고 WAIS-IV와 연동된 학업성취 배터리이며, 학업성취와 능력 검사 수행 간에 의미 있는 비교를 할 수 있다. WIAT-II는 8개의 소검사로 구성되어 있다. 기초읽기, 수학, 추론, 철자법, 읽기 이해, 숫자 조작, 듣기 이해, 구두 표현과 문자 표현이 그것이다. WIAT-II는 4~85세를 대상으로 설계되었으며, 대학생들을 위한 규준을 포함하고 있다. 단축형 WIAT-II는 단어 읽기, 숫자 조작, 철자법 소검사를 포함한다. 현재는 WIAT-III 검사가 출시될 예정이다. 새로운 검사에서는 「장애인교육법」 제정에서 명시하고 있는 여덟 가지의 학업성취 영역을 초기 읽기 능력 소검사, 수학 유창성 소검사, 구두읽기 유창성 소검사로 측정하고 있다. 규준은 전-유치원(유아학교)에서 12학년인 4~19세(11개월)를 대상으로 규준이 계획되어 있다.

광범위 성취도 검사-4

광범위 성취도 검사-4(Wide Range Achievement Test-4: WRAT-4; Wilkinson & Robertson, 2006)는 단어 읽기, 철자법, 수학 계산, 문장 이해 영역에서의 성취도를 측정한다. 검사는 아동부터 성인에 이르는 5~94세에 대한 규준이 있다. 두 개의 유형을 사용하여 단기간에 재검사를 할 수 있다.

우드콕-존슨 3판 갱신 규준

우드콕-존슨 3판 갱신 규준(Woodcock-Johnson III Normative Update, WJ III NU; Woodcock, McGrew, & Mather, 2007)은 공통 규준으로 만들어진 WJ III NU의 학업성취 배터리(Woodcock, McGrew, & Mather, 2001b)와 인지 능력 배터리(Woodcock, McGrew, & Mather, 2001a)로 구성된다. 인지 능력 배터리는 전반적인 지적 능력, 특수인지 능력, 구두언어, 읽기 학업성취, 수학, 문자언어, 일반지식을 평가하기 위한 검사들로 구성되어 있다. 검사는 2~90세 이상을 대상으로 규준이 마련되어 있다. 학업성취 배터리는 글자-단어 식별, 읽기 유창성, 단락 이해, 단어, 음소 읽기(word attack), 어휘 읽기, 철자법, 쓰기 유창성, 쓰기 예시, 편집, 지시 이해, 이야기 회상, 그림어휘, 구두 이해, 학업지식, 소리 철자화, 계산, 수학 유창성, 응용 문제, 수량 개념 검사들을 포함한다. 학업성취 군집들은 읽기 전반, 수학 전반, 구두언어, 쓰기언어 전반 영역에서의 요약 점수를 도출한다. WJ III NU 학업성취 배터리는 종합성취 점수를 제공한다. WJ III NU 인지 능력 배터리는 언어 능력, 사고 능력, 인지 효율성을 측정하고자 하며, 이해-지식, 장기 인출, 시공간 사고, 청각 처리, 유동추론, 처리속도, 단기기억으로 구성되는 일곱 가지의 전반적인 인지 영역 군집들을 산출한다.

시각, 시공간, 시촉각 기능

종합적 평가 배터리는 시각 구성, 시각 통합과 같은 시지각 및 시공간적 능력을 평가하기 위한 도구를 포함한다. 또한 시촉각기능과 시각무시증 여부를 조사하는 도구도 포함된다.

비어리 시각 운동 통합 검사-V

비어리 시각 운동 통합 검사-V(Beery VMI-V; Beery & Beery, 2006)는 시각-운동 통합, 그리고 학습의 어려움을 예측하는 시간-운동 결함을 탐지하는 도구로 개발되었다. 검사는 쉬운 것부터 어려운 것으로 진행되는 스물네 가지의 기하학 도형을 보고 따라서 그리도록 한다. 매우 어린 아동도 간단한 표식과 휘갈겨 그린 것으로 점수를 얻을 수 있다. VMI에서의 동일 자극을 사용하여 시지각 및 운동 협응에 대한 추가 측정치를 얻을 수 있다. 단축형(15개 도형)은 2~8세 대상의 규준이 있고, 긴 유형(24개 도형)은 2~100세 대상의 규준이 있다.

시계 검사

시계 검사(clock test; Tuokko, Hadjistravropoulos, Miller, Horton, & Beattle, 1995)는 시계 그리기, 시계 설정, 시계 읽기의 세 가지 소검사를 통해서 시공간 구성, 시지각, 추상적 개념화를 평가한다. 과제는 65세 이상의 성인을 위해 규준화되었다.

후퍼 시각 조직화 검사

후퍼 시각 조직화 검사(Hooper Visual Organization Test: VOT; Hooper, 1958)는 간단한 선별용 검사로서 환자가 시각 자극을 분석하고 통합하는 심적 능력을 평가한다. 검사는 흔히 볼 수 있는 사물의 그림에 선이 부분 부분으로 잘려

나간 서른 가지의 자극을 포함한다. 검사는 아동과 성인을 대상으로 규준화되었으며, 규준과 절단점은 Strauss 등(2006)에서 확인할 수 있다.

선 지각 판단 검사

선 지각 판단 검사(Judgment of Line Orientation: JOL)는 공간 지각과 방향성, 시공간적 판단을 측정한다(Benton et al., 1994). 30개 문항의 자극들이 제시되며, 각 자극들은 두 개의 다른 각도를 이루는 선으로 짝지어져 있다. 각도가 있는 선들은 보기 카드에 반원의 방사형으로 있는 여러 선 중에서 일치하는 선이 무엇인지 맞혀야 한다. 7~14세, 그리고 16~74세 대상의 규준이 있다.

비운동 시지각 검사-III

비운동 시지각 검사-III(Motor-Free Visual Perception Test-Third Edition: MVPT-III; Colarusso & Hammill, 2003)는 4~95세 연령의 아동과 성인을 대상으로 시지각을 평가하기 위하여 설계되었다. 검사는 다섯 범주의 시지각을 포함한다. 공간 관계, 시각적 폐쇄, 시각 변별, 시각기억, 전경-배경이 그것이다. 수검자는 검사 형판의 4개 선택지 중에서 하나를 지목하여 응답해야 하기 때문에 운동이 필수적으로 관여되지 않는다.

레이 복합도형 검사와 재인 시행

레이 복합도형 검사와 재인 시행(Rey Complex Figure Test and Recognition Trial: RCFT; Meyers & Meyers, 1995)은 6~17세 및 18~89세의 아동 및 성인에게서 네 가지 시행(복사, 즉각 회상, 지연 회상, 재인)으로 시공간 회상과 재인 기억, 반응 편향, 처리속도, 시각 구성 능력을 측정한다(Meyers & Meyers, 1996). 환자는 원본의 레이-오스테리스 복합도형(Rey, 1941)을 따라 그리고, 주의 경고 없이 3분 이후에 기억해서 재생하도록 한다. 30분의 지연 이후에 환자는 다시 도형을 회상하도록 하며 재인 시행을 수행한다.

촉각수행 검사

촉각수행 검사(Tactual Performance Test: TPT)는 HRB에 포함되어 있으며, 세귄-고다드 형판을 사용하여 촉각, 형태 재인과 함께 정신 운동 문제해결, 공간 위치와 모양에 대한 촉각기억을 측정한다. 휴대하고 다닐 수 있는 TPT를 PAR에서 사용할 수 있다. 4~85세 대상의 아동 및 성인 모두에 사용할 수 있다.

시각-지각 능력 검사-III

시각-지각 능력 검사-III(Test of Visual-Perceptual Skills, Third Edition: TVPS-III; Martin, 2006)는 4~19세의 시각-지각 능력을 평가하기 위해 개발되었다. TVPS-R의 소검사들에는 시각 변별, 시각-공간 관계성, 순차적 시각 기억, 시각 전경-배경, 시각기억, 형태항상성, 시각 폐쇄가 있다. 검사는 아동들로 하여금 손가락으로 답을 지목하도록 한다.

광범위 시각 운동 능력 평가

광범위 시각 운동 능력 평가(Wide Range Assessment of Visual Motor Ability: WRAVMA; Adams & Sheslow, 1995)는 시각-운동 능력, 시공간 능력, 미세 운동 능력을 평가함으로써 시각-운동 통합 과정을 측정한다. 이 세 가지 영역의 소검사 점수들은 시각-운동 통합 종합 점수로 합쳐진다. 검사는 3~17세를 대상으로 사용할 수 있다.

운동

임상가는 평가 배터리에 운동 수행의 검사들을 포함시켜야 한다. 이 검사들은 운동 결함을 확인할 수 있고, 편측화된 피질 손상에 대한 잠재적 정보를 제공한다.

손가락 두드리기 검사

손가락 두드리기 검사(Finger Oscillation Test, Finger Tapping Test)는 HRB에 포함되어 있으며, 아동 및 성인의 양쪽 검지의 미세한 운동 속도를 측정한다. 이는 뇌손상의 편측성을 평가하는 데 도움이 되지만, 말초적인 운동 문제의 영향을 받을 수도 있다. 손가락 두드림 판은 Neuropsychology Center(www.neuropsych.com)와 PAR에서 이용할 수 있다. 5~14세와 16~89세의 규준 자료는 Strauss 등(2006)에서 사용할 수 있다. 인구통계적 보정을 거친 규준은 20~85세에 대하여 Heaton 등(2004)에서 확인할 수 있다.

악력 검사

악력 검사는 악력기(PAR에서 사용 가능)로 양손의 힘을 평가한다. 규준 자료는 6~90세를 대상으로 Strauss 등(2006)에서 사용할 수 있으며, 인구통계적 보정을 거친 규준은 20~85세에 대하여 Heaton 등(2004)에서 확인할 수 있다.

타공판 검사

타공판 검사(grooved pegboard)는 손동작의 민첩성을 측정하며, 복합적인 시각-운동 협응을 요구한다. 타공판(PAR에서 사용 가능)에는 무선적으로 위치하고 있는 25개의 열쇠 구멍이 있다. 환자는 열쇠를 돌려 가면서 타공판에 삽입하기 전에 열쇠 구멍에 모양을 끼워 맞춰야 한다. 손가락두드리기 검사처럼, 타공판 검사는 뇌손상의 편측성을 평가하는 데 도움이 되며, 아동 및 성인을 대상으로 사용된다. Strauss 등(2006)에서는 6~15세의 아동, 16~70세의 성인을 대상으로 마련된 규준을 확인할 수 있다. Heaton 등(2004)은 인구통계적 보정을 거친 규준 자료를 20~85세의 성인을 대상으로 사용할 수 있다.

반응 편향과 증상타당도

특정 집단(예: 법의학 사례와 관련된 환자들)은 손상을 과장하거나 가장하는 환자들의 기저율이 상당히 높다. 지금까지의 연구에 따르면, 아동들조차도 실제로는 아무 문제가 없는데도 결함이 있는 것처럼 숙련된 평가자를 속일 수 있다(Faust, Hart, & Guilmette, 1988). 따라서 검사 배터리에서의 순응도와 동기에 대한 측정치를 포함하는 것은 매우 중요하다. 이들의 측정치에서 얻은 결과들은 평가자에게 검사 결과의 신뢰도와 타당도에 대해 얼마만큼의 신뢰성을 가져야 하는지를 나타낸다.

b 검사

b 검사(Boone, Lu, & Herzberg, 2002a)는 글자 인식과 변별 과제를 통해서 인지 측정에 대한 노력의 부재를 탐지할 수 있도록 한다. 노력 점수는 수행 속도, 누락, 오반응에 기반하여 산출되며, 노력이 의심되는 경우를 식별하기 위하여 '정상적 노력'을 나타내는 노력 점수 6점과 비교할 수 있다. 검사는 17세 이상에게 실시할 수 있다.

반응 편향 전산화 평가

반응 편향 전산화 평가(Computerized Assessment of Response Bias: CARB; Allen, Conder, Green, & Cox, 2000)는 불충분한 노력, 증상 과장, 반응 편향, 꾀병, 가장된 인지 손상을 탐지하기 위해 사용되는 전산화-보조 평가이다. CARB는 강제 선택 방식의 숫자 재인 패러다임에 기반을 두고 있으며(예: Binder, 1993; Hiscock & Hiscock, 1989), 컴퓨터를 통해 자가시행을 한다. CARB의 결과는 심각한 외상성 뇌손상과 신경학적 장애가 있는 성인 환자들의 규준 정보와 비교하여 분석된다.

점 세기 검사

점 세기 검사(Dot Counting Test: DCT; Boone, Lu, & Herzberg, 2002b)는 17세 이상의 대상으로 의심되는 노력을 평가하기 위해 사용된다. 환자에게는 군집화되거나 그렇지 않은 점들이 있는 카드를 보여 주고, 가능한 한 빠르게 점의 개수를 세도록 한다. 군집화된 점들, 비군집화된 점들을 세는 데 걸린 평균 시간과 오류의 수에 기반하여 노력-점수를 산출한다. b 검사의 경우와 마찬가지로, 수검자의 노력이 의심스러운지 평가하기 위하여 수검자의 노력-점수는 '정상 수준의 노력'을 보인 7개 집단에서의 노력-점수와 비교할 수 있다.

의학적 증상타당도 검사

의학적 증상타당도 검사(Medical Symptom Validity Test: MSVT; Green, 2004)는 단어기억 검사 원판(Green & Astner, 1995)에 기반하여 5분이 소요되는 전산화 검사로, 언어기억을 검사하여 최적에 미치지 않는 노력 수준을 탐지하기 위해 사용된다. 과제는 10개의 단어 짝을 학습하도록 요구한다. 검사는 짝짓기 연합의 단서 회상 및 자유 회상과 함께 즉각 및 지연 재인을 평가한다. 환자의 수행은 심한 외상성 뇌손상 및 치매를 포함한 기타 신경학적 장애를 가진 환자로부터 얻은 규준 자료와 어린이를 포함한 여러 다른 집단의 수행과 비교된다. 검사는 아홉 가지 언어로 개발되었다.

비언어 의학적 증상타당도 검사

비언어 의학적 증상타당도 검사(Non-Verbal-Medical Symptom Validity Test: NV-MSVT; Green, 2006)는 MSVT와 유사한 비언어 유형의 검사이다. 전산화된 검사로서 비언어적 기억과 검사 수행 노력을 평가한다. 과제는 10개의 그림 짝을 학습하도록 한다. MSVT와 마찬가지로, NV-MSVT는 즉각 및 지연 재인, 짝짓기연합 단서 회상과 자유 회상을 측정한다. 환자의 수행은 심한 외상성 뇌손상 및 치매를 포함한 기타 신경학적 장애를 가진 환자로부터 얻은 규준 자료와 어린이를 포함한 여러 다른 집단의 수행과 비교된다.

회상-재인 검사

이 검사는 실제 기억장애와 기억 손상을 꾀병 중인 성인과 변별하기 위하여 20개의 단어 목록을 자유 회상으로 제시하고, 이후에 강제 선택 방식으로 재인 시행을 가진다(Brandt, 1992). 기억상실증이 있는 환자와 추정된 꾀병자 간에 비교를 했을 때, 과제에서는 기억상실증 환자에 비해서 추정된 꾀병자가 강제 선택 재인 과제에서 더 저조한 수행을 하는 것으로 나타났다.

레이 기억 검사

레이 기억 검사(Rey Memory Test: RMT 또는 Fifteen-Item Test: FIT; Rey, 1958)는 가장된 기억 손상의 평가를 도울 수 있는 단순한 인출 측정 도구이다. 수검자는 10초 동안에 총 15개의 단어를 회상하도록 요구받는다. 이들은 10초 내에 질문을 받을 15개의 문항이 있다고 안내를 받는다. 그러나 이 문항들이 다섯 가지의 쉬운 세트로 군집이 손쉽게 묶일 것이라는 설명은 듣지 못한다(대문자 A, B, C; 소문자 a, b, c; 숫자 1, 2, 3; 로마 숫자 I, II, III; 원, 사각형, 삼각형의 세 가지 그림 모양). 노력 수준이나 비순응성이 의심되는지를 판단하는 절단점은 7개 문항(Lee, Loring, & Martin, 1992)부터 11개 문항(Hiscock, Branham, & Hiscock, 1994)까지 다양한 문헌이 제안되어 있다. 의심이 되는 또 다른 경우로는 행을 완성시키지 않는 것(모양에 대한 행을 제외한), 순서가 뒤바뀌는 것, 작화(역주: 없었던 자극을 새롭게 생성시킴), 잘못 배치된 숫자와 글자들이 있는 경우이다. 검사는 11세 이상의 아동과 성인을 대상으로 실시할 수 있다.

구조화된 꾀병 증상 척도

구조화된 꾀병 증상 척도(Structured Inventory of Malingered Symptomatology: SIMS; Widows & Smith, 2005)는 정신병리와 인지 증상의 꾀병을 평가하기 위해

고안된 선별 측정 도구이다. 검사는 75개의 예/아니요 문항을 통해 꾀병의 가능성을 나타내는 다섯 가지 영역의 점수와 총점을 제공한다. 다섯 영역으로는 정신증, 낮은 지능, 신경학적 결함, 정동장애, 기억상실성 장애가 있다. 18세 이상의 연령에서 사용할 수 있는 자기보고식 도구이다.

기억 꾀병 검사

기억 꾀병 검사(Test of Memory Malingering: TOMM; Tombaugh, 1996)는 시각적 재인기억 검사로, 실제 기억장애를 가진 사람과 기억장애를 가장하는 사람을 변별하는 데 사용된다. TOMM은 두 차례의 학습 시행으로 구성되는데, 학습 시행에서 강제-선택식 재인 과제가 주어지고, 이와는 별도로 지연된 강제-선택 재인 과제를 추가할 수 있다. 인지적 손상이 없는 집단과 경도의 외상성 뇌손상을 포함하는 신경학적 장애가 있는 환자들과 같은 다양한 집단에 대한 규준 자료를 사용할 수 있다. 16~84세 대상을 위해 개발되었으며, 5~12세 아동을 위한 규준도 사용할 수 있다(Strauss et al., 2006).

타당도 지표 프로파일

타당도 지표 프로파일(Validity Indicator Profile: VIP; Frederick, 1997)은 꾀병과 검사 도중의 반응 성향을 평가하기 위해 사용된다. VIP는 행렬추론(비언어)과 어휘(언어)의 두 가지 과제를 포함하며, 강제-선택 방식을 사용하여 구성되어 있다. 환자로부터 얻은 결과는 타당하거나 타당하지 않은 것으로 분류된다. 타당하지 않은 수행은 또다시 성의 없음, 관련성 없음, 꾀병 가장으로 분류된다. VIP는 18~69세를 대상으로 시행될 수 있다.

빅토리아 증상타당도 검사

빅토리아 증상타당도 검사(Victoria Symptom Validity Test: VSVT; Slick, Hopp, Strauss, & Thompson, 1999)는 기억 검사에서의 노력과 인지장애의 과장 또는

가장 여부를 측정하기 위하여 사용되는 전산화된 평가 도구이다. VSVT는 강제-선택 방식의 숫자재인 패러다임이며, Binder(1993), Hiscock와 Hiscock (1989)가 대중화시켰다. 18세 이상의 성인을 대상으로 사용할 수 있다.

단어기억 검사

Green의 단어기억 검사(Green's Word Memory Test: WMT; Green, 2003)는 언어기억과 검사의 노력 수준을 검사하기 위하여 사용되며, 충분하지 않은 노력, 반응 편향, 가장, 증상 과장을 탐지하고자 한다. 과제는 환자에게 짝지어진 연합들의 목록을 학습하도록 한다. 목록에서의 절반은 의미적 관계가 가까우며, 나머지 절반은 미묘하게만 관련이 된다. 여러 선택지의 재인, 짝짓기 연합의 단서 회상 과제, 자유 회상, 그리고 별도로 추가할 수 있는 장기 지연 자유 회상을 통해서 즉각 및 지연된 재인을 평가한다. 환자의 수행은 심각한 외상성 뇌손상과 기타 신경학적 장애가 있는 환자들로부터 얻은 규준 자료와 비교된다. WMT는 10개 언어로 시행할 수 있다. 아동 및 성인 대상의 규준 자료를 사용할 수 있다.

단어 재인 검사

단어 재인 검사(Word Recognition Test: WRT; Rey, 1941)는 언어기억에서 꾀병과 충분하지 않은 노력을 평가하기 위해 사용된다. 평가는 CVLT-II나 RAVLT와 같은 과제에서 단어 목록 학습의 첫 번째 시행 수행과 본 검사의 재인기억 과제 수행을 비교함으로써 이루어진다. 환자는 15개의 단어목록을 학습하도록 하고, 그다음에 (서면이든, 구두이든) 30개의 문항 목록을 제공받는다. 환자는 여기에서 15개 문항을 식별해야 한다. 일반적으로 재인기억 수행은 CVLT-II나 RAVLT의 첫 번째 자유 회상 수행보다 더 우수해야 한다. 또한 6개 단어보다 적게 재인하거나, [틀린 양성-정답 양성] 차이 점수가 5 미만인 경우에 과제에서 실패했다고 판단한다(Greiffenstein, Baker, & Gola, 1996).

정서, 행동, 성격

신경심리검사 결과는 중추신경계에 특이적이지 않을 때도 있는데, 그 대신에 비신경학적 검사의 영향을 반영할 수 있다. 따라서 환자의 정서 상태와 기분을 조사하는 것은 어떤 부정적 검사 결과가 우울이나 불안에 의해 심각해진 것인지, 또는 우울이나 불안에 의한 결과인지 확인하기 위하여 중요하다. 또한 대부분의 신경심리검사가 환자의 인지적 강점과 약점에 대한 정보를 제공하지만, 환자가 일상의 환경 속에서 어떻게 기능하는지에 대해 알려 주는 신경심리검사는 상대적으로 거의 없다. 환자의 기능 수준에 대한 평가 질문이 제기되었다면(예: 지적장애를 진단할 때) 검사 배터리는 적응적 능력에 대한 측정치들을 포함해야 한다.

적응행동평가 체계-II

적응행동평가 체계-II(Adaptive Behavior Assessment System, Second Edition: ABAS-II; Harrison & Oakland, 2003)는 출생 이후부터 89세까지의 개인의 적응적 능력을 평가하기 위하여 고안되었으며, 장애와 정신질환의 진단과 분류, 강점과 약점의 구체화, 시간에 따른 변화의 모니터링에 사용하고자 한다. 부모, 일차돌봄자, 교사, 주간보호자, 성인 정보원, 성인 의뢰자에게 ABAS-II를 실시할 수 있다. 10개의 영역에는 의사소통, 지역사회 활동, 학업기능, 학교생활, 건강 및 안전, 여가 생활, 자기돌봄, 자기결정, 사회, 직업을 포함한다. 검사는 개념, 사회, 실용에 대한 세 가지 영역 조합 점수와 전반적인 종합적응 조합 점수를 산출한다.

성인 행동평가 척도 및 성인 자기보고

성인 행동평가 척도 및 성인 자기보고(Adult Behavior Checklist and Adult

Self-Report: ABCL and ASR; Achenbach & Rescoria, 2003)는 18~59세 성인의 적응적 기능과 문제를 평가하기 위한 양식이다. ASR은 자기보고식 도구이며, ABCL은 가족 구성원같이 대상을 잘 아는 사람이 응답하는 동일한 내용의 도구이다. 8개의 증후군 척도가 있다. 불안/우울, 사회적 철수, 신체 불편, 사고 문제, 주의 문제, 공격적 행동, 규칙 위반, 침습성이 그것이다. DSM-IV와 관련된 6개의 척도도 있다. 우울 문제, 불안 문제, 신체 문제, 회피성 성격 문제, ADHD 문제, 반사회성 문제가 그것이다. ABCL과 ASR 모두 물질 사용, 결정적 문항, 내재화, 외재화, 전체 문제 행동 척도가 있다. 60~90세 이상의 노인을 위한 버전도 사용할 수 있다(Achenbach, Newhouse, & Rescorla, 2004).

ADHD 검사

ADHD 검사(Attention-Deficit/Hyperactivity Disorder Test: ADHDT; Gilliam, 1995)는 ADHD의 진단 시에 임상가를 보조하기 위해 설계되었다. 검사는 부모, 교사에게 실시되며, 3~23세의 아동과 젊은 성인의 과잉행동, 충동성, 부주의 영역에서 증상이 있는지를 평가한다.

벡 불안 척도

벡 불안 척도(Beck Anxiety Inventory: BAI; Beck & Steer, 1993)는 불안의 전형적 증상과 그 심각도를 액면적으로 타당한 21개의 자기보고식 문항으로 측정한다. BAI는 17~80세 연령의 개인을 대상으로 불안 및 초조함이 있는 사람과 그렇지 않은 사람을 변별하기 위해 사용된다.

벡 우울 척도-II

벡 우울 척도-II(Beck Depression Inventory-Second Edition: BDI-II; Beck, Steer, & Brown, 1996)는 우울의 통상적 증상과 그 심각도를 액면적으로 타당한 21개의 자기보고식 문항으로 측정한다. BDI-II는 13~80세를 대상으로 우울

증 여부와 그 심각도를 평가한다.

벡 아동청소년 척도-II

벡 아동청소년 척도-II(Beck Youth Inventories-Second Edition: BYI-II; Beck, Beck, Jolly, & Steer, 2005)는 7~18세의 아동 및 청소년을 대상으로 하는 다섯 가지 자기보고식 척도이다. 각 척도는 우울, 불안, 분노, 파괴적 행동, 자기개념에 대한 생각과 느낌, 그리고 행동에 대한 기술을 담고 있다.

아동 행동평가 시스템-II

아동 행동평가 시스템-II[Behavior Assessment System for Children, Second Edition: BASC-II; Reynolds & Kamphaus, 2004(역주: 한국에서는 『정서-행동평가 시스템(K-BASC-II)』으로 출판)]는 2~25세의 아동 및 젊은 성인의 행동과 자기-지각을 평가하기 위한 평정 척도와 자기보고 양식 세트이다. 행동에 의뢰 문제가 있는 환자와 교사, 그리고 아동 또는 젊은 성인에게 BASC-II를 실시할 수 있다. 구조화된 발달 이력 양식(developmental history form)과 교실에서 관찰된 행동을 기록하고 분석하는 양식도 제공된다. 이 검사는 아동의 다양한 정서 및 행동 장애를 감별 진단하고, 교육과 관련된 분류를 도우며, 치료 계획을 설계하는 데 도움이 되도록 개발되었다. 조합 척도 점수는 외재화 문제, 내재화 문제, 학교 문제, 행동 증상, 적응적 기술에 초점을 맞춘다. 부모와 교사용 평정 척도에서의 적응적 기술 점수에는 일상생활 활동, 적응력, 기능적 의사소통, 리더십, 사회적 기술, 공부 기술 점수를 포함한다. 부모와 교사용 평정 척도의 임상 척도점수에는 공격성, 불안, 주의 문제, 비정형성, 품행 문제, 우울, 과잉행동, 학습 문제, 신체화, 사회적 철수가 있다.

집행기능 행동평정 척도

집행기능 행동평정 척도(Behavior Rating Inventory of Executive Function:

BRIEF; Gioia, Isquith, Guy, & Kenworthy, 2000)는 부모와 교사가 5~18세의 아동 및 청소년의 집행기능과 관련된 행동을 평가하도록 하는 평정 양식 세트이다. 이는 다양한 종류의 발달장애와 후천성 신경학적 장애 평가를 목적으로 만들어졌다. BRIEF 질문들은 86개 문항으로 구성된다. 두 가지 타당도 척도(부정성, 비일관성)와 8개의 임상 척도(억제, 전환, 정서 통제, 개시, 작업기억, 계획/조직화, 사물 조직화, 모니터링)가 있다. 임상척도는 행동 조절과 메타인지, 그리고 종합 집행기능의 두 가지 조합지수로 합산된다. 조합 점수 버전에 따라서 2~5세의 전학령기(BRIEF-P; Gioia, Andrews, & Isquith, 2003)와 18~90세의 성인(BRIEF-A; Roth, Isquith, & Gioia, 2005)을 대상으로 사용할 수 있다. 11~18세의 청소년을 위한 자기보고식 버전도 있다(BRIEF-SR; Guy, Isquith, & Gioia, 2004).

아동 행동평가 척도

아동 행동평가 척도(Child Behavior Checklist: CBCL; Achenbach & Rescorla, 2000, 2001)는 부모와 교사가 평정하는 척도로, 구체적인 행동과 정서 문제와 함께 능력, 학업 수행, 적응적 기능을 측정하기 위해 고안되었다. 어린 아동을 위한 버전은 1.5~5세를 대상으로 사용할 수 있고, 다른 버전은 6~18세의 아동 및 청소년에게 사용할 수 있다. 11~18세를 대상으로는 자기보고식 척도도 사용할 수 있다. 모든 양식은 동일하게 내재화 문제, 외재화 문제, 전체 문제 척도를 갖추고 있다.

코너스-III

코너스-III(Conners 3; Conners, 2008)는 ADHD에 대한 보고들과 그와 관련된 특징들, 그리고 공병 장애들을 평가하기 위해 사용되는 세 가지 척도(부모용, 교사용, 자기보고용)를 포함한다. 코너스-III는 긍정적 인상 관리, 부정적 인상 관리, 비일관성을 평가하는 타당도 척도가 있다. 여섯 개의 내용 척도로는 부주의, 과잉행동/충동성, 학습 문제, 집행기능, 공격성, 또래/가족 관계가 있다. DSM-IV-TR 증상척도로는 ADHD 부주의, ADHD 과잉행동–충동성, 품행장애, 적대적 반항장애가 있다. 부모와 교사 척도는 6~18세의 아동 및 청소년에게 사용할 수 있고, 자기보고식 척도는 8~18세의 아동 및 청소년에게 사용할 수 있다.

MMPI–A

미네소타 다면적 인성 검사–청소년용(Minnesota Multiphasic Personality Inventory-Adolescent: MMPI–A; Butcher et al., 1992)은 청소년의 정신병리를 측정하고 14~18세 청소년의 개인적 · 사회적 · 행동적 문제 식별을 돕기 위하여 개발된 척도이다. MMPI-A에는 몇 가지 타당도 척도가 있는데, 무선 반응 일관성, 고정 반응 비전형, 저빈도, 부인(lie), 방어성, 무응답 지표와 같은 척도가 있다. MMPI-II의 경우처럼 열 가지 임상 척도가 있다(다음 문단에서 논의). 건강염려(1), 우울(2), 히스테리(3), 반사회성(4), 남성–여성성(5), 피해의식(6), 강박(7), 조현병(8), 경조증(9), 사회적 내향성(10)이 그것이다. 또한 내용 척도, 병리를 추가로 상세히 기술하기 위한 보충 척도가 있다.

MMPI–II

MMPI–II(Minnesota Multiphasic Personality Inventory-II: MMPI-II; Butcher, Dahlstrom, Graham, Tellegen, & Kaemmer, 1989)는 18세 이상 개인의 정신병리의 평가와 선별을 돕고, 적절한 치료 전략을 결정하고, 사회 및 개인의 부적응으로 나타나는 주요 증상들을 평가하기 위하여 개발된 자가–실시 방식의 척도이다. MMPI-II는 미국에서 가장 보편적으로 시행되는 심리검사이다. 다수의 타당도 척도를 포함하고 있으며, L(Lie, 부인), F(Frequency, 비정형), K(Defensiveness, 방어성)이 잘 알려져 있다. 10개의 임상 척도로는, 건강 염려(1), 우울(2), 히스테리(3), 반사회성(4), 남성–여성성(5), 피해의식(6), 강박

(7), 조현병(8), 경조증(9), 사회적 내향성(10)이 있다. 몇 가지 다른 임상 소척도로는 내용 척도, 보충 척도가 있다. 2007년 MMPI-II에 추가된 타당도 척도인 Fake Bad Scale(FBS, 증상가장척도)는 신체적 증상을 과장하고 있을 가능성을 식별하는 데 유용하다. Pearson Assessment를 통해서 정신과 외래, 정신과 입원, 일반의료, 만성통증, 교정, 학교상담과 같은 다양한 장면에 특화된 해석 보고서를 활용할 수 있다. Pearson Assessment는 자녀 양육권 분쟁, 법률 행위 능력 또는 병원 입원 권고의 심사, 개인적인 상해 소송, 공판 전 범죄자 평가, 일반적인 교정 권고 등의 구체적인 법의학 장면에 맞춤형으로 제작되는 보고서를 제공한다.

MMPI-II-RF

미네소타 다면적 인성 검사-II-재구성판(MMPI-II-RF; Ben-Porath & Tellegen, 2008)은 의학적 치료에 영향을 미칠 수 있는 정신장애와 신체·심리·사회적 요인을 평가하기 위해 MMPI-II에서 경험적으로 타당화한 척도들을 특징으로 수정된 검사이다. 8개의 타당도 척도, 9개의 재구성 임상 척도, 41개의 새롭게 타당화된 척도를 특징으로 한다. MMPI-II-RF는 338개의 문항으로 구성되어 MMPI-II보다 적은 시간이 소요된다. 의학적 질환, 부상과 장애, 정신질환, 물질 남용 환자를 위한 환자의 프로파일을 사용할 수 있다.

성격평가질문지

성격평가질문지(Personality Assessment Inventory: PAI; Morey, 1991)는 객관적인 자기-시행 성격 척도로, 임상적 증후군과 정신병리를 평가하기 위해 사용된다. 18세 이상의 성인을 대상으로 개발되었다. 4개의 타당도 척도로는 보고의 일관성, 흔치 않은 응답, 부정적인 인상 관리, 긍정적인 인상관리가 있다. 11개의 임상 척도에는 신체적 호소, 불안, 불안 관련 장애, 우울, 조증, 피해망상, 조현병, 경계성적 특징, 반사회적 특징, 알코올 문제, 약물 문제가 있다. 치료 척도로는 공격성, 자살 관념, 스트레스, 사회적 지지 부재, 치료 거부가 있다. 두 가지 대인관계 척도에는 지배성과 온정성이 있다.

독립적 행동 척도-개정판

독립적 행동 척도-개정판(Scales of Independent Behavior-Revised: SIB-R; Bruininks, Woodcock, Weatherman, & Hill, 1996)은 학교, 집, 직업, 지역사회와 같은 다양한 장면에서 기능적 독립성과 적응 및 부적응 행동을 평가하기 위해 사용하는 평정 척도이다. 검사는 체크 리스트 방식 또는 구조화된 면담을 통해 시행된다. 영아기에서 80세 이상을 대상으로 초기 발달 양식, 종합 척도, 단축형 척도에 대하여 세 가지 검사 양식을 활용할 수 있다. 각각의 양식은 여덟 가지의 문제 행동 영역을 포함하는 세 가지 문제 행동의 군집(내재화 부적응성, 비사회적 부적응성, 외재화 부적응성)이 있으며, 이들로부터 종합 부적응지수를 도출한다. 개인의 일상생활에서 요구될 도움, 관리 감독, 자원의 수준을 알려 주는 지지 점수도 활용할 수 있다.

아동용 트라우마 증상 체크 리스트

아동용 트라우마 증상 체크 리스트(Trauma Symptom Checklist for Children: TSCC; Briere, 1996)는 외상 후의 고통 및 관련된 정서적 괴로움에 대한 자기보고식 측정 도구이다. 외상에 노출되고 난 후 외상후 스트레스장애의 위험이 있는 8~16세 아동을 위한 검사이다.

외상 증상 척도

외상 증상 척도(Trauma Symptom Inventory: TSI; Briere, 1995)는 외상 후의 고통과 외상 사건 이후의 다른 심리적 후유증을 측정하는 자기보고식 도구이다. 18세 이상 성인을 대상으로 사용한다. 세 가지 타당도 척도를 포함하여 환자의 증상 부인 경향, 흔치 않고 특이한 증상의 문항을 과도하게 승인하는 경향, 일관되지 않게 반응하는 양식을 평가한다. 10개의 임상 척도는 외상-관련 증상들을 다룬다. 초조성 각성, 해리, 성 관련 걱정, 분노와 과민함, 역기능적 성행동, 침습적 경험, 방어적 회피, 자기참조성 손상, 긴장 완화 행동이 그것이다.

바인랜드 적응행동 척도-II

바인랜드 적응행동 척도-II(Vineland Adaptive Behavior Scales, Second Edition: Vineland-II; Sparrow, Cicchetti, & Balla, 2005)는 의사소통, 생활 기술, 사회화, 운동 기술의 영역에서 적응적 행동을 광범위하게 평가하는 데 사용되며, 여러 영역의 점수들은 다시 적응행동 조합 점수를 산출한다. 선택적으로 도출하는 부적응행동지수도 활용할 수 있다. Vineland-II는 어린 아동, 학령기 아동, 청소년, 저기능 성인, 지적장애 및 발달장애, 전반적 발달장애, ADHD, 진행성 치매 관련 장애, 기타 정신장애에서 적절하게 활용된다. 면담조사 양식, 확장된 면담조사 양식, 환자/보호자 평정 양식은 출생부터 90세까지를 대상으로 사용할 수 있다. 교사 평정 양식은 3~22세를 대상으로 사용할 수 있다.

스스로 평가

1. 신경심리검사에 깔린 전제는 환자의 수행이 그들의 최대 노력을 반영해야 한다는 것이다. (○ / ×)

2. 환자는 최대의 노력을 기울이지 않을 수 있는데, 왜냐하면,
   (a) 우울하기 때문에
   (b) 소송 중에 있기 때문에
   (c) 의학적 질환이 있기 때문에
   (d) 이상 모두

3. 어떤 방도 검사를 하는 데 충분하다. (○ / ×)

4. 검사는 하루 내에 끝마치는 것이 더 좋다. (○ / ×)

5. 환자가 현재 주어진 과제에 적절한 노력을 기울이고 있는지는 간단한 관찰을 통해서 쉽게 알아낼 수 있다. (○ / ×)

6. 다음 중 틀린 것은?
   (a) 평가자는 검사를 진행하면서 채점해야 한다.
   (b) 평가자는 환자의 행동을 관찰해야 한다.
   (c) 평가자는 환자의 모든 말을 기록해야 한다.
   (d) 평가자는 검사 도구를 계속 준비하고 있어야 한다.

7. 한계 검증을 위해서는 표준화된 검사 절차를 위반하는 것이 허용된다. (○ / ×)

8. 검사 시행에서 필요한 것은
   (a) 지시 사항을 설명하며 환자를 돕는 것이다.
   (b) 검사 지시를 정확히 따르는 것이다.

(c) 벽시계를 통해 검사의 시간을 재는 것이다.

(d) 환자에게 응답이 맞았음을 알려 주는 것이다.

9. 채점 지침을 철저하게 숙지하고 있는 평가자는 응답의 점수값을 빠르고 정확하게 식별할 수 있다. (○ / ×)

10. 다음의 손상이 있는 개인을 검사할 때 팬터마임과 몸짓을 활용해야 한다.
(a) 청각 (b) 시각 (c) 운동장애 (d) 기억

정답: 1-○, 2-d, 3-×, 4-○, 5-×, 6-c, 7-×, 8-b, 9-○, 10-a

5장

해석의 핵심

개관

이제 우리는 제1장에서 언급된 의뢰 질문들에 답하기 위해 신경심리검사 사용에 있어 개념적이고 논리적인 문제와 절차를 다룰 준비가 되었다. 심리학자들이 검사 도구를 선택하고 구성하는 다양한 접근법(고정식 배터리 대 유연 배터리)을 사용하는 것처럼, 심리학자들은 검사 수행과 행동에 미치는 뇌의 영향을 추론하기 위해 다양한 접근법을 활용한다. 검사를 해석하는 접근법을 본격적으로 논의하기 전에 신경심리평가와 관련된 심리측정 이론의 몇 가지 기본적인 사안들을 다루는 것이 도움이 될 것이다.

검사의 타당도

심리측정학에서 중요한 것은 검사가 병리를 예측하고, 측정하고, 정의하는 데 유용한지 여부이다. 그에 상응하여 준거타당도/예측타당도, 구인타당도, 내용타당도와 같은 다양한 타당도 유형이 고려되어야 한다.

신경심리검사가 해결하는 가장 기본적인 문제는 환자의 수행이 중추신경계의 이상성 또는 뇌기능장애의 유무를 예측하는지를 알아내는 것이다. 검사 점수가 그러한 예측을 얼마나 성공적으로 해내는지의 정도는 검사타당도 개념의 한 예시로, 이 경우는 준거타당도(criterion validity) 또는 예측타당도(predictive validity) 개념의 예이다. 단순히 뇌기능장애의 존재 가능성을 예측하는 것을 넘어서 신경심리검사는 개인이 직장이나 학교에서 적응하는 데 어려움을 겪을 것인지 또는 더 나아가서 개인이 미래에 이러한 영역에서 얼마나 잘 수행할 것인지 예측하는 데에도 사용될 수 있다. 신경심리학적 검사 결과로부터 실제 삶의 기능을 예측할 수 있는 검사의 능력을 생태적 타당도(ecological validity)라고 한다.

검사가 측정하는 심리적 기능이나 과정이 무엇인지 궁금할 수도 있다. 내용타당도(content validity)와 구인타당도(construct validity)는 검사가 실제로 어떤 기능의 측정치가 되는 정도, 그리고 해당되는 기능이 어디에 해당하는지(기억, 음운 처리, 시지각, 추론과 문제해결)를 말한다. 구인타당도는 이 질문에 답하고자 한다. 나는 이 검사로 무엇을 측정하는가? 내용타당도는 이 질문에 답하고자 한다. 이 검사는 내가 측정하고 싶은 구인을 대표하는 표집인가?

타당도 질문의 답은 직접 정량화할 수 있을 때도 있지만, 데이터와 개념의 큰 체계에 기반하여 답해야 할 때도 있다. 가장 이상적으로는 검사가 질병이나 발달 이상의 존재를 완벽한 확실성으로 예측할 수 있거나, 검사를 통해 심리적 구성 개념(구인, construct)을 정의하는 것으로 해석할 수 있어야 한다. 그러나 불행하게도 신경심리검사의 실무에서는 절대로 완벽한 타당도를 얻을 수 없다. 어떤 검사도 뇌기능장애의 존재(또는 부재)를 완벽한 확실성으로 예측할 수 없으며, 어떤 측정치도 특정의 심리적 구성 개념을 완벽하게 측정하거나, 심리적 구성 개념의 소위 황금 표준(gold standard)이 되는 경우는 드물다. 여기서 다룰 타당도의 여러 유형은 [빠른 참조 5.1]에 정의되어 있다.

빠른 참조 5.1 정의된 타당도의 다양한 유형

- **준거타당도/예측타당도**: 검사의 기능을 정의하는 다른 측정치를 예측하거나 상관관계를 맺을 수 있는 검사의 능력(예: 검사가 뇌기능장애의 존재를 예측하는 능력)
- **구인타당도**: 검사 측정치가 이론적으로 정의된 구성 개념(구인) 또는 기능을 측정하는 정도(예: 검사가 언어기억을 측정하는 정도)
- **내용타당도**: 검사의 문항이 측정되는 구성 개념의 실제 표본을 표집하는 정도(예: 언어 기억의 검사가 그 기능을 측정하기 위해 단어들을 사용하는지)

준거타당도

준거타당도는 어떤 검사가 검사의 기능을 정의하는 다른 측정치를 예측하거나 그것과 상관관계를 맺을 수 있는 능력을 의미한다. 신경심리학에서는 일반적으로 검사들이 뇌기능장애의 존재를 확인하는 예측변수로 사용된다. 제1장에서 다루었던 것처럼, HRB 같은 평가 체계는 애초에 뇌 '장애'의 존재 여부라는 일차적 관심사를 예측할 수 있는 능력을 바탕으로 설계되었다(Halstead, 1947). 할스테드는 많은 시행착오를 통해 초기 배터리를 만드는 과정을 시작했다. 그는 뇌손상에 반드시 민감하도록 설계된 것은 아니었던 과제(예: 세귄-고다드 형판, 시쇼어 음악 적성 검사)를 사용했지만, 그 당시 뇌기능과 관련된 것으로 여겨졌던 과제(예: 깜빡임 임계 검사)도 사용했다. 그의 본래 목표는 신경과 의사가 임상적으로 뇌손상이 있다고 개별적 판단으로 분류해 놓은 (따라서 뇌기능장애를 보일 가능성이 높은) 환자를 정확하게 예측하는 검사를 개발하는 것이었다. 이 연구가 시작된 1930년대에는 뇌손상의 객관적 증거를 확인하기 위해서 두개골 엑스레이, 신경외과 의사 보고서, 그리고 일부의 경우에는 부검 결과를 볼 수 있었다. 환자의 뇌손상 여부를 판단하는 것은 신경학적 검사인 경우가 많았다. 이러한 기준은 뇌의 실제 상태에 대한 꼭 정확하지는 않은 제한적 정보였다. 두개골 엑스레이는 뼈에 영향이 있는 질병만 감지할 수 있었으며, 대부분의 뇌졸중, 뇌종양, 퇴행성 질환, 그리고 심지어 폐쇄성 두부 손상의 효과에도 둔감했다. 그리고 신경외과 보고서는 외과의사의 개입이 필요한 조건에서만 이용할 수 있었다. 여기에는 뇌종양, 동맥류와 같은 특정 혈관 질환이 포함될 수 있지만, 그러한 보고는 다른 여러 뇌손상에 대해서는 활용되기 어려울 것이다. 근육 긴장도, 강도, 힘줄 반사에서 증가된 반응성, 그리고 촉각, 통증 또는 위치에 대한 감소된 민감도 등의 변화로 나타나는 신경학적 검사의 양성 결과는 감각 및 운동 시스템과 관련된 특정 구조물에 손상이 있음을 알려 줄 수 있지만, 다른 뇌 부위의 손상에는 민감하지 않을 수 있다. 실어증(aphasia, 후천적 언어장애), 실인증(agnosia, 일차 감각기능 상실에 기인하지 않는 감각 정보에 대한 명백한 지식의 상실), 실행증(apraxia, 목적을 가진 움직임을 수행하는 능력의 상실)의 전형적인 증상이 관찰되는 것은 다른 뇌 영역들의 손상이 있음을 시사하지만, 이러한 증상이 없다는 사실이 기저하는 질병이 없다고 예측하는 정보가 되지는 못한다. 부검 보고서는 사망 시 뇌의 상태를 정확하게 보여 줄 수는 있지만, 환자에게 신경심리검사가 실제로 시행될 때의 뇌 상태를 반영한 것은 아니다. 환자는 검사를 받은 후 몇 달 또는 몇 년 후에 부검을 받을 때가 많은데, 그 시간 동안 신경계에는 많은 변화가 일어났을 수 있다.

타당한 신경심리학적 배터리를 만들고자 했던 할스테드의 최초 시도 이후, 정상적인 심리기능에 필요한 중추신경계 구조의 온전성을 평가하기 위한 여러 과학 기술적 발전이 응용되어 왔다. 이 기술에는 뇌전도(electroencephalography: EEG)와 사건 관련 뇌전도가 있다. 후자의 사건 관련 전위(Event-Related Potentials: ERPs) 측정 기법은 외부 자극이 피험자나 환자에게 제시된 이후에 정확히 정해진 시점에 측정된 EEG 정보를 수학적으로 합산한 것으로 구성된다. 이 기법은 여전히 연구 도구로 사용되고 있지만, 검사 수행과 관련된 구체적인 신경생리적 사건의 측정을 할 수 있으며, 궁극적으로는 임상적 측정 평가에 유용할 수 있다. 현시점에서 ERPs는 아직 심리적 증상의 신경생리적 상관물을 평가하는 임상 도구로 사용되고 있지는 않다.

의심할 여지 없이 중추신경계 조직의 상태를 측정하는 데 있어 가장 중요한 발전은 컴퓨터 단층촬영법(Computerized Tomography: CT)이다. 본래 CT는 1970년대에 전통적인 X선과 함께 개발되었는데, 축 주위 360도의 조직에서 투과한 X선 에너지를 측정하는 방식이다. 조직 밀도의 미세한 차이를 광선이 교차하는 모든 지점에 대해 계산할 수 있으며, 연한 조직의 정보를 알려 주는 단면 이미지를 만들어 낼 수 있다. 비록 기존의 컴퓨터 축단층촬영술(Computerized Axial Tomography: CAT)이 신경 구조에 대한 비교적 조악한 영상을 제공했지만, 그것은 살아 있는 사람에게서 보이는 여러 종류의 뇌손상이 존재하는지 확인하는 데 다른 어떤 기술보다도 정확했다. 이 기술은 또한 상대적으로 안전하고 비침습적이었다. 10년도 채 지나지 않아 전자기 공명(특정한 유기 분자가 매우 강하게 진동하는 자기장에 노출될 때 생성되는 에너지)에 기초한 단층촬영은 전례 없이 상세하고 민감한 단층 이미지를 만들어 냈다. 자기공명영상(Magnetic Resonance Imaging: MRI)은 또한 뇌의 정확한 관상면(즉, 정면) 및 시상면(즉, 측면)의 단면을 만드는 데 사용할 수 있으며, 미세한 신경 구조도 상당히 선명하게 볼 수 있다. 이 기술의 발전으로 1990년대에는 혈액의 흐름을 아주 민감하게 측정할 수 있게 되었고, 이는 뉴런 군집 내에서 아주 미세한 국소 대사율의 변화를 추적하는 데 사용될 수 있다. 기능적 MRI(functional MRI: fMRI) 기술은 피질기능에 대한 연구에 혁명을 일으켰고, 미래에는 진단에서 귀중한 도구가 될 수도 있다. fMRI 기법은 활성화된 뉴런이 있는 영역을 통과한 후에 잔여 혈중 산소 농도의 변화를 측정하는 방법에 의존한다. 이 혈중 산소 농도 의존(Blood Oxygen Level-Dependent: BOLD) 신호는 신경 활동의 간접적인 측정치일 뿐이다. 양전자방출단층촬영(Positron Emission Tomography: PET)과 단일광자방출단층촬영(Single Photon Emission Tomography: SPECT)도 특정한 방사성 동위원소가 붕괴되는 동안에 방출되는 원자 입자가 감지되는 원리에 기반한 기능적 단층촬영 기술이다. 촬영을 위해서 연구 참가자나 환자는 포도당이나 산소와 결합하는 방사성 추적 표지(리간드)를 주입받거나 흡입

한다. 이렇게 표지된 분자들은 뉴런으로 흡수되어 그들의 대사 활동 수준을 직접 측정하는 데 활용될 수 있다. PET와 SPECT는 뉴런 활동을 직접 측정한다는 장점이 있지만, 현세대의 fMRI의 미세한 공간 및 시간적 분해 능력을 가지고 있지는 않다. 두 기술 모두 방사성 물질의 투여에 의존하기 때문에 이것들은 오직 단일 개인을 대상으로 드물게 사용되는 편이며, 임상적 진단 과정의 일부로서 흔히 사용되는 것은 아니다.

이와 같이 신경심리검사는 조금씩 더 정확성을 높여 가는 측정을 통해서 끊임없이 재타당화되고 있다. 하지만 아이러니한 것은 이러한 기술이 더욱 정교해지고 경제성을 갖추면서 뇌 이상성의 예측자로서 기능하는 신경심리검사의 임상적 유용성이 사라지고 있다는 점이다. 심리검사의 유일한 목적이 신경 영상에서 질병의 증거가 있는지를 예측하는 것이고, 두 측정 도구의 시행 비용이 비슷하다면 그냥 신경 영상을 사용하는 것이 더 좋지 않은가? 이 질문에 대한 대답은 간단명료하다. 뇌에 이상이 있다고 해서 반드시 기능이나 기능 수준의 변화를 예측하는 것은 아니다. 병변의 크기가 기능적 손상의 정도를 어느 정도 예측할 수는 있지만, 많은 경우에 기능적 감퇴의 양상과 심각도를 예측하는 데에는 병변의 크기보다 국소적 위치가 더 중요하다. 하지만 병변의 국소적 위치를 지목하는 것은 기능 수준의 '적당히 괜찮은' 예측변수일 뿐이다. 병변의 존재가 특정한 기능의 상실을 반드시 의미하지는 않으며, 특정한 기능의 상실은 일부 종류의 병변의 존재에 대한 적당한 예측자일 뿐이다. 예를 들어, 뇌손상에 따른 후천성 언어장애인 실어증의 존재는 보통 오른손잡이 성인의 왼쪽 중뇌동맥 영역의 병변을 예측한다. 이와는 대조적으로 도면이나 글을 복사하는 능력은 한 반구에 국한된 병변이 있는지 예측하지 못한다. 좌측공간 무시증(neglect)의 존재를 통해 대개 우뇌반구에 병변이 있다는 것을 예측할 수는 있지만, 병변의 위치는 사실상 우반구의 어떤 구조물도 가능하다(McGlinchey et al., 1996). HRB의 촉각 성능 검사 및 할스테드 범주 검사 같은 고전적인 신경심리검사들은 뇌기능장애의 존재에 매우 민감하지만, 병변의 국소화에 대한 타당한 예측변수가 아니다. 신경심리검사는 뇌기능장애의 존재를 예측할 뿐만 아니라 손상된 심리적 기능(또는 기능들)이 무엇인지 나타내고 기술할 수 있어야 한다.

Sbordone과 Saul(2000, p. 178)은 생태적 타당도를 "신경심리검사에서의 개인 수행과 다양한 실제 환경에서의 행동 사이의 기능적이고 예측적인 관계"라고 설명했는데, 이는 예측타당도의 한 하위 개념으로 볼 수 있다. 그러나 Sbordone과 Guilmette(1999)는 뇌기능장애가 있는 사람의 일상적인 기능 또는 작업 능력을 정확하고 신뢰롭게 예측하기 위해서는 단일한 신경심리검사만을 사용할 수는 없다고 경고했다.

내용 및 구인 타당도

예측성과 예측타당도에 대한 강조는 미국에서 현대 임상신경심리학을 낳은 경험주의 전통으로부터 나왔다. 할스테드는 뇌가 다양한 심리적 기능을 담당한다는 사실을 설명하기 위해서 생물학적 지능(biological intelligence)의 개념을 정립했지만, 그의 전체론적 성향 때문에 측정되는 특정한 심리적 실체의 기술과 이론적 분석은 덜 강조했다. 검사의 역사 속에서 HRB 또는 1970년대 이전에 만들어진 많은 신경심리검사는 구인타당도를 예측타당도의 하위 개념으로 포함시켜 버렸다. 제1장에서 논의한 것처럼, 실험심리학에서 인지 과정을 다시 강조하고 뇌과학에서 뇌기능의 국재적 개념화가 널리 알려지게 되면서 검사로 측정되는 구체적인 정신 작용을 이해하는 것이 더욱 강조되었다.

검사가 어떤 기능을 측정하는지, 그리고 문항이나 과제가 해당 기능의 실제적인 표본인지에 대한 질문은 각각 구인타당도와 내용타당도로 알려져 있다. 현행의 교육 및 심리검사 표준(American Educational Research Association; American Psychological Association & National Council on Measurement in Education, 1999)에서는 구성 개념(구인, construct)을 "검사 점수들이 다른 변인들과 맺는 상관관계들, 내적 검사 구조, 반응 과정의 관찰, 그리고 검사의 내용을 아우르는 다수 유형의 증거로부터 추론된 이론적 변인"이라고 정의했다(p. 174). 이어서 "현행 표준에서는 모든 검사 점수가 어떤 구인의 측정치로 간주되기 때문에 앞의 문구는 타당도에 대한 설명과 동일하다."라고 기술했다.

검사 개발자는 구인타당도를 어떻게 확립하는가? 경우에 따라서 구인타당도는 새로운 검사와 기존에 확립된 검사 간의 상관관계를 보여 주는 일종의 준거타당도로 조작적 정의가 되기도 한다. 이는 지능 검사의 경우에서 흔한데, 새로운 검사의 점수들이 WAIS-IV와의 상관관계를 보여 주게 된다. 웩슬러 지능 검사들은 첫 출판이 된 1939년 이후부터 수천 개의 연구를 통해 광범위한 조사가 되어 왔다. 검사는 대부분의 임상가가 합의하는 검사의 기능을 수행한다. 즉, 지능 검사들은 지적 능력이 중요하게 여기는 학업성취와 직업수행을 예측한다. WAIS는 신경과 및 정신과적 질환의 연구에서 광범위하게 활용되어 왔으며, 지능 검사의 표준이 되었다. 새로운 검사와 현 버전의 웩슬러 지능 검사 간의 높은 상관관계는 새롭게 개발된 검사가 지능도 측정한다는 증거로도 제시된다. 하지만 이 검사가 정말로 지능의 측정치라고 할 수 있을까? 인간의 능력에 관한 연구에서는 인간의 지능을 구성하는 것이 무엇인지, 그리고 최신 연구들이 지능이라고 생각하고 규정하는 것을 웩슬러 지능 검사가 진정으로 측정하는지를 둘러싼 많은 논쟁이 있다. 지능 검사의 구인타당도에서 중요한 점은 측정하고자 하는 기능이 경험적으로 지지되는 이론과 어떤 관계를 맺는가 하는 부분이다. 웩슬러 지능 검사는 학교 성적의 우수한 예측변수가 될 수 있고, 심지어 신경심리검사로서 중요한 역할을 할 수도 있지만, 그들이 측정하는 것이 현재의 지능에 대한 이론적 개념에 반드시 부합하는 것은 아니다. 웩슬러 지능 검사는 사실 현대 신경심리 배터리에서 가장 널리 사용되는 검사일 수 있지만, 경험이 풍부한 임상가조차 하나의 구인으로서 타당도를 해석하는 방식이 일관되지 않다. 이 지점은 토막짜기 소검사의 예시로 생각해 볼 수 있다.

WAIS-IV 매뉴얼의 타당도 부분에서 토막짜기는 행렬추론과 함께 지각추론 요인(perceptual reasoning factor)에 부하가 실리는 것으로 제시된다. 이러한 자료는 이 과제 점수들이 여러 사람에 걸쳐 공변한다는 것을 확인시켜 주지만, 과제가 무엇을 측정하고 있으며 독립적으로 확립된 기능에 대한 이론과 어떻게 관련되어 있는지에 대한 질문은 겉만 긁을 뿐이다. 토막짜기가 측정하는 것으로 보이는 다수의 기능은 Kaufman과 Lichtenberg(1999, pp. 102-103)에서 정리하고 있으며, [빠른 참조 5.2]에서도 확인할 수 있다.

빠른 참조 5.2 토막짜기 소검사로 측정되는 기능들

- 추상적 자극의 시각 지각
- 복합적 언어 자극에 대한 청각 지각
- 세부 사항의 핵심과 비핵심 사이를 변별
- 지각적 조직화
- 폭넓은 시각 지능
- 유동 지능
- 공간
- 동시처리
- 시행착오를 통한 학습
- 모형의 복제
- 공간적 시각화
- 정신적 처리속도
- 부분-전체 관계의 통합
- 전체를 부분 요소로 분석하기
- 시각-운동 협응

임상가는 흔히 토막짜기와 같은 소검사 수행의 선택적인 손상에 기반해서 구체적이고 국소적인 인지 결함이 존재한다는 결론을 도출하고 싶은 유혹이 생길 때가 많다. 그러한 선택적 손상이 병변의 국소화에 활용될 수 있는지 여부에 대한 문제와는 별도로, 임상가는 낮은 점수로 대변되는 손상기능을 어떻게 기술해야 하는지 고민해야 하는 상황에 놓이게 된다. [빠른 참조 5.2]의 목록에서 알 수 있듯이 토막짜기는 수많은 기능에 관한 검사이며, 검사가 측정하는 심리적 요소를 밝히려는 것은 그 자체로 하나의 연구 주제이다. 이와 같이 구인타당도가 명확하지 않다는 문제 때문에 복합적이고 잘 밝혀지지 않은 측정치의 검사 점수를 어떤 식으로든 해석해야 하는 임상가들 사이에서는 의견 일치를 이루기 어렵다.

신경심리학적 측정 도구로서 가치를 입증받은 웩슬러 지능 검사와 다른 많은 검사는 그러한 측정 목적을 염두에 두고 설계되지 않았으며, 대부분의 경우에 뇌가 어떻게 작동하는지에 대한 자료나 이론에서 도출되지 않았다. 이상적인 순서였다면 먼저 신경심리검사가 적절히 정교화되고 뇌기능과 직접적으로 관련된 구조를 반영하도록 설계되어서, 지금처럼 검사가 이미 자리 잡고 대중화된 이후에야 그것이 실제로 측정하는 바를 탐색할 필요가 없었을 것이다. 많은 신경심리학적 도구는 완전히 확립되지 않았기 때문에 이러한 측정치들의 의미에 대한 개념은 끊임없이 진화하고 있다. 임상가들은 그들이 사용하고 있는 검사에 대한 최신 문헌을 읽도록 노력해야 한다. 몇 년이 지난 매뉴얼에 포함된 검사의 설명은 측정의 본질, 즉 검사가 측정한다고 말하는 신경심리기능에 대한 최신 견해를 반영하지 않았을 수 있다.

검사의 민감도와 특이도

민감도와 특이도는 검사타당도가 어떻게 임상적 의사 결정에 영향을 미치는지를 이해하는 데 중요한 개념이다. 한 사람을 '뇌기능장애'가 있는지 분류하는 데 쓸 수 있는 점수를 산출하는 심리검사, 그리고 해당 기능장애의 실제 존재 여부에 대한 '최고 기준(황금 표준, gold standard)'이라고 할 수 있는 또 다른 측정치(예: 신경병리학자에 의한 직접적인 뇌 검사)가 있다고 생각해 보자. 이 검사로 다음 네 가지의 가능한 결과를 생각할 수 있다.

- 뇌기능장애가 있음을 올바르게 분류하는 참양성(True Positive: TP)
- 건강한 환자를 뇌기능장애가 있다고 틀리게 분류하는 거짓양성(False Positive: FP)
- 환자의 뇌기능장애가 없다고 올바르게 분류하는 참음성(True Negative: TN)
- 환자의 뇌기능장애가 없다고 잘못 분류하는 거짓음성(False Negative: FN)

임상적 진단에서 이 네 가지 결과는 몇 가지 표준 범주로 검사의 정확성을 정의할 수 있다. 검사의 민감도(sensitivity)는 검사가 실제 뇌기능장애를 얼마나 잘 식별해 내는지를 말하며, TP와 FN의 총수에서 TP의 비율(TP/FN+TP)로 계산된다. 반면, 특이도(specificity)는 검사가 건강한 개인을 건강하다고 얼마나 올바르게 분류하는지를 말하며, TP와 FP의 총수에서 TN의 비율(TN/TN+FP)로 계산된다. 여기서 주의할 것은 검사의 정확도가 검사가 시행되는 인구 집단에서 준거 질환이 얼마나 발생하는지에 영향을 받는다는 점이다. 이 문제는 이후에 기저율을 다루는 절에서 다시 논의할 것이다.

일부 검사들은 뇌기능장애의 존재에 대한 좋은 예측변수(즉, 뇌기능장애에 민감한 검사)이지만, 때로는 뇌기능장애의 부재에 대한 좋은 예측변수가 아니다. 이는 건강한 사람 또는 뇌기능장애 이외의 이유로 검사를 제대로 수행하지 못하는 사람을 뇌기능장애가 있다고 분류하는(즉, 낮은 특이도) 경우이다. 정상인들이 때때로 특정 신경심리검사에서 저조한 수행을 보인다는 사실은 이미 할스테드도 인지하고 있던 부분이었다. 그는 개별 신경심리검사의 특이도가 빈곤하다는 것을 공식적으로 입증한 최초의 연구자 중 한 명이었으며, 배터리로 시행된 다수 측정치의 수행에 기반하여 '손상지수'를 만드는 것이 현명하다고 주장했다. HRB의 원래 버전의 경우, 검사의 거짓양성 비율을 최소화하기 위한 방법으로 10개 중 6개의 측정치에서 손상 범위에 해당하는 점수를 받도록 한다.

거짓양성 오류는 뇌기능장애나 구조적 뇌손상과 직접 관련이 없는 원인에 의해 심리검사 수행이 저조해질 위험이 있는 집단에서 더욱 문제가 된다. 예를 들어, 조현병 환자와 선천적 지적장애의 병력이 있는 환자는 신경심리검사에서 흔히 저조한 수행을 보인다. 이런 환자군도 일종의 뇌기능장애를 겪고 있다는 주장이 제기되기도 한다. 그러나 만약 평가 질문의 초점이 수행 패턴과 후천성(새롭게 생긴) 신경병리 간의 관련성을 알고 싶은 것이라면, 신경병리의 존재가 의심되는 집단은 지능이 낮은 집단이나 정신과적 장애의 이력이 없는 집단에 비해서 뇌기능 손상 수준에 해당하는 점수를 보이는지 보게 될 것이다. 신경심리검사에 의뢰되는 성인과 아동들은 정상에 해당하는 지능과 학업 능력의 범위가 매우 넓다. 전반적인 지적 능력과 교육 수준은 많은 신경심리검사의 수행에 영향을 미친다. 정상 수준 내에서 지능이 낮거나 교육 수준이 낮은 사람들은 평균 이상의 지능을 가졌거나 교육 수준이 높은 사람들보다 신경심리검사의 수행이 저조할 가능성이 더 높다. 많은 현대 신경심리검사는 측정의 민감도와 특이도를 높이기 위하여 넓은 범위의 교육 수준에 걸친 개인에 대하여 규준 자료를 제공한다. 신경심리검사의 저조한 수행을 뇌기능장애의 징후라고 결론 내리기 전에 낮은 수행을 일으키는 수많은 비신경학적 원인을 고려해야 한다. [빠른 참조 5.3]에는 검사 결과의 비특정성으로 인해 발생하는 신경심리검사의 거짓양성 오류 발생 원인이 요약되어 있다.

[중요]
많은 신경심리검사가 뇌기능장애에 특정적이지 않기 때문에 거짓양성 오류의 위험이 크다. 거짓양성 오류는 신경심리검사가 많은 비신경학적 요인의 효과에 민감하기 때문에 발생한다.

빠른 참조 5.3 뇌기능장애 예측에서 거짓양성의 다양한 원인

- 정신과적 질병 및 장애
- 심각한 수준의 불안
- 지적장애(정신지체)
- 낮은 지능
- 낮은 교육 수준
- 비원어민 언어 사용자
- 문화적 배경
- 열악한 사회경제적 조건
- 수면 부족 또는 피로
- 신체적 질환
- 약물 효과
- 감각 또는 운동 장애
- 급성 또는 만성 통증
- 직업 또는 직업-외적 배경
- 협조 및 노력 부족
- 꾀병
- 환자-평가자 간의 부정적인 상호작용
- 검사 요령의 능숙성과 연습 효과

개인의 문화적 배경은 또한 신경심리검사에서 거짓양성 오류의 원인이 될 수 있다. 신경심리검사 수행에서 가장 명백한 문화적 요소는 당연하게도 언어이다. 모국어로 시행되지 않은 검사는 유창한 언어로 시행된 검사보다 거짓양성 오류를 발생시킬 가능성이 더 높다. 유창하게 이중언어를 구사하는 원어민조차도 비슷한 학력 수준의 다른 원어민에 비해서 검사에 쓰이는 언어에 노출된 정도가 적었다면 일부 과제에서 불이익을 받을 수 있다.

신경심리검사 및 심리검사의 연구에서는 검사 언어의 모국어 사용자들 중에서도 하위문화 또는 민족적 차이가 거짓양성 오류를 일으킬 수 있다는 주장을 둘러싸고 논쟁이 뜨겁다. 이 논쟁은 일부 소수민족 배경의 사람들이 유럽 배경의 대다수 백인이나 아시아계 미국인의 특정 집단보다 심리검사에서 일관되게 더 낮은 점수를 받는다는 사실에 초점을 맞추고 있다. 검사의 민감도와 특이도 문제는 지적장애로 분류하거나 검사 점수가 취업이나 대학 진학에 활용되는 경우에 특히 대중적 관심이 크다. 한 주장에 따르면, 많은 심리검사의 거짓양성 비율(예: 낮아진 특이도) 때문에 특수교육 수업에서 일부 소수민족의 구성 비율이 높아진 반면, 정확하게 식별되는 비율이 낮은 것(예: 낮은 민감도)으로 인해서 대학 입학률과 직업 승진율이 낮아질 수 있다.

아마도 검사 규준을 만드는 데 필요한 비용과 시간 때문에 많은 신경심리검사 출판사는 횡단적으로 수집한 미국 성인의 규준 자료와 타당화 연구에 기반하여 검사를 출시하고, 이러한 자료는 연령과 교육에 따라서 발생할 수 있는 수행 차이를 다루는 데 활용한다. 가장 널리 사용되는 검사의 매뉴얼에도 정신질환 집단, 이중언어 집단 및 다른 문화 집단에 대한 별도의 자료가 거의 제공되지 않는다. 이러한 현황은 미국교육연구협회가 발표한 교육 및 심리검사 표준(standards for educational and psychological testing; American Educational Research Association, American Psychological Association, & National Council on Measurement in Education, 1999; [표준 1.2−1.4] 참조)의 검사 타당도 표준을 따른다고 볼 수 있다. 또한 [표준 1.4]에서는 "타당화되지 않은 방식으로 검사를 사용하는 경우에는 새로운 사용 방식을 타당하게 해야 하며, 필요한 경우에는 새로운 증거를 수집하는 것이 사용자의 의무"라고 명시적으로 경고하고 있다.

최근까지는 신경심리검사의 민감도와 특이도가 개별 측정치의 타당도를 판단하기 위해 사용되지는 않았기 때문에 개별 검사에서 거짓양성 오류를 발생시키는 경향은 검사 매뉴얼에서도 강조하지 않는 경향이 있으며, 잘 훈련된 임상가도 이를 간과할 수 있다. 현재 이러한 상황은 정상 수준에 해당하는 범위 전체에서 지적·교육적 배경을 자주 평가하는 신경심리학자에게는 큰 문제가 되며, 다양한 문화적 배경과 언어적 역량을 가진 사람들이 늘어나는 상황에서는 더욱 그렇다. 이러한 심각한 문제는 현재 사용되는 많은 신경심리검사의 타당도를 훼손할 수 있으며, 잘못된 임상적 의사 결정이 많아질 수 있다. 때로는 검사들의 결과가 소송 판결이나 사회 정책의 변화를 위한 기반이 된다. 검사 출판사의 입장에서는 검사 사용 전에 고려할 한계점과 주의 사항을 명시하는 것이 언제나 이득이 되지는 않기 때문에 이 분야에 입문하는 신경심리학자는 현재 측정 기술의 잠재적 한계성을 예리하게 인식하고 있어야 한다.

검사의 타당도는 심리검사가 일부 집단에서 수행이 저조해진다는 이유로만 문제가 되는 것은 아니다. 측정 자체가 신뢰할 수 없고 측정되는 속성과 무관한 요인에 민감하다는 이유로도 검사의 타당도가 문제적일 수 있다.

검사의 신뢰도

검사의 타당도는 많은 요인에 의해 제약을 받을 수 있다. 때때로 검사 점수는 그것이 예측하거나 측정하도록 설계된 속성 이외의 영향을 받을 수 있다. 검사가 어떤 (심리학적인) 양적 속성에 대해 얼마나 안정적이고 순수한 측정치인지에 대한 정도를 신뢰도라고 한다. 고전적 신뢰도 이론(Crocker & Algina, 1986)에 따르면, 모든 점수는 진점수(T: true score)와 다양한 오류 출처(e: error)의 영향으로 구성된다고 가정한다. 진점수(T)는 한 측정에서 다른 측정에 걸친 값들의 양이 안정적으로 유지될 것이라고 가정되는 부분이다. 오차(e)는 특정 시간에 실제 측정값이 더 크거나 작도록 할 수 있는 무선적 영향의 합으로 간주되는 부분이다. 신뢰도는 진점수에 오차를 더한 값에서 진점수가 차지하는 비율로 표현되기도 한다.

$$\text{신뢰도} = \frac{T}{T + e}$$

여기서 오차 수준이 증가하면 검사의 신뢰도는 감소한다는 것을 쉽게 알 수 있다. 검사의 신뢰도가 낮다는 것은 (대부분의 경우에서) 예측을 할 수 있는 능력이 제한됨을 말한다. 각 점수에 포함된 오차의 구성 비율이 높다면 검사 점수가 측정하고 있는 측정 차원을 진실되게 반영할 가능성이 낮다. 작은 온도의 변화로 팽창하고 수축하는 금속으로 만들어진 자를 생각해 보자. 이 물건의 불안정성으로 인해 눈금자는 거의 매번 다른 측정값을 산출할 것이다. 자에서 산출되는 측정치의 비일관성 때문에 길이에 대한 측정치로서 이 도구의 타당도는 온도의 차원에서 변하는 관련 없는 속성의 크기만큼 제약을 받을 것이다. 자가 예측한 물건의 길이가 어떤 때는 3/4인치였다가 어떤 때는 1인치 그 이상이 될 수 있다. 측정되는 대상의 실제 물리적 차원, 즉 진점수는 동일하지만 눈금자는 오차로 인해 다른 결과를 생성하므로 실제 길이가 얼마인지에 대한 다른 예측들을 도출한다.

신경심리검사가 어떤 것을 측정하거나 예측하도록 설계되었든 간에 대부분의 검사는 측정 오차에 미치는 요인들에 영향을 받을 수 있다. 오차의 다양한 원인으로는 환자와 평가자 간의 라포 부재, 환자의 피로도, 지시의 명확성, 채점 기준의 명확성이 있을 수 있다.

신뢰도는 또한 검사 결과가 내부적으로 일관되는 정도, 또는 검사 결과가 다른 장면의 측정 결과에 일반화될 수 있는 정도로도 볼 수 있다. 이러한 개념적 다양성은 신뢰도를 정량적으로 추정할 수 있는 여러 방법이 있는 것처럼 보인다. 그러나 이들은 측정 오차를 개념화하는 서로 다른 방법들임을 알아야 한다. 개별 검사 항목 간의 상관관계와 개별 항목과 총점 간의 상관관계는 검사의 내적 일관성을 확인하는 대표적인 척도이다. 이러한 척도는 여러 문항으로 구성된 검사에서 중요하며, 이러한 문항들이 얼마나 동일한 요인을 측정하는지의 정도를 정량할 수 있다. 정해진 양의 대상을 여러 차례 측정하는 것은 이상적으로는 진점수를 증가시키고 오차를 감소시키기 때문에 흔히 심리검사는 많은 시행과 문항으로 구성된다. 이때 개별 시행과 문항을 적절히 선택하여 사용하지 않으면 각각이 다른 요인을 측정하여 결국 신뢰도를 높이기보다는 감소시킬 수 있다. 신뢰도의 정의와 이를 측정하는 다양한 방법은 [빠른 참조 5.4]에 나열되어 있다.

빠른 참조 5.4 신뢰도의 정의 및 유형

신뢰도는 어떤 양적 속성에 대하여 검사가 어느 정도로 안정적이고 순수한 측정치인지에 대한 정도를 의미한다. 신뢰도는 일관성을 의미한다.

- **내적 일관성**: 개별 검사 문항들 간의 상관관계, 또는 개별 문항과 총점 간의 상관관계
- **검사-재검사 신뢰도**: 두 시점의 검사 점수 간의 상관관계
- **평정자 간 신뢰도**: 다른 평가자로부터 얻은 검사 점수들 간의 상관관계

평정자 간 신뢰도와 검사-재검사 신뢰도는 측정 도구의 일반화 가능성을 평가하는 가장 일반적인 방법이다. 이 두 경우, 두 번의 검사에서 얻은 점수 간의 상관관계가 높다는 것은 검사 점수가 일정 기간 동안에 안정적, 즉 일반화될 수 있음을 나타낸다. 검사-재검사 신뢰도는 여러 면에서 가장 직관적인 신뢰도 측정이다. 측정 시점에 따라 달라지는 진점수의 측정값이 있다면 이를 신뢰하기는 어려울 것이다. 건설 산업 현장에서 테이프 길이의 측정이 매일마다 다른 측정값을 산출한다면 어떤 혼란이 생길지 상상해 보라.

그러나 실제로는 건강한 개인에게서 안정적으로 측정되는 검사라고 해도 뇌기능장애가 있는 환자 또는 노인, 어린이, 정신질환이 있는 사람과 같은 일부 집단에서는 시간에 걸쳐 안정적인 점수를 보이지 않을 수 있다. 이러한 경우에는 내포된 진점수 자체가 달라지는 것일 수 있으며, 이로 인해서 검사-재검사 신뢰도의 추정치가 저조하거나 높지 않을 수 있다. 또한 일부 환자의 수행이 회기 내에서도 달라질 수 있기 때문에 내적 일관성의 측정이 제한될 수 있다. 어떤 경우에는 피로도와 산만함에 대한 검사의 민감성이 높아지면 긴 시

간 동안에 이뤄지는 검사의 상대적인 신뢰도가 역설적으로 감소하고, 결과적으로는 내적 일관성의 추정치가 왜곡된다.

채점을 위해 평가자의 판단이 필요한 검사 항목에 대해서는 평정자 간 신뢰도(다른 평가자로부터 획득된 검사 점수 간의 상관관계)가 중요하다. 이러한 검사의 예로 WMS와 WAIS가 있다. 주의해야 하는 것은 검사의 평정자 간 신뢰도가 우수하다고 해서 내적 일관성이 높지 않을 수 있으며, 검사–재검사 신뢰도가 반드시 우수한 것도 아니라는 점이다.

의학 논문에서는 평정자 간 신뢰성에 대한 또 다른 접근법이 사용되기도 한다. 이 접근법은 진단 재현성으로 알려져 있다. 평정자 간 신뢰도에서 검사 점수 범위에서의 일치성을 봤던 것과는 달리, 진단 재현성에서는 한 환자에 대해 서로 다른 평가자가 제공하는 진단 간의 일치성을 보는 개념이다. 여기서는 어떤 점수 범위에 걸친 평정자 간 신뢰도를 피어슨 상관계수(r)로 계산하기보다는 카파계수(k)를 통해 질환에 대한 양성 또는 음성 진단을 내놓는 평정자들 간의 일치성을 나타낼 수 있으며, 일치성은 0~100% 사이의 값으로 나타낼 수 있다. 신경심리검사가 어떤 진단적 결정을 내리는지 평가하기 위해서 흔히 사용되지는 않지만, 이러한 진단 재현성의 개념은 단순히 평정자 간 신뢰도 계수만을 통상적으로 보고하는 것에 비해서 몇 가지 장점이 있다(Kraemer, 1992). 재현성 계수는 임상적 결정이 실제로 재현되는 정도를 수치로 나타내며, 이 임상적 결정은 검사가 활용되는 중요한 기능이기도 하다. 검사에서 두 명의 평정자가 같은 점수를 산출한다고 해도 동일한 진단적 결정으로 이어지지는 않을 수 있다. 진단 재현성은 무엇이 진실된 진단, 즉 무엇이 질환의 실제적 존재를 구성하는지에 대한 합의에 따라 달라진다. 이는 타당도의 문제, 즉 검사가 평가받게 되는 표준적인 기준을 확립하는 것의 문제이기도 하다. 하지만 진단적 기준이나 예측적 기준 자체에 여전히 미해결된 문제들이 많기 때문에 진단 재현성의 개념은 아직 신경심리학 분야에 본격적으로 들어오지는 못한 듯하다. 우리는 다시 검사의 타당화를 둘러싼 몇 가지 문제로 돌아간다.

교육 및 심리검사 표준(American Educational Research Association, American Psychological Association, & National Council on Measurement in Education, 1999)에서는 검사의 출판자가 검사 측정의 신뢰도에 대한 정보를 제공하고, 어떤 종류의 신뢰도(검사-재검사, 내적 일관성 등)를 보고하고 있는지 포함해야 한다고 말한다. 임상가는 이러한 자료를 신중하게 검토하고, 보고된 신뢰도의 종류가 이후에 검사가 어떻게 사용될지와 관련 있는지 판단해야 한다. 정상 통제군 피험자에 기초해서 보고된 신뢰도 추정치는 모집단에서의 추론에 매우 주의하여 활용되어야 한다. 정상적인 개인에 대해 신뢰성이 입증된 검사라고 해도 환자 집단과 같이 모집단이 달라지면 신뢰도가 제약될 수 있다.

기저율

검사 타당도는 진공 상태에서 계산되지 않는다. 질환의 유무에 대한 예측의 정확도는 검사되는 집단에서의 질환 발생률에 따라 달라진다. 비록 기저율이 검사에 기반한 의사 결정의 효율성이나 정확성에 영향을 준다는 문제가 의학적 진단을 다루는 연구자들 사이에 잘 알려져 있었지만(예: Kraemer, 1992), 어떤 분석도 1955년에 Paul Meehl과 Albert Rosen이 『Psychological Bulletin』에 게재한 대표적인 논문인 「심리적 징후, 패턴 또는 절단점의 선행 확률과 효율성」보다 이 문제를 더 풍부하고 설득력 있게 다룬 분석은 없었다. 신경심리학자를 위한 기저율의 문제를 설명하기 위해서 Meehl과 Rosen(1955)에서 약간의 현대적 조정을 거친 다음의 예시를 생각해 보자.

신경심리학자는 재활병원 입원을 위해 의뢰된 환자들이 머리 부상과 관련된 실제 결함이 있는지, 아니면 꾀병(즉, 이차적 이득을 위해 결함을 거짓으로 가장하거나 과장하는 것)을 보이는 것인지 여부를 결정하도록 요청받았다. 선별 과정은 비싸지 않아야 하며, 검사 결과는 고가의 방사선과 검사에 환자를 의뢰할지 여부를 결정하는 데 사용된다. 신경심리학자가 연구들을 검토해 보니 뇌손상의 증상을 가장하도록 설정된 사람들('꾀병 집단'으로 지칭)을 70% 정확하게 식별할 수 있는 검사에 대한 연구를 찾았다. 또한 이 검사는 MRI로 확인된 뇌손상이 있는 사람들('뇌손상 집단'으로 지칭)의 70%를 정확하게 식별할 수 있다고 한다. 재활병원에 언급된 모든 환자의 90%가 방사선 검사 결과로 최종 확인될 뇌손상을 실제로 갖고 있다고 가정할 때, 신경심리검사는 이 후보 검사 도구에 대해 어느 정도의 확신을 가져야 하는가? Meehl과 Rosen이 지적했듯이 기저율에 기반하여, 그리고 검사 실시의 여부와 관계없이 단순히 재활병원에 의뢰된 모든 환자를 뇌손상이 있다고 예측해 버리는 전략을 쓴다면 예측은 90%로 정확할 것이다.

〈표 5.1〉에서 알 수 있듯이, 상황 A에서는 재활병원에 입원한 10명의 꾀병자 중 7명이 검사에서 꾀병 판정 점수를 받은 반면, 뇌손상 환자 90명 중 63명은 뇌손상 판정 점수를 받았다. 꾀병 판정 점수를 받은 환자들이 모두 꾀병자로 예측된다고 한다면 34명 중 7명(즉, 21%)만이 정확하게 식별될 것이다. 검사는 당연하게도 뇌손상 집단에 있는 환자들을 훨씬 잘 예측하고 있는데, 이는 66명의 환자 중 63명이 뇌손상에 해당하는 점수를 받았기 때문이다.

이번에는 다른 상황을 생각해 보자. 이번에는 신경심리학자가 같은 의뢰 질문을 가진 주립 교도소 병원에서 자문을 요청받았다. 교도소 병원 관계자들은 마찬가지로 많은 추가 비용이 드는 방사선 절차를 시행할지를 선별하는 것이 필요하지만, 이번에는 기저율이 상당히 다르다. 교도소 병원에 의뢰된 환자의 90%는 꾀병 중으로 결국 뇌손상의 증거가 없는 반면, 10%는 실제로 뇌손상이 있는 것으로 확인된다. 〈표 5.1〉의 상황 B에서 알 수 있듯이, 이번에는 같은 검사가 꾀병에 대해 더 나은 예측을 제공하는데, 꾀병 판정 점수로 66명 중 63명(즉, 95%)을 꾀병자로 분류할 수 있었다.

〈표 5.1〉 뇌손상 환자와 꾀병 환자를 70%의 확률로 올바르게 분류할 수 있는 검사를 통해 꾀병자와 뇌손상 환자를 분류한 결과

실제 진단			
신경심리검사를 통한 예측	꾀병자	뇌손상 환자	검사를 통해 분류된 합계
상황 A: 재활병원 입원 기저율 (90% 뇌손상 환자, 10% 꾀병자)			
꾀병 점수 판정	7	27	34
뇌손상 점수 판정	3	63	66
진단 합계	10	90	100
상황 B: 교도소 병원 기저율 (90% 꾀병자, 10% 뇌손상 환자)			
꾀병 점수 판정	63	3	66
뇌손상 점수 판정	27	7	34
진단 합계	90	10	100

기저율이 정확도에 미치는 효과는 이제 검사의 양성예측도(Positive Predictive Value: PPV)와 음성예측도(Negative Predictive Value: NPV)를 통해서 포착할 수 있다. 양성예측도는 양성 진단을 받은 사람들에게서 실제로 질환이 있는 비율로 정의되며, 참양성과 검사의 전체 양성 결과[참양성(True Positives: TP)+거짓양성(False Positives: FP)]의 비율(즉, PPV=TP/TP+FP)로 계산된다. 음성예측도는 전체 음성 결과[참음성(True Negatives: TN)+거짓음성(False Negatives: FN)]에서 참음성이 차지하는 비율(즉, NPV = TN/FN+TN)로 계산된다. 독자가 쉽게 알 수 있듯이, 동일한 민감도와 특이도를 가진 동일한 검사는 해당 집단에서 질환의 실제 기저율(또는 유병률)에 따라 양성예측도와 음성예측도가 크게 달라질 수 있다. 앞선 극단적 예로는 표적이 되는 꾀병 검사의 양성예측도 값은 21%에서 95%까지 변한다! [빠른 참조 5.5]에는 검사의 정확도를 평가하는 중요 개념들의 정의가 요약되어 있다.

빠른 참조 5.5 **검사의 정확도와 관련된 정의**

- **민감도**: 검사가 실제 뇌기능장애를 얼마나 정확하게 식별하는지의 정도. 전체 참양성(TP) 수와 거짓음성(FN)에서 참양성(TP)의 비율로 계산함(TP/FN+TP).
- **특이도**: 검사가 건강한 개인을 건강한 개인으로 얼마나 정확하게 분류하는지의 정도. 전체 거짓양성(FP)과 참음성(TN)에서 참거짓(TN)의 비율로 계산함(TN/TN+FP).
- **양성예측도**: 실제로는 질환이 있는 사람들 중에서 양성 진단을 받은 사람들의 비율. 검사의 전체 양성 결과에서 참양성(TP)의 비율로 계산됨(TP/TP+FP). 양성예측도는 모집단의 질환 기저율에 영향을 받으며, 검사가 실제로 사용될 상황에서 검사의 정확도를 측정하는 중요한 척도임.
- **음성예측도**: 실제로는 질환이 없는 사람들 중에서 음성 진단을 받은 사람들의 비율. 검사의 전체 음성 결과에서 참음성(TN)의 비율로 계산됨(TN/FN+TN). 음성예측도는 검사되는 모집단의 질환 기저율에 영향을 받음.

진단의 정확도에 미치는 기저율의 영향을 간과해 버리는 상황은 다른 문제로 이어질 수 있는데, 의뢰를 수행하는 실제 업무에서 괜찮은 수준의 양성예측도와 음성예측도를 가진 검사라고 해도 '선별용' 도구로 사용되는 상황이나 또는 장애의 양성 기저율이 희소하거나 불분명한 상황에서는 검사가 잘 작동하지 않을 수 있다는 것이다. 다음을 생각해 보자. 병원 중심에서 요청하는 자문의 임상 실무에서 신경심리학자에게 주어지는 의뢰 건들 중 실제 장애의 기저율은 상당히 높을 수가 있는데, 이는 환자 또는 의뢰인들이 신체적 불편(비슷한 일반 성인 집단에서는 드물 수 있는 것)을 호소하는 것, 그리고 한 명 이상의 전문적 의료인(일차 진료의사 또는 신경과 의사 등)이 애당초 의뢰를 해야 하는 이유가 있었다는 사실에서 이미 '선별'이 이루어졌기 때문이다. 같은 검사라고 해도 어떤 경우에는 허용하기 어려운 수준의 낮은 양성예측도가 산출될 수 있다. 반대로, 문제가 되는 경우는 심리치료를 원해서 스스로 찾아온 사람들에게 초기 접수 차원의 일환으로 배터리가 시행될 때인데, 이때는 실제 신경심리적 기능장애의 발생률이 더 드물기 때문에 허용 불가한 음성예측도가 나올 수 있다.

구체적인 장면에서의 실제 진단 확률을 고려하는 것 외에도 개별 환자의 구체적인 과거력을 활용하는 방식으로 기저율을 고려한 예측을 할 수 있다. 뇌졸중이나 의식 상실의 병력이 확인된 환자들은 그러한 병력이 없는 사람들보다 뇌손상이 있을 가능성이 더 높다. 아쉽게도 기존 질환들의 기저율에 대한 구체적인 자료를 알 수 없을 때가 많다. 따라서 신경심리학자는 검사가 어떻게 타당화되었는지, 타당화 연구에서 각기 다른 질환들의 기저율이 어떠했는지, 그리고 가능하다면 모집단에서 질환의 일반적인 유병률(즉, 실제 진단 사례들)과 의뢰된 사례 집단에 특수한 유병률은 어느 정도인지 파악하는 것이 중요하다.

검사 규준 사용하기

규준 자료는 신경심리학자가 맞닥뜨리는 첫 질문에 답하기 위해 사용된다. 관찰된 검사 수행은 건강하고 정상적인 사람이라는 증거인가, 아니면 뇌기능에 어떤 식으로든 감퇴가 발생한 사람이라는 증거인가? 신경심리학자는 이 질문에 답하기 위해서 어떤 규준을 사용할지 결정하는 중요한 문제도 고려해야 한다. 대부분의 현대 신경심리검사는 건강한 사람과 중추신경계의 질병이나 기능장애로 진단받은 사람들의 검사 수행 범위까지 제시하는 규준 자료를 포함하여 출판하고 있다. 경우에 따라서는 검사 수행에 영향을 미칠 수 있는 정신과적 장애나 비신경학적 의학 질환이 있는 사람을 위한 규준도 제공된다. 앞서 논의한 것처럼, 개인의 연령과 교육 수준은 특정 심리검사나 대부분의 신경심리검사의 수행에 영향을 미칠 수 있다. 어떤 검사의 경우에는 단순히 뇌기능장애 환자와 정상적인 뇌기능을 가진 사람들의 점수만 제공하는 규준보다 연령과 교육에 따라서 층화된 규준이 더 선호된다. 더 나아가, 일부 검사 출판사는 미국에서 인구 조사 시 사용하는 성별, 인종, 지역 및 기타 일반적인 인구통계 변수로 층화된 규준을 출판한다. 그러나 대부분의 목적에서는 연령과 교육

이 가장 중요한 변수이다. 인종 규준은 특정 장면에서 마찬가지로 중요할 수 있다.

연령과 교육에 기반한 규준의 장점은 규준을 통해 전반적인 인구에서 정상적인 것에 대비하여 한 사람의 수행이 정상적인 것인지를 더 정확하게 결정할 수 있도록 한다는 점이다. 연령과 교육에 기반한 규준은 IQ와 인지 능력 수준을 통제하는 데 도움이 된다. 평균 이상의 인지 능력을 가진 한 사람이 연령과 교육이 규준화된 과제에서 평균, 즉 정상 범위에 해당하는 점수를 보였다면 이는 기대되는 수준에서 수행을 하고 있는 것이다. 예를 통한 설명이 도움이 될 것이다. 평균 이상의 인지 능력을 가졌으며 16년의 교육을 받은 65세 백인 남성이 선로잇기 검사 B형을 완료하는 데 68초가 걸렸다고 하자. 65~69세의 16~17년 교육을 받은 남성들(Heaton, Miller, Taylor, & Grant, 2004)과 비교했을 때 그의 수행은 62%의 평균 수준이지만, 65~69세의 12년 교육을 받은 남성들과 비교했을 때 그의 수행은 76%로 평균을 웃도는 수준이다. 마찬가지로, 10년의 교육을 받은 65세의 백인 남성은 TMT B형을 완료하는 데 123초가 소요되어 앞선 65세 백인 남성보다 거의 두 배의 시간이 걸렸지만, 이는 비슷한 교육 수준의 남성에서는 38% 백분위수라는 정상 범위에 해당하는 수행을 보인 것이다(Heaton et al., 2004). 이와 동일한 수행을 16년에서 17년의 교육을 받은 65세의 남성이 보였다면, 이는 사실상 정상 범위에서 저조한 쪽으로 벗어나는 14번째 백분위수에 해당하게 된다.

규준 자료의 신뢰도와 타당도는 사용된 표본 크기의 영향도 받는다. 일반적으로 더 큰 표본은 더 작은 표본보다 더 일반화가 가능하고 신뢰할 만한 자료를 생성한다. 경우에 따라서 층화된 표집이 거의 없는 최소한의 규준 자료로 검사가 출판된 이후에 규준 자료를 추가하기도 한다. 규준은 문화의 변화를 반영하거나 자료를 새로운 모집단으로 확장하기 위해서 자주 갱신된다. 신경심리학자는 검사와 관련된 문헌과 검사가 사

> **[중요]**
> 사용하는 규준이 가장 최신이며 평가될 환자에 특정적임을 분명히 하기 위해 검사의 매뉴얼과 과학적 논문을 상세히 검토하는 것은 신경심리학자의 책임이다.

용되는 실제 장면을 검토하여 사용되는 규준이 가장 최신이면서 평가받는 환자에 특정적인지 확인해야 한다.

정상이란 무엇인가

신경심리검사에서 정상적인 수행이 무엇인지에 대한 질문은 사실 다음과 같다. 검사를 받는 개인에게 정상적인 것은 무엇인가? 유전 및 환경의 자연스러운(즉, 질병으로 인하지 않은) 차이들은 인지 능력에서 커다란 정상적인 변산성을 발생시키기 때문에 개인에게 정상적인 것이 무엇인지에 대한 질문은 신중하게 고려되어야 한다. 신경심리학적 프로토콜에서의 큰 변산성은 Schretlen, Munro, Anthony와 Pearlson(2003)에서 예를 확인할 수 있다. 이들은 상당한 개인-내 변산성이 정상적인 성인에게 흔하다는 것을 보여 주었다. 이 정상 성인의 60% 이상이 최대 3표준편차 이상의 간극이 있었다. 따라서 변산성이 단순히 존재한다는 것은 뇌기능장애를 나타내는 지표로 충분하지 않다. Schretlen 등(2003)은 이 결과를 두고 "임상적으로 식별 가능한 패턴에 대한 진단추론이 필요하며, 단순히 심리측정적 변산성만을 보지 않아야 한다."라고 경고했다(p. 864). 종종 임상가는 정상인들의 신경심리검사에서 검사 결과가 흩어지게 되는 정도(즉, 검사 간의 변산성)의 기저 확률을 과소평가한다. 신경심리학자는 차이 점수(즉, 두 검사 점수 간의 간극)가 규준 자료에서 0.05 수준으로 통계적으로 유의미했다고 해서 그것이 임상적으로나 실질적인 차원에서 유의미하다는 것을 말하지 않으며, 특히 대뇌 병리 또는 뇌기능장애의 존재를 의미하지는 않는다는 것을 알아야 한다.

진단적으로 의미 있는 수행 패턴의 중요성은 Heaton, Grant와 Matthews (1991), Heaton 등(2004)이 정상 성인을 수집한 자료에서도 강조하고 있다. 첫 번째 연구에서 Heaton과 동료들은 신경학적으로 정상인 성인 455명을 대상으로 40가지 측정치로 구성된 일련의 신경심리검사 배터리를 시행했다. 그들은 이 집단의 10%만이 비정상 범위(연구에서 T점수≤39 또는 ≤15번째 백분위수로 정의됨)에 해당하는 점수가 없었으며, 놀랍게도 20%가 비정상 범위에 10개 이상의 점수가 있음을 발견했다. 비정상 범위에 해당하는 점수의 중앙값은 4개였다. 2004년에 다시 이 연구를 반복했는데, 신경학적으로 정상인 1,189명의 성인을 대상으로 25개의 측정값을 사용하여 유사한 결과를 발견했다. 이 자료는 비정상적인 점수가 정상적인 사람들에게서 드물지 않으며, 심지어 민감한 신경심리검사에서도 잠재적으로 높은 거짓양성률(즉, 뇌기능장애가 없는 사람을 장애가 있는 사람으로 분류)로 인해 문제적인 '특이도'를 가질 수 있음을 말하고 있다. 최근 연구의 개관에서 Binder, Iverson과 Brooks(2009)는 다음과 같이 결론을 내렸다. "신경심리검사 배터리에서의 비정상적인 수행은 심리측정적으로 정상이다. 점수가 낮은 것과 개인-내 변산성이 큰 것은 보통 건강한 성인의 특징이기 때문에, 수행의 비정상성이 후천적인 뇌기능장애의 존재를 반드시 시사하지는 않는다"(p. 31). Heaton 등(2004)은 "정상적인 개인과 후천적 뇌장애를 가진 사람을 구별하는 것은 결함의 개수 또는 심각도뿐만 아니라, 그 결함들의 속성과 패턴이다."(p. 73)라고 정확히 짚었다.

개인에게 정상적인 것이 무엇인지에 대한 질문에 완전한 답을 주지는 않지만, 인구통계학적으로 환자와 유사한 모집단에서 추출한 검사 자료와 비교하는 것이 일반적인 첫 번째 단계이다. 대부분의 경우 정규성(normality)의 통계적 정의를 활용하는데, 이는 검사 규준의 기저를 이루는 정상 모집단의 점수 분포가 정상분포(벨 모양)일 것이라는 가정에 기반을 둔다. 정규분포는 평균, 중앙값 및 최빈값이 동일하고 평균보다 크거나 작은 점수를 가진 경우의 백분율이 점진적으로 감소하는 연속 확률 분포이다. 평균(mean: M)과 함께, 정규분포의 모양과 분산된 정도는 표준편차(standard deviation σ: SD)로 나타낼 수 있으며, 다음과 같은 식으로 설명할 수 있다.

$$\sigma = \sqrt{\sum_{i} \frac{x_i - M}{N}}$$

여기서 σ(표준편차의 표기)는 개별 점수들(x_i)과 평균의 차이를 점수의 수(N)로 나눈 제곱근이다. 일반적으로 평균에서 1표준편차 이내의 점수는 정상으로 간주된다. 실제 정규분포에서 모든 점수의 68.26%는 평균의 1SD 이내에 속하며, 추가로 24%(또는 총 92%)는 평균의 2SD 이내에 속한다. 정규분포 내의 점수 범위는 여러 표준화된 형태로 제시될 수 있으며, 이를 통해 서로 다른 검사에서 수행의 상대적 위치를 비교할 수 있다. 표준화의 한 형태는 원점수를 Z-점수로 다음과 같이 변환하는 것이다.

$$Z = \frac{x - M}{\sigma}$$

따라서 점수와 분포 평균 간의 차이를 SD로 나눈 값으로 계산하여 점수를 Z-점수로 변환한다. 그러면 점수는 표준편차의 단위로 표현이 되며, Z = 0은 평균이고, Z = 1은 평균보다 1표준편차 더 큰 점수가 된다.

흔히 원점수를 정상분포의 백분위수로 제시하는데, 1%(첫 번째) 백분위수는 평균 아래로 2~3 표준편차 사이에 있는 것이고, 99% 백분위수는 평균 위로 2~3 표준편차 사이에 있는 것이다. 백분위수의 차원에서 정상 범위의 수행은 16%와 84%(1SD와 동일) 사이에 있다.

측정치 간의 상대적 차이를 표현하는 데 편리한 다른 많은 점수의 표준화 방법들이 있는데, 웩슬러 지능 검사의 전체척도(평균 100, 표준편차 15에 기반하여 표준화), 웩슬러 소검사 환산 점수(평균 10, 표준편차 3에 기반), 그리고 T-점수(평균 50, 표준편차 10에 기반) 등이 활용된다. 정규분포의 모양을 참조하여 점수를 산출하는 이 모든 방법은 다른 유사한 개인들의 수행과 비교된 검사 수행의 상대적 위치를 알아내는 데 활용된다.

검사 점수의 규준상의 위치는 점수가 정상적인 뇌기능을 나타내는지, 즉 비정상적인 기능을 나타내는지에 대한 예측변수 역할을 한다. 단순히 점수가 정상 범위 아래로 떨어진다고 해서 뇌기능장애가 있다는 결론으로 바로 이어지는 것은 아니다. 검사의 신뢰도, 점수가 벗어난 정도가 어떤 뇌기능장애에 특정적일 가능성, 환자가 나온 모집단에서 뇌기능장애의 기저율, 그리고 그 사람이 뇌기능장애가 없었다면 받았을 점수 등을 포함하여 뇌기능장애에 대한 예측자로서 점수가 가진 정확성은 앞서 논의한 많은 요인에 따라 달라질 수 있다. 뇌기능장애가 없다면 받았을 점수의 경우를 고려하는 것은 환자의 과거력과 배경 맥락 내에서 신중하게 점수들이 해석되어야 한다는 것을 의미한다. 이 주제는 자연스럽게 병전(premorbid) 능력의 추정에 대한 문제로 이어진다.

병전 능력

정상적인 인간의 능력은 넓게 분포하고 있기 때문에 잘 층화된 규준조차도 환자가 뇌기능장애나 질병이 생기기 전에 어떤 정신적 능력으로 과제 수행을 했을지에 대한 정확한 정보를 알려 주지 못할 수 있다. 이와 관련하여 임상가의 판단에 직접 참조할 수 있는 이전의 지적 능력 측정치가 없는 경우, 병전 IQ를 추정하는 것이 차선책이다. 비록 인간의 다양한 능력을 확인하는 수천 개의 검사가 발표되었지만, IQ는 단연코 가장 잘 연구되고 광범위하게 사용되는 병전 능력의 척도이다. 정상 IQ(즉, 평균에서 1SD 이내)의 범위가 85에서 115라고 하자. 이 범위에는 학업 및 직업 성취에 대한 기대가 매우 상이한 사람들이 포함된다. IQ와 교육, 직업 성취도 및 성별, 인종, 지리적 출신과 같은 인구통계적 변수 간의 관계는 이러한 인구통계적 변수로 신중히 층화된 표본에 기초한 검사인 WAIS가 출판되면서 알려지게 되었다. Wilson 등(1978; Wilson, Rosenbaum, & Brown, 1979)은 이러한 자료를 활용하여 IQ를 예측하는 인구통계적 방정식을 만들고자 했다. 이 공식은 1984년에 Barona, Reynolds

와 Chastain에 의해 WAIS-R의 공식이 갱신되었는데, 1996년에 Paolo, Ryan과 Troster에 의해 다시 갱신되었다. 이 공식의 교차-타당화 연구에서는 약 60~70% 수준의 예측 정확도로 그다지 높지 않은 보통 수준의 정확도를 보여주었다.

이러한 인구통계학적 공식은 젊은 사람과 중년의 사람들에게 가장 잘 작동하고, 아동과 노인들에게는 덜 작동한다. 대부분의 16세 이하 아동들은 의무교육을 적용받기 때문에 10학년이나 11학년까지 학년 내에서의 능력 차이가 넓게 벌어질 수 있으며, 아동에게서는 인구통계학적 공식이 덜 정확할 것이라는 것은 놀라운 일이 아니다. 인구통계학적 변수는 노인들의 IQ에서도 정확한 예측이 어렵다. 이는 부분적으로 현재 65세 또는 70세 이상 코호트의 문화적 차이 때문일 수 있다. 앞서 언급했듯이, 제2차 세계대전 이전에 학령기였던 성인들은 대부분 고등학교를 마치지 못했다. 사실 첫 번째 「의무교육법」이 1918년까지 시행되지 않았기 때문에 1920년 이전에 태어난 많은 성인은 8학년이나 9학년 이후에 정규교육을 중단했는데, 많은 경우는 경제적인 이유 때문이었다. 넓은 범위의 능력 차이를 보이는 이들은 오늘날에는 흔치 않은 조건의 교육을 받았던 것이다. 제2차 세계대전 이후인 1944년에 GI Bill(제대군인 사회적응지원 법안)을 통해 많은 퇴역 군인에게 고등학교와 대학을 마칠 수 있는 기회를 주었고, 더 높은 수준의 교육적 성취를 할 수 있는 성인들이 이러한 잠재력을 채울 가능성을 높였다. 이러한 법적 계기와 이것이 반영하는 근본적인 문화적 변화는 제2차 세계대전 이후에 태어난 성인과 달리 20세기 첫 30년 동안 태어난 노인들의 교육과 IQ 간의 관계에 영향을 미칠 가능성이 있다. 제2차 세계대전 이후 태어난 성인들의 병전 능력을 예측하는 지표로서 교육 수준이 더 나은 예측변수가 될지는 여전히 미지수이다.

장애에 덜 민감한 검사와 장애에 더 민감한 검사를 비교하는 것은 개인의 뇌기능장애로 인한 변화를 추정하는 방법으로서 오랜 역사를 가지고 있다. 웩슬러는 WAIS의 소위 유지 검사(hold test)와 비유지 검사(don't hold test) 간의 비교를 통해 퇴화지수(deterioration quotient)를 계산하는 방법을 제안했다. 여기서는 어휘, 상식과 같은 소검사가 퇴화(노화와 같은)에 민감하게 반응하지 않는 반면, 기호쓰기 소검사는 IQ의 감퇴를 일으킬 만한 질환(뇌기능장애나 노화로 인한)의 영향에 상대적으로 더 민감하다고 제안되었다. 이 방법은 매우 제한적인데, 다양한 유형의 뇌기능장애가 비유지 검사보다 유지 검사에 더 큰 영향을 미치기도 하기 때문이다. 예를 들어, 실어증 환자는 비언어적 과제보다 어휘 소검사를 포함한 모든 언어 과제의 수행이 저조할 가능성이 있다. 이는 극단적인 예시이기는 하지만 이것의 일반적인 문제가 있는데, 관심을 두는 질환에 영향을 받는 소검사가 무엇인지 먼저 알고 있어야 한다는 것이다. 이는 후천적 손상과 보존되는 병전기능을 각각 대변하는 소검사가 무엇인지 결정하고자 할 때 순환논리의 문제가 될 수 있다.

인구통계학적 변수를 검사의 수행과 결합하는 것은 인구통계 정보나 검사 수행을 따로 사용할 때보다 병전 IQ를 추정함에 있어 더 유용한 것으로 보인다. Schoenberg 등(2002, 2003)은 오클라호마 병전 지능 추정(Oklahoma Premorbid Intelligence Estimate: OPIE)에서 뇌기능장애의 변화에 덜 민감한 WAIS-II의 하위 소검사들(즉, 어휘, 상식, 행렬추론, 그림 찾기)과 연령, 교육, 인종, 성별, 거주 지역에 대한 인구통계적 정보를 조합하여 전체 지능지수(FSIQ)를 예측하는 공식을 만들었다. 대학 입학 시험에서의 학업성취 점수(SAT, ACT) 점수를 활용할 수 있다면 Baade와 Schoenberg(2004)의 공식으로 병전인지기능을 추정할 수 있다.

최근 잠재적인 병전 IQ 측정치로 주목을 받은 한 과제는 불규칙 단어를 읽는 것이다. National Adult Reading Test: NART(Nelson & McKenna, 1975)와 같은 검사는 병전 능력의 측정치로서 많은 연구가 이뤄졌으며, 특히 치매가 의심되는 노인을 대상으로 탐색되었다. 일생에 걸쳐서 반복적으로 숙달되는 능력인 읽기는 알츠하이머병과 같은 치매 질환이 생겼을 때 WAIS의 어휘 소검사보다 더 안정적인 유지 검사 과제인 것으로 보이지만(O'Carroll, Baikie, &

Whittick, 1987), 읽기와 언어 결함을 일으키는 뇌손상에는 여전히 영향을 받을 수 있다. WTAR(Wechsler, 2001b)는 이 검사 접근의 훌륭한 예시인데, 이는 WAIS-III 규준과 동일한 층화 표본에 기반하여 규준을 포함한다.

불규칙 단어 읽기 과제는 또한 교육에 따라 달라지며, 교육 수준이 낮은 노인 환자와 후천적 언어장애를 가진 환자에서는 IQ의 과소평가(그리고 또한 장애 정도의 과소평가)로 이어질 수 있다. 이 문제는 읽기 검사의 시행 방법을 바꿈으로써 어느 정도 해결할 수 있는데, 이는 발음이 아닌 식별에 기반한 단어 읽기 과제를 사용하는 것이다. 예를 들어, 단어 찾아내기 검사(Spot-a-Word Test; Baddeley, Emslie, Nimmo-Smith, 1992)는 NART의 단어와 유사한 비단어를 짝지어 제시한다. 환자는 제시된 단어 쌍 중에서 무엇이 실제 단어인지 골라야 한다. 이 과제는 연령 효과에 저항적인 병전 지능의 추정치를 산출하지만(Baddeley et al., 1993), 몇몇 영국식 철자법 관습에 익숙하지 않은 미국인에게는 타당도가 제한된다. 더 최근에 개발된 어휘 맞춤법 친숙성 검사(Lexical Orthographic Familiarity Test: LOFT; Leritz, McGlinchey, Lundren, Grande, & Milberg, 2008)는 유사한 기법이지만 WTAR의 단어를 고대 영어 단어와 짝짓는다. 환자는 단어 쌍에서 어떤 것이 더 친숙한지 골라야 한다. 이 과제는 중증 실어증 환자에서도 교육 수준과 바로나(Barona)지수(역주: WAIS-R에서 인구통계학 정보로 병전 지능을 추정하는 회귀 방법)와 상관관계를 보이는 것으로 나타났다. 반면, WTAR 점수는 여러 실어증의 심각도에 걸쳐서 교육 수준과 상관관계를 보이지 않았다. 어휘 맞춤법 친숙성 검사(LOFT)는 완전히 규준화된 것은 아니지만 병전 잠재력을 추정하는 추가적인 방법으로 유망하다.

병전 잠재력을 추정하기 위해서 임상가는 인구통계학 정보와 수행 측정치를 포함하는 방법들을 조합해야 한다. [빠른 참조 5.6]에는 병전 지능을 추정하는 방법들이 정리되어 있다.

빠른 참조 5.6 병전 지능을 추정하는 방법들

- 유지(hold) 검사 대 비유지(don't hold) 검사(예: 어휘 대 공통성)
- 인구통계적 공식[예: Barona 등(2014) 참조]
- 인구통계적 공식과 검사 수행의 조합[예: Schoenberg 등(2002, 2003) 참조]
- 집단의 알려진 성취도 점수 참조[예: Baade & Schoenberg(2004) 참조]
- 알려진 교육 및 직업 성취(예: 고등학교 졸업 대 대학교 졸업, 육체노동자 대 대학교수)
- 불규칙 단어 읽기[예: National Adult Reading Test(NART), 웩슬러 성인 읽기 검사(WTAR)]

많은 경우, 환자의 세부적인 교육 및 직업적 경험은 병전 능력을 추정하는 작업에 도움이 되나, 그러한 자료를 사용하는 경험적 근거는 충분히 연구되지 않았다. 학교 성적, 학업성취도 시험 성적(예: SAT, 아이오와 기초 능력 검사), 직업 요구성의 분석(예: 직업의 수준과 복잡성)은 병전 능력의 추론에 활용될 수 있다. 두 명의 성인이 고등학교 졸업이라는 유사한 교육 수준이라고 해도 다른 학교 성적, 교육과정, 성취도 점수를 가졌을 수 있다. 경우에 따라서 병전 능력의 추정치가 특히 중요한 사안일 수 있는데, 이때는 학교 기록 및 병전 능력의 다른 문서들을 얻고 환자와 보호자의 자기보고에만 의존하지 않도록 해야 한다. 주의해야 하는 경우로는 환자가 과거력과 일치하지 않는 높은 수준의 검사 수행을 보이는 경우, 환자의 결함이 미세한 경우 또는 관찰된 인지 결함에 대한 과거력을 찾을 수 없는 경우 등이 있다.

여기에는 주의해야 할 것이 있다. 일반적인 인지 능력이나 IQ에 대한 병전 추정치는 신경심리검사에 의해 측정된 모든 인지기능에 반드시 일반화되지 않을 수 있다. 뇌기능장애 환자의 수행 저하에 민감할 수 있는 일부 측정치는 IQ와 동일한 범위와 분포를 가지지 않을 수 있다. 예를 들어, 위스콘신 카드분류 검사(WCST) 및 레이 복합도형 검사(ROCF)와 같은 측정치는 IQ보다 훨씬 낮은 천장(즉, 상한점수)을 보인다. 즉, 이 검사들에서 낮은 점수를 받은 사람을 손상된 사람으로 식별할 수 있지만, 평균 이상의 능력은 정확히 반영하지 못할 수 있다. 게다가 IQ는 뇌기능장애에 민감한 검사로, 측정되는 모든 능력에 대한 예측변수가 아닐 수 있음을 명심해야 한다. 예를 들어, 지능지수가 높은 사람은 평균적인 주의력만을 가질 수 있지만, 이것이 그 사람이 주의력에 장애가 있다는 것을 의미하는 것은 아니다. 이러한 양상은 지적으로 재능이 있는 영재아동에게서도 나타난다. WISC-IV에서 영재아들은 개념-기반 과제(언어이해지표, 지각추론 지표)의 수행에 비해서 속도를 내야 하는 처리 과제(처리속도 지표)의 수행이 현저히 낮은 비정상적 차이를 보인다. 예를 들어, WISC-IV 매뉴얼(Wechsler et al., 2004; 〈표 5.22〉, p.77)에 따르면 영재아의 어휘 소검사 평균 점수는 14.6인 반면, 기호쓰기 소검사 평균 점수는 11.5에 불과하다. 영재아에서 이러한 패턴이 흔하다는 점을 고려한다면 이 점수 패턴으로부터 후천적 결함이 있다고 추론하는 것은 오류이다. 신경심리평가에서 관심을 가지는 다양한 인지기능 사이의 관계는 아직 잘 연구되지 않았으며, 이 정보가 잘 알려지기 전까지는 IQ에 기반하여 여러 인지 척도의 수행에 대한 추론을 도출하려는 것을 극히 주의해야 한다.

손상 단계에 기술적 표현 사용하기

정상과 비정상 사이의 절단점을 정의하는 것에 덧붙여 단계적으로 서열 용어를 사용하여 손상을 등급화하는 것이 유용할 때가 많다. 이러한 용어는 양적인 자료의 의미에 익숙하지 않을 수 있는 신경심리평가 보고서의 소비자들에게 유용하다. 서열 범주 용어는 지능 검사에서 오랫동안 관습적으로 사용되어 왔는데, 웩슬러 척도들에서 가장 잘 확립된 용어가 있다. Guilmette, Hagan과 Giuliano(2008)는 공식 자격증이 있는 신경심리학자를 대상으로 설문 조사를 하여 다양한 범위의 표준화된 검사 점수에 사용한 구체적인 용어들이 무엇이었는지 응답을 받았다. 많은 용어가 사용되었지만, 가장 대중적인 용어들은 웩슬러 척도에서 사용된 용어들과 유사했다. 최우수(≥98백분위수), 우수(91~97백분위수), 평균 상(75~90백분위수), 평균(25~74백분위수), 평균 하(9~24백분위수), 경계선(2~8백분위수), 손상(1~2백분위수), 그리고 심한 손상(<1백분위수이다).

Russell, Neuringer와 Goldstein(1970)은 경도(mild), 중등도(moderate), 고도(severe)의 서술 표현을 사용하여 신경심리학적 장애를 최초로 등급화했다. Heaton 등(2004)의 수정된 인구통계-조정 체계에서는 손상 등급을 나타내기 위해서 경도(7~15백분위수), 경도에서 중증도(2~6백분위수), 중등도(0.6~2백분위수), 중등도에서 고도(0.1~0.5백분위수), 그리고 고도(<0.1백분위수)라고 기술하였으며, 손상이 없는 수행의 등급을 나타내기 위해서 평균 이상(≥68백

〈표 5.2〉 웩슬러와 Heaton 등이 제안한 체계로 나타낸 백분율의 점수 참조 기술어

백분율 범위		웩슬러	Heaton 등
정상 수준 이상	98+	최우수	평균 이상
	91~97	우수	평균 이상
	85~90	평균 상	평균 이상
정상	75~84	평균 상	평균 이상
	69~74	평균	평균 이상
	31~68	평균	평균
	25~30	평균	평균 이하
	16~24	평균 하	평균 이하
정상 수준 이하	9~15	평균 하	경도 손상
	6~8	경계선	경도 손상
	2~5	경계선	경도~중등도 손상
	1~2	손상	중등도 손상
	0.6~1	심한 손상	중등도 손상
	0.1~0.5	심한 손상	중등도~고도 손상
	<0.1	심한 손상	고도 손상

분위수), 평균(31~67백분위수), 그리고 평균 이하(16~30백분위수)라는 용어로 기술했다. 이 표현들은 정상과 손상된 수행을 구분하는 정의로서 1표준편차의 기준을 사용하지 않는다는 점에 주의해야 한다. 이 체계들은 〈표 5.2〉에 요약되어 있다.

보고서에 사용되는 기술 체계는 일관성을 유지하는 것이 중요하며, 너무 많은 구체적인 정보가 소실되지 않도록 하기 위해서 해당되는 표준 점수, 환산 점수, 또는 백분율 점수를 기술 범주와 함께 보고하는 것이 중요하다(이 문제에 대한 충분한 논의는 제7장 참조). 또한 정상 범위(즉, 정상 분포 곡선의 아래 영역에 해당하는, 16~84% 백분위수) 미만의 점수에 대해 '손상됨(impaired)'이라는 기술 범주를 붙이는 체계를 쓸 때는 정상 성인의 시험 점수에서 나타나는 개인 내 변산성의 범위가 넓기 때문에 점수 결과로부터 후천적 뇌기능장애를 곧바로 추론할 수 없다는 점을 이해해야 한다. 검사를 받은 사람은 뇌기능장애 이외의 이유로 정상 범위 아래의 점수를 받을 수 있다(이 장의 앞부분에 있는 검사 민감도 및 특이도에 대한 논의 참조).

자료의 질적 분석 대 양적 분석

규준화된 검사를 사용할 수 있는지 여부는 임상신경심리학의 과학적 초석이다. 대부분의 널리 사용되는 도구들은 참조되는 정상 모집단 내에서 개인의 상대적 위치 추정치를 제공하며, 이를 통해서 뇌기능이 손상되었는지 여부를 예측할 수 있다. 또한 논의했듯이, 일부 규준 체계는 기본적인 준거를 충족하는 여러 측정치를 배터리로 조합함으로써 모든 환자에게 일관되게 시행할 수 있도록 한다. 이처럼 배터리를 활용하는 것은 신경심리적 예측의 구체성을 높이는 데 도움이 될 수 있으며, 개인에서 개인으로, 그리고 집단에서 집단으로 비교 가능한 유사 측정치들의 세트를 만든다는 장점이 있다. 이러한 **고정 배터**

리 접근법은 경험주의 전통의 핵심이며, 행동에 대한 뇌기능장애의 영향을 정량화하는 가장 간단명료한 방법이라고 해도 무방하다. 정량적 고정 배터리 접근에서 가장 잘 알려진 두 가지 예시는 HRB와 LNNB이다.

그러나 고정된 배터리 내에서 수집된 규준 자료를 강조하는 것이 뇌기능장애의 영향을 특징짓는 최적의 방법이라는 관점에 모든 신경심리학자가 동의하는 것은 아니다. 우리가 지적했듯이, 많은 검사가 뇌기능장애의 존재에 대한 예측자로서는 유용하지만, 이 검사들은 뇌-행동 간 관계성의 이론에서 파생되지 않았으며, 구인타당도에 대해 제한적이고 혼란스러운 자료들이 뒤따라왔다. 몇몇 신경심리 실험실은 실험심리학자의 작업을 개인에게 적용하는 것과 비슷한 방식의 평가 기법을 따랐다. 이러한 접근의 목표는 뇌기능장애의 영향을 받는 특정 심리기능들을 따로 떼어 놓는 것이다. 1977년 사망까지 수십 년간 모스크바에서 대표 신경심리 실험실을 운영했던 Alexander Luria는 개별 환자에게서 발생한 뇌기능장애의 영향을 정의하기 위해 사용한 방법을 몇 권의 책으로 설명했다. Luria는 읽기, 말하기, 쓰기, 기억 등과 같은 보다 복잡한 기능의 다양한 구성 요소를 따로 떼어 내도록 설계된 여러 절차를 개발하기 위해서 그림, 문장, 단어, 사물로 구성된 표준 도구들을 활용했다. 그의 많은 관찰은 그의 뇌 조직화 이론에 따라 체계화되었는데, 그 이론의 기본 전제는 복잡한 행동들이 더 기초적인 기능들의 집합들로 구성된다는 것이다. 그는 뇌가 작동하는 방식이 독립적으로 국재화된 비교적 단순한 기능들이 조합되어 인지의 문제를 해결하는 복합적으로 통합된 패턴이 된다고 주장했다. Luria의 접근은 소위 신경심리평가에 대한 질적 접근의 전형이라고 말할 수 있다.

Luria의 검사는 분석 대상의 기능을 반영하는 여러 의사 결정 나무로 된 일련의 관찰로 구성되었다. 예를 들어, 그가 글쓰기에 문제가 있는 환자를 보게 된 경우, 문제의 원인이 문자를 기호로 인식하지 못하는 것인지, 문자에 관련된 소리 패턴 처리의 손실 때문인지, 문자 순서 규칙의 손실 때문인지, 쓰기 과정의 다른 일부 구성 요소의 손실 때문인지 알아내려고 할 것이다. 그는 각 과제를 통해 글쓰기라는 것으로부터 다양하게 분리된 구성 요소들을 환자가 정상적으로 수행할 수 있는지를 보여 주고자 했으며, 이는 결국 결함의 여러 가능한 설명을 최대한 제거할 것이다. 예를 들어, 그는 환자가 단어를 소리 내어 말할 수 있는지 또는 글자가 아닌 도형을 베껴서 그릴 수 있는지 관찰할 것이다. 이런 식으로 계속 진행하며 그는 어떤 병변이 결국 남게 된 구체적 결함을 일으켰는지를 연역적으로 추론했다. Luria의 방법은 재현하기가 어려웠고, 그와 함께 일할 수 있는 소수의 학생들에 의해서만 학습되었다. 이러한 상황에서 그의 주장과 관찰이 다른 독립적인 신경심리학 실험실에서 재검증되기 어려웠고, 접근법의 어려움 때문에 그의 방법은 대중화되지 못했다. 그러나 Luria의 접근법은 미국 인지심리학의 등장과 잘 맞아떨어졌고, 현대 신경과학의 주요 틀이 마련되는 전조가 되었다. Charles Golden은 Luria가 설명한 많은 과제를 그가 LNNB라고 불렀던 고정된 과제들의 배터리에 사용했다. 그러나 LNNB는 기능(쓰기 및 읽기 등) 또는 잠재적인 병변 위치(좌반구 대 우반구)를 나타내는 척도로 구성되며, HRB와 거의 동일한 방식으로 척도 점수들과 척도 점수의 조합이 규준화되었다. 매뉴얼에는 환자의 질적 수행을 확인하는 몇 가지 제안들이 있지만, LNNB는 주로 정량적인 방법을 쓰는 고정 배터리로 보는 것이 적절하다.

Edith Kaplan과 동료들이 1970년대 초에 개발한 BPA는 Heinz Werner의 인지 발달 이론과 그 당시 보스턴 재향군인병원에서 급성장하고 있던 인지신경심리학 연구의 커다란 영향이 만나면서 영감을 받았다. 보스턴 재향군인병원은 Harold Goodglass, Norman Geschwind, Nelson Butters, Laird Cermak, Edgar Zurif 등과 같은 분야의 선구자들을 끌어모았다. 비록 이 연구자들은 언어, 기억, 지각과 같은 다양한 문제를 연구했지만, 그들의 작업은 신경 구조물들에 국재화될 수 있는 인지의 기본 구성 요소를 실험적으로 분석한다는 점에서 공통점이 있었다. Kaplan 박사는 Werner의 대학원생일 때 재향군인병원에 연구보조원으로 합류했다. 그녀는 행동에 대한 예리한 관찰자였고, 그녀 주변에서 이뤄지는 선구적인 연구에 몰두했다. Werner의 핵심 개념은 문제해결의 성취나 성공이 아이가 성장함에 따라 변화하는 다양한 인지적 접근, 즉 과정들의 변화에 기반한다는 것이었다. Kaplan은 뇌기능장애 환자들에게 표준 신경심리검사 문제를 풀도록 했을 때 손상되는 기본적 인지기능들이 무엇인지 밝히는 작업에 과정과 과제 완수(process and achievement)를 구분하는 접근을 적용했다.

Kaplan 박사는 20년 동안 WAIS, WMS 및 이전에 신경심리 배터리로 흔히 사용되었던 다른 검사 과제에서의 환자 수행에 대한 많은 관찰과 일화를 수집했다. Kaplan 박사는 인지신경심리학에 대한 지식을 통해 지연 회상 및 재인 시행을 WMS에 추가하는 등 검사 과제들의 수정 작업을 거쳤다. 이러한 수정은 결국 WMS 수정판 및 기타 기억 검사 배터리의 표준적인 구성 요소가 되었다. WAIS의 토막짜기 소검사에서 환자가 과제에 어떻게 접근하는지에 대한 그녀의 관찰은 대뇌반구 간의 차이를 설명하는 핵심적 구성 개념, 즉 정보의 전반적 처리와 부분 요소적 처리 과정이 구분되는 방식을 체계화하는 데 기여했다(예: Robertson, 1995). 그녀의 많은 기법은 '신경심리적 도구로서의 WAIS'(WAIS-Neuropsychological Instrument: WAIS-NI)로 불리는 WAIS 특별판에 통합되었다(Kaplan, Morris, & Delis, 1991). 또한 그녀는 보스턴 실어증 진단 검사(BDAE), 보스턴 이름대기 검사(BNT), 캘리포니아-언어 학습 검사(CVLT), 델리스-카플란 집행 기능 검사(D-KEFS)와 같은 많은 중요 도구를 개발하는 데 기여했다. 다작을 남긴 것은 아니었지만, BPA라는 이름을 얻게 된 이 접근법은 많은 학생과 신경심리학자들의 실무에 큰 영향을 미쳤다.

Kaplan 박사는 WAIS와 WMS 등의 핵심 검사 세트를 구성하는 과제에 덧붙여서 핵심 과제에서 생성된 가설에 기반한 다른 과제들을 추가로 실시해야 한다는 입장이었으며, 이러한 BPA는 유연한 배터리 접근이라고 볼 수 있다. Kaplan 박사는 이러한 접근법을 주로 질적 차원에서 강조했지만, 여기서도 규준은 장애의 존재를 알아내는 데 활용할 수 있다. 또한 WISC-IV 통합판과 같은 새로운 도구에서는 질적 측면을 정량화하는 작업이 이뤄졌다.

비록 Kaplan 박사의 연구가 현대 인지심리학의 요소를 심리측정 검사의 영역으로 가져오도록 함으로써 신경심리학의 실무에 큰 영향을 미친 것은 분명하지만, 이러한 접근법을 환자들에게 적용하는 것은 매우 신중해야 한다. 과정 접근은 수행을 재활 및 교육과 잠재적으로 관련된 요소로 분해하는 것을 강조하며 논리적으로나 직관적으로 설득력이 있지만, 과정 접근법의 경험적 기반은 모든 임상가가 과학적으로 합당한 임상 예측을 할 만큼 충분히 잘 개발되지 않았다. 정확한 규준과 이러한 절차를 사용하는 방법 및 시점에 대한 명확히 설명된 계획 지침이 없다면 이 접근법이 적용되는 기술과 정확성에 임의적 차이가 크게 발생할 가능성이 높다. 소수의 학생들만 훈련시키고 러시아 밖에서는 워크숍을 개최하는 것이 사실상 불가능했던 Luria와는 달리, 영감을 주는 강사였던 Kaplan 박사는 많은 학생을 훈련시켰고 워크숍과 세미나를 통해 많은 임상가에게 효과적으로 가르침을 전할 수 있었다. 그러나 Kaplan 박사와 일부 제자들이 이 기법에 숙달했다고 해서 모든 이가 이 기법을 사용할 때 성공적일 수 있다고 보장할 수는 없다.

BPA를 구성하는 많은 기법은 전문성을 주장하는 실무자들에게서 독립적으로 검증되지 않았다. 이 접근법의 영향을 받은 WAIS-IV, WMS-IV, NEPSY-II, CVLT-2 등과 같은 잘 규준화된 검사는 확실히 현대 신경심리학자들이 사용할 수 있는 최고 기법 중 하나로 대우받을 자격이 있다. 그러나 자신의 임상적 전문성을 평가받을 수 있는 환경에서 BPA의 많은 흥미로운 관찰 절차를 특수한 교육을 거치지 않은 채 뭉뚱그려서 받아들이지 않도록 주의해야 한다.

> **[주의]**
> 과정 접근법의 경험적 기반은 모든 임상가가 과학적으로 합당한 임상 예측을 할 만큼 충분히 잘 개발되지 않았다.

〈부록 A〉에는 신경심리평가에서 취해야 할 단계가 정리되어 있다. 이 개요는 환자의 의뢰 시점부터 검사의 선택, 시행, 채점을 통해 검사 결과의 해석과 최종적으로 결과를 보고하는 절차를 살펴본다.

스스로 평가

1. 뇌기능장애를 예측하기 위한 평가 도구의 선택에서 임상신경심리학자는 어떤 원칙을 따라야 하는가?
   (a) 사용 빈도
   (b) 가용성
   (c) 경험적 타당화
   (d) 시행의 편리함

2. 검사 점수를 통해 미래의 행동을 예측하는 데 관심이 있는 것과 관련되는 타당도의 유형은?
   (a) 동시타당도
   (b) 예측타당도
   (c) 내용타당도
   (d) 구인타당도

3. 내용타당도는 ______의 정도를 의미한다.
   (a) 검사 문항들이 연구 대상인 변수의 다양한 측면을 적절히 포괄하는 것
   (b) 검사 문항들이 서로서로 관련되는 것
   (c) 검사 문항들이 미래 행동을 예측하는 것
   (d) 검사 문항들이 분명하고 이해 가능한 것

4. 검사 점수가 다른 측정치 또는 행동과 이론적으로 예상된 방식대로 관계를 맺는 것과 관련되는 타당도의 유형은 무엇인가?
   (a) 준거타당도
   (b) 예측타당도
   (c) 내용타당도
   (d) 구인타당도

5. 만약 기억을 측정하는 신경심리검사의 하위 소검사가 동일 검사의 총점과 높은 상관관계를 보인다면 검사는 _____의 속성을 가진 것이다.
   (a) 내적 일관성
   (b) 내적 타당도
   (c) 검사-재검사 신뢰도
   (d) 평정자 간 신뢰도

6. 예측에서 기저율과 관련된 한 가지 문제는
   (a) 대부분의 측정치가 적절한 신뢰도가 부족한 것
   (b) 높은 빈도의 사건은 예측하기 어려운 것
   (c) 낮은 빈도의 사건은 예측하기 어려운 것
   (d) 대부분의 측정치는 적절한 타당도가 부족한 것

정답 : 1. c; 2. b; 3. a; 4. d; 5. a; 6. c

6장

신경심리평가의 특수한 문제들

개관

신경심리학이 학문의 한 분야로서 성숙했다는 것은 점점 더 많은 임상 하위 분야에서 전문가들이 자신의 기반을 만들어 가고 있다는 것에서 확인할 수 있다. 분명히 많은 신경심리학자가 여전히 스스로를 다방면에 능한 전문가(generalist)라고 생각하겠지만, 점점 더 많은 임상가들이 전문적인 지식과 기술을 필요로 하는 좁게 집중된 틈새시장을 만들고 있다. 소아 및 노인 신경심리학과 법의학 신경심리학이 하위 전문 분야로 부상하고 있는 한편, 정신과 장면, 다문화 및 이중언어 장면, 또는 일차적 · 이차적 장애로 고통받는 환자를 보는 장면에서 일하는 임상가들은 검사 도구들의 타당도가 심각하게 훼손될 수 있는 문제들을 해결하기 위한 전문 지식을 개발해야 한다. 이 장에서는 이러한 특수 집단을 평가하도록 요청받았을 때 해결할 몇 가지 문제와 주의 사항을 제시한다.

아동 평가

아동 신경심리평가에는 많은 중요한 문제가 있다. [빠른 참조 6.1]에는 아동의 신경심리검사 해석을 복잡하게 만드는 요인이 요약되어 있다. 첫째로 가장 중요한 점은 평가할 인지기능을 수행하는 데 사용되는 지식 구조가 신체 및 정서 발달과 함께 발달한다는 점이 평가를 복잡하게 만든다는 것이다. 주의, 언어, 기억, 자기통제, 그리고 심지어 운동 기술 같은 능력들은 출생부터 청소년기까지 빠르게 변화하며, 해당 연차 동안의 신경 발달 과정을 반영한다. 일반적인 정상 발달 추세와 과정은 분명히 잘 알려져 있지만, 인지 발달 속도는 특히 생후 5~6년 사이에 매우 다양할 수 있다. 어떤 경우에는 운동 기술이나 언어 같은 기능과 능력이 몇 달 또는 심지어 몇 주 사이에도 발생하는 시점의 차이가 발생한다. 생물학적 발달을 하는 동안, 아이들은 새로운 정보와 기술을 습득할 기회가 주어지는 환경에 노출된다. 그리고 이러한 노출은 개인에 따라 매우 다를 수 있다. 성인 신경심리검사는 보편적인 사실과 정보에 대한 적정한 노출도를 고려하여 설계된다. 예를 들어, 언어기억 과제는 문자 자료에서 출현하는 빈도, 상호관계성, 연상되는 강도 등에 따라 통제된 단어들을 골라서 설계된다. 기억 수행에 영향을 미친다고 알려진 이러한 변수에 사용되는 통계는 성인이 접할 수 있는 읽기 자료를 기반으로 하며, 이는 어린이와 유사한 수준의 난이도를 반영하지 않을 수 있다. 초등학교 시절에 주로 발달한 기본적인 기술(예: 읽기, 쓰기, 지시 따르기, 면담 시 가만히 앉아 있기)은 어린 아동에게서 발달되지 않았을 수 있다. 이러한 이유로 대부분의 경우에 성인 검사를 위해 개발된 도구와 과제를 아동의 규준을 모으는 데 사용하는 것은 적절치 않다. 십 대나 젊은 성인에게 타당한 신경심리적 예측과 좋은 민감도를 내는 문항이 있는 검사는 나이가 많은 후기 아동이라고 해도 사용하기에 부적절한 경우가 많다. 언어적으로 성숙하고 나이가 든 아동에게서 뇌기능장애에 민감하고 특이적인 검사는 언어를 획득하기 이전 아동이나 심지어는 전학령기 아동의 평가에서 쓸모가 없다.

빠른 참조 6.1 아동 신경심리평가에서의 복잡성 요인

- 아동은 신체 및 정서적 발달, 그리고 평가되어야 하는 인지기능을 수행할 때 필요한 지식 체계가 계속 발달한다.
- 아동은 새로운 정보와 기술을 습득할 기회가 주어지는 환경에 저마다 다르게 노출된다.
- 아동에서의 손상–기반 연구 데이터베이스는 성인에게서 보다 훨씬 제한적이다.
- 아동에서 결함을 보인다고 해서 성인에서 동일한 결함을 일으키는 뇌손상과 꼭 관련되는 것은 아니다.
- 임상 장면 대부분에서 발달 및 학업적 어려움을 겪는 아동들을 생리적 지표를 통해 장애의 증거를 확인할 수 있는 비율은 낮다.
- 부모는 아동의 학업 수행에 대해서 정확하지 않은 정보원일 수 있다.
- 평균적으로 아동은 나이에 따른 산만함과 가만히 못 있는 행동으로 인해서 긴 평가 동안 앉아 있는 것을 성인보다 어려워할 수 있다.

검사 개발자는 이러한 문제를 민감하게 고려할 수 있으며, 수많은 검사는 발달 중인 아동에게 사용하기 위하여 특별히 설계되었다(예: NEPSY-II). 일부 개발자들은 이에 상응하는 성인용 검사와 내용 및 구인 타당도를 공유하는 검사를 개발하고자 했다. 이러한 검사의 가장 좋은 예시는 IQ 평가에 사용되는 것들이며, 웩슬러 검사 시리즈는 미취학 아동부터 성인에 이르기까지 규준과 구인의 연속성이 있도록 설계되었다.

소아 신경심리학자가 직면한 훨씬 더 어려운 문제는 이 도구들이 아동의 뇌기능을 평가하는 데 어떻게 사용될 수 있는지를 이해하는 것이다. 성인 신경심리학은 성인의 뇌 조직화에 대한 수많은 가설을 던질 수 있는 손상–기반 연구의 축적된 데이터베이스가 있지만, 그러한 자료는 아동에게서 찾기 어렵다. 발달장애와 여러 유형의 후천적 뇌장애가 있는 아동의 신경심리학적 검사 수행을 살펴보는 많은 연구가 있다. 그러나 행동에 영향을 미치는 극소적 손상을 흔히 발생시키는 질환과 사건은 성인에 비해 아동에서의 연구가 훨씬 부족하다. 신경심리검사 과정에서 아동과 성인 모두에게서 나타나는 유사한 행동장애로부터 유추를 이끌어 내고 싶은 유혹이 생기지만, 이러한 비교가 꼭 가능한 것은 아니다. 어떤 하나의 검사 결과가 아동의 정상적인 생물학적 발달 차이, 완수되지 않은 지식 습득, 병변의 초점적 효과 사이의 상호작용을 반영할 수 있다. 구체적인 자료가 그러한 예측을 보증하지 않는 한, 신경심리학적 자료를 사용하여 성인과 동일한 방법으로 아동에게서 예측을 해서는 안 된다. 아동의 언어, 기억 또는 집행기능의 변화가 있다고 해서 반드시 성인에게 그러한 결함을 발생시키는 동일한 병변과 관련이 있는 것은 아니다.

신경심리학자는 종종 아동에게서 확인된 뇌손상의 영향을 평가하도록 요청받지만, 어린 환자를 평가하는 임상가에게 가장 흔한 의뢰 질문은 시점이 딱 떨어지는 사건이나 질병 상태를 생리학적 증거로 확인할 수 없는 경우의 발달 및 학업적 어려움을 평가하는 것이다. 이러한 경우에 신경심리검사 자료를 사용하여 구조적인 초점적 결함의 존재를 예측하는 것은 신중하고 보수적으로 이루어져야 한다. 그러한 주장을 뒷받침하는 자료는 대부분의 경우에 존재하지 않으며, 대부분의 임상 환경에서 생리학적 검증 비율은 매우 낮다. 그러한 자료가 어떻게 사용되어야 하는지를 둘러싼 문제는 복잡하고 이 책의 범위를 벗어난다. 따라서 독자는 소아 대상의 신경심리검사에서 어떤 과학적으로 검증 가능한 정보를 도출할 수 있는지 알아보기 위해 전문 소아 신경심리학서를 참조할 것이 권장된다.

아동을 위한 신경심리검사 배터리는 교육적 성취도에 대한 일부 평가를 포함하며, 여기에는 읽기, 철자법, 산수 과정의 영역이 있다. 여기에는 WRAT-4(Wilkinson & Robertson, 2006), WIAT-II(Wechsler, 2001a), WJ III NU(Woodcock, McGrew, & Mather, 2007), KABC-II(Kaufman, & Kaufman, 2004a), KTEA-II(Kaufman & Kaufman, 2004c) 같은 검사들이 있다. 이 검사들

은 제4장에 설명되어 있다. 임상가는 또한 아동의 학업성취에 대한 상세한 정보를 가지고 있어야 한다. 많은 경우에 부모는 자녀의 학업 성취에 대해 정확한 정보를 제공하지 못할 수 있다. 신경심리학자는 가능한 한 최근의 학교 성적과 특수교육 기록을 확인해야 한다. 만약 임상가가 최근의 신경학적 질병의 영향과 장기적으로 유지되어 온 능력을 구분하도록 요청받았다면, 아이의 인지 발달의 전반적 과정을 그릴 수 있는 전체 학교 기록을 평가해야 할 것이다.

점점 더 많은 아동이 신경심리평가로 의뢰되는 흔한 진단적 질문은 주의력결핍 과잉행동장애가 있는지 여부이다. 이 진단을 받은 아동은 신경심리검사를 제대로 수행하지 못할 때가 있지만, 이러한 측정들은 특이도가 부족하기 때문에 진단 자체를 하기에는 유용하지 않은 것으로 나타난다. 현재 주의력결핍 과잉행동장애의 진단은 행동 기술과 과거력에 기반하여 『정신장애진단 및 통계편람(DSM-IV-TR)』(American Psychological Association, 2000)의 증상 기준으로 이루어지며(역주: 이 책의 출판 시점에는 DSM-5에 해당), 다양한 환경에서의 일관된 행동 패턴을 관찰한다. 주의력결핍 과잉행동장애의 경우, 임상가는 가정, 학교 그리고 가능하다면 다른 관련 환경에서의 행동 패턴에 대한 적합한 자료를 아동의 부모와 교사로부터 얻어야 한다. 이러한 목적을 위해 주의력결핍 과잉행동장애검사(Gilliam, 1995), 코너스-III(Connors, 2008), BASC-II(Reynolds & Kamphaus, 2004)를 포함한 몇 가지 표준화된 검사가 개발되었다. 이러한 측정 도구에 대한 자세한 내용은 제4장에서 확인할 수 있다. 신경심리학적 평가는 주의력결핍 과잉행동장애검사에 대한 진단은 아니더라도 수행에서 주의력 장애의 방해를 받았는지에 대한 증거가 있는지(또는 증거가 부재한지)를 확인할 수 있다.

성인만큼 오랫동안 앉아서 검사를 받을 수 없는 아동들에게는 협조성과 동기를 유지하는 것이 특히 중요하다. 아동을 검사할 때 피로, 떠다니는 주의력, 산만함의 징후는 지속적으로 관찰되어야 한다. 비교적 정상적인 아동의 경우에도 검사 외적인 운동 활동과 일부 산만함은 나이에 맞는 것일 수 있으며, 이

[주의]
신경심리검사들은 주의력결핍 과잉행동장애 진단에 유용하지 않은 것으로 나타난다. 이때는 DSM에 명시된 증상 기준을 사용하여 행동 기술과 과거력에 기초한 진단을 하는 것이 가장 좋다. 다만 신경심리학적 평가를 통해서 인지 과제에서 주의 문제에 방해를 받는다는 점을 확인하는 것은 가능하다.

는 수행의 신뢰성을 훼손할 가능성이 있다. 주의력결핍 과잉행동장애와 같은 일부 발달 이상과 질환의 경우, 이들의 산만함은 주의력 유지기능에 결함이 있다는 것을 확인하는 것 외에 어떤 신뢰할 만한 검사 결과도 얻지 못하게 할 수 있다. 이러한 경우에는 검사 회기가 상당히 짧아져야 할 수 있으며, 검사를 다시 재개하기 전에 휴식과 돌아다닐 시간을 줄 수 있다.

[빠른 참조 6.2]에는 아동 신경심리평가에서 필요한 몇 가지 일반적인 고려 사항이 정리되어 있다.

빠른 참조 6.2 아동 신경심리평가의 일반적인 고려 사항

- 아동의 연령에 적절하고 계획했던 평가의 목표를 위해 타당화된 검사를 선택하기
- 출생, 발달적 · 의학적 · 심리적 · 사회적 · 가족의 과거력을 부모 및 돌봄자로부터 수집하기
- 가용한 기록을 요청하고 검토하여 과거력을 뒷받침하기
- 주의폭이 저조하고 안절부절못하는 일부 아동을 수용할 수 있도록 검사 회기를 계획하고, 방해 자극은 최소화하기
- 검사 중에 아동이 편안해할 수 있도록 하기
- 필요하다면, 특히 매우 어린 아동의 경우에는 평가 시작 시에 부모가 함께 있도록 하되, 아동이 적응하기 전까지는 표준적인 검사를 시행하지 말 것
- 아동이 최대한 협조적일 수 있도록 격려하기
- 회기가 자연스럽게 진행될 수 있도록 시행되는 모든 검사를 숙지하고 있기
- 아동의 결함을 해석할 때는 신중해야 함을 기억하기. 아동에게서 관찰되는 결함은 성인에서와 같은 이유로 발생하지 않을 수 있다.

이중언어와 문화적 문제

오늘날 사용되는 신경심리검사의 대부분은 영어로 출판되었고, 미국에서 표준화되었다. 일부 검사는 프랑스어(예: RAVLT; Rey, 1958)와 이탈리아어(토큰 검사; De Renzi & Vignolo, 1962) 같은 다른 언어로 개발되었지만, 이러한 검사는 미국 또는 캐나다에 널리 사용되기 위해 영어로 번역되고 미국 인구에서 재규준화되었다. 이러한 검사들은 북미권 영어에 대한 어느 정도의 숙달뿐만 아니라 서양 문화에 내재된 경험과 관습에 노출되었는지에 따라서 수행이 달라진다. 검사는 개발자들의 문화적 기원과 언어의 산물이기 때문에 이는 놀라운 사실이 아니다. 이러한 검사가 개발된 문화, 언어적 맥락 밖에서 사용되었을 때 반드시 타당도를 상실하는 것은 아니다. 그러나 미국에서 개발되고 주로 단일 언어로 영어를 사용하는 미국인들을 표준으로 하는 신경심리검사가 이 문화권 밖에서 번역되고 적용될 때 유사한 수준의 민감도와 특이도를 유지할 것이라고 예상할 수는 없다. 점점 더 많은 신경심리검사가 자국의 모국어 사용자들에게 사용되기 위해 번역되고 재규준화를 거치고 있지만, 이중언어 사용자와 일생의 상당 기간 동안 영어 이외의 언어를 사용하며 살았던 사람들에게 영어-기반 검사를 쓸 때 발생하는 중요한 문제들을 다룬 자료들은 많지 않다. 이 개인들은 대화에서 두 개의 언어에 모두 유창한 것처럼 보일 수 있지만, 인구통계학적으로 유사한 단일언어 사용자와 비교했을 때는 양쪽 언어 모두에서 비슷한 수준의 정보에 노출되지 못했을 수 있다. 일부 자료에 따르면 스페인어를 사용하는 일부 이중언어자들은 어떤 검사의 수행에서 불리할 수 있으며(Navarrete, 1999), 일부 이중언어 중국어 사용자는 다른 사용자보다 유리할 수 있다(Hsieh & Tori, 1993). Kaufman(1994)은 대다수의 히스패닉 아동들, 심지어 영어를 잘 구사하는 아동들도 WISC-II에서 언어성 지능(Verbal IQ: VIQ)과 동작성 지능(Performance IQ: PIQ) 사이에서 PIQ가 더 높다는 자료를 제시했다. 또한 여러 검사 종류를 여러 이중언어 사용자의 유형에 걸쳐 다루게 되는 이러한 연구들은 참가자 선별 과정도 제각기 다르기 때문에 참가자들의 연령, 교육 그리고 사회경제적 지위 등 여러 범위에서의 연구들끼리 비교될 수 없었다. 이차적으로 번역된 검사는 해당 언어의 원어민 사이에서 사용될 때 적절히 작동할 수 있지만, 이중언어 사용자를 검사할 때 발생할 수 있는 잠재적 부정확성을 교정하지 못할 수 있다. 아동과 성인을 위한 최신의 웩슬러 지능 검사에는 이전의 웩슬러 지능 검사의 VIQ-PIQ 구조가 더 이상 포함되지 않지만, 많은 하위 소검사는 이중언어 사용자들의 수행에 영향을 미칠 것으로 예상되는 상당한 언어적 부담이 있다.

자료에 따르면, 언어가 주요 문제가 아닌 개인의 인종과 민족 자체가 신경심리검사 수행에 영향을 미칠 수 있음을 시사한다. 비록 일부 집단 구성원이 다른 집단보다 더 낮은 점수를(또는 더 우수한 점수를) 받는 이유가 명확하지는 않지만, 많은 연구에서 IQ, 언어, 그리고 성취도 검사에서 인종 집단 간의 차이를 보여 준다. 심지어 검사를 받은 사람들이 단일언어 영어 사용자일 때도 말이다. 이러한 차이는 일반 다수의 모집단에서만 표준화된 신경심리검사의 민감도와 특이도에 영향을 미칠 가능성이 있다. 규준을 구성한 인구보다 낮은 검사 점수를 가진 인종 집단의 구성원이 거짓양성으로 분류될 가능성이 더 높기 때문에 미국 내의 큰 인종 집단 중 일부의 별도 규준을 만드는 것이 점점 더 중요해지고 있다. 개별적으로 독립된 규준의 문제는 미국에서 대규모 소수집단을 구성하는 아프리카계 미국인들에게 특히 중요하다. 아프리카계 미국인은 대부분의 인구보다 일부 신경심리검사에서 더 낮은 수행을 보인다. 이에 대한 이유는 명확하지 않지만, 이러한 집단차는 정치적 의미에 대한 민감한 반응을 불러일으켰다. 아프리카계 미국인들을 위한 별도의 규준 개발과 사용을 지지하거나 반대하는 사회적 · 정치적 논쟁이 있었지만, 적어도 현재 상황에서 대부분은 신경심리검사의 정확한 해석을 보장하기 위해서 별도의 규준이 중요하다는 것을 인정하고 있다.

Flanagan과 Kaufman(2009)은 임상가가 WISC-IV 검사 수행에 대한 언어와 문화의 영향을 평가하는 데 사용할 수 있는 도구로서 문화–언어 매트릭스(Flanagan, Ortiz, & Alfonso, 2007)를 제안했다. 문화–언어 매트릭스는 WISC-IV 하위 소검사에 대한 언어적 요구와 문화적 부하의 정도를 임상가에게 알려줌으로써 가장 낮은 문화적 부하와 언어적 요구가 있는 소검사(즉, 행렬추론 및 지우기) 대비 가장 높은 문화적 부하와 언어적 요구가 있는 소검사(즉, 상식, 공통성, 어휘, 이해, 단어추론)의 수행을 분석하고, 이를 통해서 어떤 체계적인 효과가 있었는지를 알아내고 검사의 결과 해석에 고려할 수 있다. 『문화 간 배터리 평가의 핵심』(Flanagan, Ortiz, & Alfonso, 2007)의 〈부록 D〉에서는 WAIS-III, WISC-IV, WPPSI-III, WJ III, SB5, KABC-III, KBIT-2를 포함한 여러 규준–참조 검사(제4장 참조)를 위한 검사와 특정적인 문화–언어 매트릭스를 제공함으로써 영어 능숙도와 검사 수행에 대한 문화적 적응도의 영향을 확인할 수 있다.

노인 신경심리학

65세 이상 성인은 신경심리평가가 필요해지는 인구로 빠르게 증가하고 있다. 심지어 25년 전만 해도 70대 이상 성인을 대상으로 한 규준이 있는 검사는 거의 출판되지 않았다. 그러나 오늘날 많은 검사가 70~90세 사이의 성인들을 위한 규준과 함께 출판되고 있다. 이러한 변화는 제2차 세계대전 이후 출산율의 큰 증가와 그 이후의 느리지만 지속적인 기대 수명의 증가로 인한 전반적인 인구통계학적 변화를 반영한다. 2020년까지 미국의 65세 이상 성인은 5,400만 명에 이를 것으로 예상되었고, 또한 75세 이상 인구는 2,300만 명에 육박하고, 85세 이상 인구는 1,000만 명에 달할 것으로 예상되었다(Centers for Disease Control, 2005). 나이가 들수록 인지 능력에 영향을 미치는 질병도 많아진다. 알츠하이머병은 75~79세 성인의 약 19.5%에서 발생하는 것으로 추정되며, 뇌혈관 질환은 75~84세 성인의 8%에서 추가로 발생한다(Cummings & Coffey, 2000).

예상할 수 있듯이, 노인 환자의 신경심리평가는 그 자체만의 문제와 어려움이 있다. 이는 [빠른 참조 6.3]에 요약되어 있다. 주요 문제는 적절한 검사 규준의 사용 가능성이다. 노년층의 신경심리검사를 위한 정확한 규준의 수집은 무엇이 정상적인 노화이고, 무엇이 정상적인 노화가 아닌지에 대한 명확한 이해가 불분명하다는 어려움이 있어 왔다. 다양한 연령 집단을 비교하여 수집된 많은 자료는 횡단적이다. 즉, 동일한 기간 내에 다양한 연령에 도달한 개인의 무작위 표본에서 수집된 자료이다. 횡단 자료에서는 다양한 연령의 개인 간 차이가 과장되는 경향이 있는데, 이는 그들의 검사 수행 능력이 다른 역사적 시대를 겪는 동안에 개인이 겪은 경험의 차이들을 반영할 수 있기 때문이다. 이러한 **코호트 효과** 외에도, 노인 표본에서는 나이가 들수록 더 빈번해지는 질병들의 초기 단계에 영향을 받을 가능성이 혼입된다. 종단 연구에서는 비록 나이가 들면서 질병의 진행에 영향을 받지만, 표본의 중도 이탈과 관련된 표집 편향은 횡단 자료에서 뚜렷했던 연령 효과를 없애거나 극적으로 감소시킬 수 있다. 노인 평가는 연령대와 코호트에 더 특정적이게끔 개발된 문항으로 개선될 수 있으나, 주요 검사 출판사에서는 그러한 측정 도구를 만들지 않았다.

빠른 참조 6.3 노인 신경심리평가의 복잡성 요인

적절한 규준이 없을 수 있다.

- 횡단 자료는 다른 시대에서 자라난 개인들의 다른 경험들을 반영하는 코호트 효과의 영향을 받을 수 있다.
- 정상 노인 모집단은 비신경학적인 의학 질환이 있을 수 있으므로 젊은 성인에 비해 노인에게서는 신경심리검사가 덜 특이적이다.
- 연령이 일치된 정상적인 뇌기능을 가진 사람들의 자료를 포함하는 검사 규준에는 치

매나 경도인지장애의 초기 징후를 가진 사람들이 포함되었을 수 있으며, 이는 연령이 증가할수록 민감도의 감소로 이어진다.

- 검사는 바닥 효과로 문제가 될 수 있다.

노인 환자는 검사를 견디는 것이 더 어려울 수 있다.

- 그들은 젊은 성인이나 중년 성인보다 평균적으로 더 쉽게 피로해질 수 있다.
- 그들은 불편한 느낌을 동반하는 만성 질환을 겪을 수 있다.
- 그들은 경미한 우울이나 수면 부족과 같이 진단되지 않은 흔한 문제로 힘들어할 수 있다.

무엇이 정상적인 노화, 즉 건강한 노화를 구성하는지에 대한 문제는 노인 신경심리평가에서 중대한 문제이다. 노인 환자가 평가 과정에 협력하려는 동기, 에너지 수준 및 의지는 다양한 순환계의 질환, 말초 감각 및 운동 손실, 만성 통증으로 인해 제한될 수 있다. 청각장애(특히, 고주파와 중-고주파 범위의 주파수 대역 상실), 황반변성, 백내장, 당뇨병성 망막병증과 같은 질환은 노화에 따라 유병률이 증가하며, 뇌기능의 실제 저하와 무관하게 신경심리검사의 수행을 손상시킬 가능성이 있다. 이러한 이유로 신경심리검사는 젊은 성인들보다 노인들에게서 훨씬 덜 특이적일 수 있다. 이러한 장애를 가진 사람들이 타당화 연구에 사용된 정상적인 표본에 더 많이 포함된다면 환자를 뇌기능장애가 있는 것으로 분류하는 기준 점수가 너무 보수적일 수 있으며, 검사의 민감도가 저하될 수 있다. 정상적인 참가자의 선정 과정에서 전반적인 건강 선별을 거치지 않는다면 한 사람의 기능이 손상된 것으로 분류되기 위해 받아야 하는 손상 점수의 지점이 기존의 최적 절단점보다 더 높아져야 할 수 있다.

또한 뇌에 영향을 미치는 질병을 진단되지 않은 채로 갖고 있는 사람들이 정상적인 표본에 포함되기도 한다. 많은 노인 신경심리검사는 퇴행성 치매 질환 중에서 가장 흔한 알츠하이머병의 존재를 감지하기 위해 개발되고 타당화되었다. 1996년, Sliwinski, Lipton, Buschke와 Stewart는 기억력 검사 타당화 연구에서 정상으로 분류된 참가자 집단의 평균보다 1표준편차 아래에 있는 사람들이 6~12개월 후에 치매 진단을 받는 경우가 많다는 것을 발견했다. 이 결과는 노인들을 위한 검사 규준이 지나치게 보수적일 수 있음을 시사한다. 또한 알츠하이머병의 유병률 자체가 나이가 들수록 증가하기 때문에 무선 추출되고 정상적으로 기능하며 연령이 일치하는 사람들의 자료가 포함된 검사 규준은 치매의 초기 징후가 있는 사람들을 다수 포함할 것으로 예상된다. 따라서 나이가 증가함에 따라서 이 검사들의 민감도가 감소하게 된다.

이러한 사람들 중 일부가 경도인지장애(Mild Cognitive Impairment: MCI)라고 불리는 새로운 진단 범주에 속한다고 제안하는 문헌이 많아지고 있다. 이 사람들은 기억 또는 기타 인지 영역의 결함에 대한 불편을 호소(complaint)하지만, 그럼에도 불구하고 비교적 독립적인 일상생활을 기능할 수 있다는 점에서 경도 치매와 구별되는 중요한 특징이 있다. 종단적 연구에서는 3개월 이력의 '기억력' 호소가 있었던 161명의 환자 표본의 35%가 MCI의 기준을 충족했다(Geslani, Tierney, Herrmann, & Szalai, 2005). 이 환자들 중 41%는 1년 추적조사에서 알츠하이머형 치매 기준을 충족했으며, 64%는 2년 이후의 추적에서 치매 기준을 충족했다. 여기서는 기억력 불편 호소가 있는 기준으로 선정된 연구 참가자들이 표본을 구성했기 때문에 대표적인 노인 표본보다는 MCI 기준을 충족할 가능성이 높았다. 같은 이유로 치매로의 전환율 또한 동일 연령 범위의 일반 모집단 표본보다 현저히 더 높다고 보고된다. 이와 같은 연구는 치매가 진단되기 몇 년 전부터 측정 가능한 인지 능력이 뚜렷이 감소하는 양상으로 치매 증상이 선행할 수 있음을 시사한다.

마지막으로, 혈압과 같은 심혈관 위험 요인의 증가는 일부 신경심리검사의 수행, 특히 집행기능과 관련된 기능을 저하시킬 수 있으며, 이는 치매 또는 인지장애의 진단을 받지 않은 사람들에게서도 나타난다(Brady, Spiro, McGlinchey-Berroth, Milberg, & Gaziano, 2001; Kuo et al., 2005, 2006; Pugh, Milberg, & Lipsitz, 2001). 뇌졸중, 종양, 파킨슨병과 같은 다른 신경퇴행성 질환을 포함하여 중추신경계에 영향을 미치는 다른 질병들도 나이가 들면서 유병률이 증가한다. 이러한 관찰은 노인 신경심리검사의 타당화 연구에서 정상 표본을 구성하는 개인의 건강 상태가 왜 상세히 명시되어 있어야 하는지 강조해준다.

노인 환자는 일반적인 젊은 성인이나 중년 성인보다 쉽게 피로해지고 좌절내성이 낮을 수 있기 때문에, 동기 부여와 협조성을 지속적으로 모니터링해야 한다. 건강한 노인도 젊은 성인과 마찬가지로 검사 절차를 견딜 수 있지만, 나이가 들수록 불편함을 일으키는 만성질환(예: 관절염 및 기타 정형외과적 장애)의 유병률은 시력과 청력의 일차적 감각장애와 함께 높아진다. 게다가 일반적으로는 진단되지 않지만 우울, 불안, 수면 부족과 같은 흔한 장애도 나이가 들면서 유병률이 증가한다. 이러한 장애의 존재는 고령 환자의 체력 및 검사 동안에 주의를 유지할 수 있는 능력에 영향을 미치고, 검사 점수의 신뢰도를 감소시키고, 뇌기능장애, 손상 또는 질병을 측정하는 도구로서의 검사 안정성과 구체성을 떨어뜨릴 수 있다.

아동과 마찬가지로 노인에게는 더 짧은 검사 시간을 적용해야 할 수도 있으며, 실제로 임상가는 가능한 한 노인을 검사할 때 가장 짧고 효율적이며 관련성이 높은 검사를 찾도록 해야 한다. 안타깝게도 노인 대상을 염두에 두고 특별히 개발된 신경심리검사는 거의 없다. 본래 젊은 성인의 수행 범위를 염두에 두고 잘 규준화된 검사도 노인의 전형적인 수행 수준을 파악하기에 충분한 범위의 난이도를 제공하지 못할 수 있다. 정상적인 노화 효과와 질병 간의 상호작용 때문에 연령 코호트 내에서 상대적으로 경미한 장애가 있을 수 있는 성인의 검사에서는 바닥 효과가 나타날 수 있다. 경미한 장애가 있는 성인이라도 검사의 측정 가능한 범위의 밑바닥에서 수행하는 경우, 이 측정치는 경미한 장애 환자와 더 심각한 장애를 가진 환자를 구별할 수 없으며 높은 거짓양성 오류의 비율을 보일 것이다.

바닥 효과의 문제 때문에 CVLT의 16개 문항과 같은 측정치들의 사용에 어려움이 있다. 이 검사는 노인을 대상으로 저조한 특이도를 보였는데, 많은 수의 비교적 건강한 성인들이 기억장애가 있는 것으로 분류가 되는 문제가 있었다. 이러한 이유로 검사 개발자들은 이 모집단에 훨씬 더 적합한 9개 문항의 치매용 검사를 만들었다(dementia version; Libon et al., 1996). 9개 항목으로 구성된 짧은 양식은 또한 CVLT-II에 통합되었다(Delis, Kramer, Kaplan, & Ober, 2000). HVLT-R도 이 연령 집단에 더 적합하도록 설계된 목록 학습 검사이다(제4장 참조). 바닥 효과는 WMS-IV와 같은 검사에도 문제가 된다. 단어 연합(verbal paired associate) 소검사에서 지연 이후에 다섯 개밖에 회상하지 못한 76세인 사람은 환산 점수로 6점을 받으며, 수행의 백분위수가 9%로 평균 하 범위에 속하게 된다. 이 수행은 알츠하이머병이 시사되는 빠른 기억 소실의 결과로 보아야 하는가? 이 질문에 대한 답은 다른 자료(아마도 과거력이나 질병 이력)로부터 나와야 할 것인데, 바닥 효과로 인해 점수를 특정한 용도로 사용하기 어렵기 때문이다. 증가하는 노인 인구를 수용하기 위해서는 젊은 성인의 신경심리적 결함에 대해 민감도가 높은 여러 대표적인 신경심리학적 측정에 대한 검사의 수정과 개정이 필요하다.

의뢰 사유와 과거력이 인지기능의 점진적 저하를 겪고 있음을 강하게 나타내는 사례들의 경우, 노인 환자를 위한 신경심리검사 배터리로 치매평가 검사(Dementia Rating Scale-2: DRS-2; Jurica, Leitten, & Mattis, 2001) 또는 신경행동 인지 상태 검사(Neurobehavioral Cognitive Status Examination: NCSE; Kiernan, Mueller, Langston, & Van Dyke, 1987), 그리고 때로는 간이 정신 상태 검사(Mini-Mental State Exam: MMSE; Folstein, Folstein, & McHugh, 2001) 같은 짧은 선별용 배터리를 포함한다. 단, 이러한 배터리는 일반적으로 민감도와 특이도가 떨어지며 영향을 받는 특정한 인지 영역에 대한 신뢰할 만한 정보를 제공할 수 없기 때문에 이러한 배터리를 사용할 때 매우 주의해야 한다(Millberg, 1996). 이 측정 도구들은 치매의 기저율이 높은 장면에서, 그리고 환자의 인지 상태의 총체적 변화를 추적하는 목적으로 유용할 수 있다.

초기 진단이 필요한 평가의 경우에는 주의, 기억, 언어, 집행기능 및 지각에 대한 일부 공식적이고 잘 표준화된 측정으로 구성된 배터리를 사용하면서 가장 흔한 노년기 신경심리장애를 진단하는 데 중요한 영역을 표적으로 삼는 것이 바람직하다. 알츠하이머병 진단에 대한 민감도가 양호한 것으로 나타난 최초의 배터리는 'Consortium to Establish a Registry for Alzheimer's Disease: CERAD'이다(Welsh et al., 1994). CERAD는 단어 유창성(단어 목록 생성 과제), 보스턴 이름대기 검사, 단어 목록 기억(즉각, 지연, 재인 시행)과 노인에게서 타당도가 잘 알려진 다른 검사들로 구성된다. 이 배터리에는 알츠하이머병 진단이 확인된 다른 환자들과 비교를 할 수 있도록 돕는 Folstein의 MMSE도 포함되어 있다(McKhann, 1984). CERAD는 많은 치매 연구에서 여전히 사용되고 있으며, 기억, 언어, 집행기능 영역에서 정보를 추출하기 때문에 노인 환자에게서 사용될 신경심리검사 배터리를 구성하기 위한 좋은 본보기를 대표한다. 그러나 CERAD는 알츠하이머병으로 인한 치매의 증상(주로 기억상실)을 탐지하기 위해 설계되었기 때문에 노인의 다른 인지장애의 원인에는 민감하지 않을 수 있다(예: 혈관성 질환과 관련된 인지장애). 따라서 노인을 평가하기 위해 설계된 신경심리 배터리는 TMT, 스트룹 색상단어 검사, 그리고 경우에 따라서는 WCST와 같은 광범위한 집행기능 측정을 포함해야 한다. RBANS(Randolph, 1998; 제4장 참조)도 89세까지의 잘 표준화된 비교적 짧은 검사 배터리이며, 동등 검사를 대체하여 시간 경과에 따른 반복적인 검사와 추적이 가능하다.

또한 경미한 우울은 노인들에게서 상당히 흔하기 때문에 대부분의 배터리는 적어도 노인 우울 척도(Geriatric Depression Scale: GDS)와 같은 우울증 선별 도구를 포함해야 한다(Brink et al., 1982; Yesavage et al., 1983).

[빠른 참조 6.4]에는 노인의 신경심리평가를 시행할 때 일반적인 고려 사항이 요약되어 있다.

빠른 참조 6.4 **노인 신경심리학적 평가의 일반적인 고려 사항**

- 환자와 가족 구성원 및 돌봄자로부터 전체 과거력을 얻는다.
- 더 짧은 검사 회기를 가진다.
- 인지기능의 점진적 저하가 의심되는 경우, 간단한 선별 배터리를 포함한다[예: Mattis의 치매평가 검사(DRS-2), 신경행동 인지 상태 검사(NCSE), 간이 정신 상태 검사(MMSE)].
- 초기 진단이 필요한 평가의 경우, 주의, 기억, 언어, 집행기능, 지각에 대한 공식적이고 잘 표준화된 도구를 사용하여 가장 흔한 노인의 신경심리적 장애의 진단에 도움이 되는 핵심 영역들을 표적으로 평가한다[예: 동형 · 반복형 신경심리평가 배터리(RBANS)].
- 우울증에 대한 선별 도구를 포함한다.

정신과적 장애가 있는 환자

아동과 노인의 검사와 관련된 많은 문제는 현저한 정신질환 또는 정서장애가 있는 환자의 신경심리검사 결과의 해석에도 영향을 미친다. 조현병, 양극성장애, 중증 강박장애, 그리고 기타 정신과적 질환에서는 신경심리검사에서의 결함이 관찰된다고 알려져 있다. 비록 이러한 질환들 중에서 많은 것이 뇌기능장애의 이상에 근원을 두고 있지만, 그것들은 기저 병리의 직접적인 결과라기보다는 검사 수행에 영향을 미치는 증상들을 만들어 낸다.

정신과 환자들은 대개 검사로 측정할 수 있는 특정한 인지기능의 결함 때문이 아니라, 환청에 주의가 산만해져서 수행이 저하될 수도 있다. 또는 우울증의 생장 증상(역주: 식욕 및 체중 감소, 불면, 신체가 불편한 느낌 등의 신체적 기능 문제)의 결과로 인해 이들은 뇌기능장애 이외의 다른 원인으로 점수가 저하되고 검사 동안에 수행이 느려지거나 최선의 노력을 기울이지 않을 수 있다. 환자들은 그들의 사고장애와 정서적 증상의 심각성이 높아질수록 더 큰 인지적 결함을 보이는 것이 일반적인 양상이다. 뇌기능장애가 있는 사람과 없는 사람을 구별하도록 했을 때 우수한 특이도를 보이는 검사라고 하더라도, 뇌기능장애가 있는 환자와 정신과 진단을 받은 환자를 구분하도록 한다면 실망스러운 수준의 거짓양성 오류율을 보일 수 있다.

[주의]
뇌기능장애가 있는 사람과 없는 사람을 구분하는 데 우수한 특이도를 보이는 많은 검사도 정신과적 장애가 있는 환자와 뇌기능장애 환자를 구분하려고 사용할 때는 거짓양성 오류율이 높은 것으로 나타난다.

이 집단에 대한 신경심리평가를 할 때 시행 방식에서 가장 중요한 수정이 필요한 부분은 정신과 질환의 속성과 심각도를 평가하도록 개발된 면담 질문들과 평가 도구들을 포함하는 것이다. 성인 평가에서 적어도 정신과적 증상의 존재 여부에 대한 선별을 거치는 것이 권장되지만 환각, 망상, 심각한 우울증, 조증 또는 경조증, 심각한 불안, 공포증, 강박장애가 있는지에 대한 자세한 자료는 모든 신경심리검사 절차를 밟기 전에 확인되어야 한다. 일부 장면에서 이러한 자료는 다른 의료 실무자가 수집한 것일 수도 있고, 환자의 의료 기록에서 확인하게 될 수도 있다.

신경심리학자는 정신과적 장면에서 작업하거나 정신과적 진단의 이력이 있을 것이라는 강한 의심이 들 때, MMPI-II(Butcher, Dahlstrom, Graham, Tellegen, & Koemmer, 1989), MMPI-II-RF(Ben-Porath & Tellegen, 2008), BDI-II(Beck, Steer, & Brown, 1996), 또는 당면한 질문과 관련된 다른 성격 및 증상 척도와 같은 검사 도구를 포함해야 한다. 오랜 학대나 외상 사건에 노출된 이력이 있는 사람에게는 외상 증상 척도(Trauma Symptom Inventory; Briere, 1995)가 증상을 드러내는 데 유용하다. 정서 증상 및 성격에 대한 보고를 위해 사용할 수 있는 검사들은 제4장에 설명되어 있다. 신경심리검사는 정신과 환자의 능력에 대한 타당한 프로파일을 제공하기 위해서 마찬가지로 사용할 수 있지만, 이 집단에서 뇌기능장애의 존재를 예측하는 데에는 주의가 필요하다. 향후에는 신경심리검사의 특이도를 높이기 위해서 다수의 종단적 측정치를 사용하여 시간에 걸친 변화를 확인하는 것도 가능하다. 가파른 속도로 저하되어 가는 수행은 초기 단일 시점의 자료보다 더 높은 정확도로 병리의 존재를

[중요]
정신과적 장애가 문제가 될 때는 검사 배터리에 정서 관련 보고와 성격에 대한 측정치를 포함하라.

알려 줄 수 있다. 이 접근은 가설적으로만 제기되었으며, 정식 과학적 근거가 확립되지는 않았다.

이 장에서 논의한 다른 특수 집단과 마찬가지로, 정신과적 문제가 있는 환자는 검사의 신뢰도와 타당도에 영향을 미칠 수 있는 동기와 순응성의 변화에 주의 깊은 모니터링이 필요하다. 노인 및 아동 환자와 마찬가지로, 정신과적 환자들은 더 짧은 검사 회기와 수행 중인 과제에 대한 주의를 재정리하는 시간을 더 자주 가지는 것이 필요할 수 있다.

꾀병

신경심리학자에게 평가가 의뢰되는 수많은 사람은 평가에 협조하고, 배터리를 구성하는 다양한 과제에 자신의 능력을 최대한으로 발휘하여 수행하려고 한다. 비록 일부 사람들은 쉽게 피로해지거나 주의가 산만해지거나 장시간 검사에 주의를 기울이는 능력이 제한될 수 있지만, 그래도 이들은 과제를 잘 수행하기 위해 합당한 수준의 노력을 기울인다고 추정된다. 이는 특히 환자들이 제대로 수행하지 못할 이유가 거의 없는 전형적인 임상적 의뢰에서는 맞다. 그러나 때로는 검사를 의뢰받은 사람들이 최선을 다해 검사를 수행하려고 하지 않거나, 실제로 저조한 수행을 하고자 노력하기도 한다. 이러한 사람들 중 일부는 실제로 그렇지 않은 결함이나 증상(또는 더 심각한 수준의 결함이나 증상)으로 고통받고 있다고 결론 내리게끔 평가자를 속이려고 한다.

비록 꾀병(malingering)은 DSM-IV-TR에 포함되어 있지만, 엄밀히 말하면 이는 정신과적 질병이 아니다. DSM-IV-TR에서 정의하는 꾀병은 소송의 이차적 이득과 같은 목적을 위해서 의도적으로 또는 자발적으로 증상이나 결함을 만들어 내거나, 과장하거나, 능력을 의도적으로 억제하는 것을 말한다. 꾀병은 완전히 있거나 없거나 하는 양극단으로 나뉘는 것이 아니라 다양한 수준에서 발생한다. 어떤 사람들은 과장된 증상을 보이며, 다른 어떤 사람들은 증상이 해소된 이후에도 이를 계속 유지시키거나, 사건 이전부터 있었던 증상을 의식적으로 (그리고 부정확하게) 나중의 사건에 귀인하거나, 결함을 모방하고 만들어 낸다. 꾀병의 증거는 노력과 타당성을 측정하도록 특별히 설계된 검사 수행을 살펴보거나, 드문 양상의 신경심리검사 결과와 특히 수행의 비일관성을 통해서 모을 수 있다. [빠른 참조 6.5]에서 명시한 바처럼, 비일관성은 검사 결과와 기능 수준 간의 불일치, 검사 결과와 손상 수준/유형 간의 불일치, 유사 기능을 측정하는 다른 검사와 검사 간의 불일치 등으로 확인될 수 있다.

빠른 참조 6.5 꾀병이 의심되는 비일관성

- 드러난 결함 간의 일관성 부족
- 유사 과제 수행들 사이의 일관성 부족
- 환자의 언어적 증상 보고와 관찰된 행동 간의 일관성 부족
- 보고된 증상과 임상적 발견 사이의 비일관성

꾀병은 무의식적인 증상을 만들어 내는 게 아니라는 점에서 신체형 장애(역주: DSM-5의 신체증상장애에 해당)와는 다르다. 전환장애와 같은 장애에서는 심리적 요인이 증상을 만들어 내는 데 영향을 미치는 것으로 추정되며(심지어 그러한 심리적 요인을 구체적으로 확인할 수 없는 경우에도), 의학적 조건으로도 환자의 증상을 완전히 설명할 수 없다. 심리적 고통을 표현하는 대신에 아픈 사람의 역할을 취하면서 자신의 의학적 질환을 강조하려는 환자의 경우에도 저조한 노력으로 인해 검사 수행이 떨어질 수 있다. 신체형 장애를 가진 환자들은 노력이나 증상의 타당도에 대한 검사에서도 나쁜 수행을 보인다고 알려져 있으며, 이는 감별 진단을 복잡하게 만든다. 따라서 당연하게도 증상타당도 검사에서 낮은 점수가 나오는 다른 원인을 구별할 수 없는 경우들이 많다.

노력 수준이 저조하거나 의학적으로 설명되지 않는 증상이 있다고 해서 의도적인 노력 중단이나 증상의 모방 및 과장이 있었는지 여부를 알기는 어려울 수 있다. 임상 장면에서 저조한 노력 및 증상 과장에 대한 증거는 환자의 심리적 건강에 대한 전체적 그림의 한 부분으로 이해해야 하며, 적절한 상담과 치료를 통해 해결해야 할 문제로 다뤄져야 한다.

속임수나 꾀병이 발생하는 가장 흔한 상황은 개인이 어떤 실제적 또는 이차적 이득을 인식하고 있는 경우이다. 꾀병의 증거는 범죄 수사(특히, 정신이상 또는 분별 능력 부재를 항변 중인), 민사 소송, 장애 보험 심사, 노동자의 보상 청구 등에 연루된 사람들에서 가장 흔하다. 다른 경우에는 환자가 인지한 이득이 의료 서비스 제공자의 관심이라는 심리적·정서적 속성의 이득일 수 있다. 법의학 영역 밖에서 이러한 경우는 인위성 장애(factitious disorder)로 불린다. 인위성 장애는 만들어 낸 증상이 자발적이라는 점에서 꾀병과 비슷하지만, 명백한 이차적 이득이 환자로서 치료받을 때 얻는 관심이라는 점에서 꾀병과 다르다. 소송은 그 자체의 속성이 이차적 이득 문제를 동반하기 때문에 법의학적 사건에서 반드시 다뤄야 하는 영역은 인위성 장애보다는 꾀병이며, 인위성 장애는 의학적 장면에서 더 자주 나타난다. [빠른 참조 6.6]에는 꾀병, 신체형 장애, 인위성 장애의 DSM-IV-TR의 정의가 정리되어 있다.

빠른 참조 6.6 동기 관련 장애들의 감별 진단

- **꾀병**: 의도적인 증상의 과장 또는 만들어 냄. 이차적 이득의 목적하에 고의적으로 충분하지 않은 노력 또는 능력을 보이는 것
- **신체형 장애(신체증상장애)**: 장애에서 비자발적으로 증상을 만들어 내는 것으로, 심리적 요인으로 인한 것으로 추정됨. 의학적 증거는 환자의 증상을 충분히 설명하지 못함.
- **인위성 장애**: 외부 보상에 대한 욕구보다는 환자가 아픈 역할을 맡으려는 욕구에 의해 동기 부여된 의도적인 증상의 생성

꾀병의 기저율이 더 높은 법의학 또는 법정 장면에서 일하는 임상가는 동기, 노력, 순응도에 민감한 검사를 신경심리검사 표준 배터리에 포함해야 한다. 그렇지만 그러한 꾀병 환자가 드물게 나타나는 일반적인 신경심리 실무 장면에서는 암묵적인 신뢰에 동의한 줄 알았던 사람들이 속이려고 했다는 것에 임상가들조차 충격을 받고 상처를 받기도 한다. 이러한 모습을 받아들이기 어려워하는 임상가들은 꾀병이나 속임수의 증거를 간과하거나 과소평가하는 경향이 있을 수 있다. 게다가 의뢰인으로부터 고용되는 것에 익숙하고 환자를 변호하는 편에 서는 역할을 맡는 임상가들은 환자의 동기와 노력에 의문을 제기하는 것에 불편함을 느낄 수 있다. 꾀병을 다루는 데 있어 아주 어려운 것은 이러한 결과를 전문적이면서도 환자와 의뢰인의 이익에 부합하는 방식으로 보고하는 방법이다. 환자에게 꾀병이 있다는 직접적 혐의를 제기하는 것은 파국으로 이어질 수 있기 때문에 이 문제는 민감하게 다루어야 한다. 신경심리학자는 의뢰인이 적절한 치료를 받을 수 있도록 만드는 이 정보의 보고 방법을 찾아야 한다. 의례적인 증상타당도 조사가 이뤄지는 법의학 장면의 경우, 꾀병자(malingerer)라는 꼬리표를 사기 치는 사람(fake)과 같은 것으로 보는 사람들도 있음을 염두에 두면서 신경심리학자는 적절한 방법으로 정보를 보고해야 한다.

어찌되었든 신경학적 · 심리학적 · 동기적 요인이 자료에 미치는 영향을 평가함으로써 환자의 수행에 대한 잠재적 이유들을 구분해 내는 것이 신경심리학자의 한 의무이다. 이 정보는 종국에는 의뢰인이 보여 주고 있는 문제를 위한 가장 적절한 치료와 처치로 이어지게 할 것이다.

임상가는 정확한 신경심리검사의 해석을 위해서 의뢰인의 법적 상황이 어떤지 조사하고 노력 수준과 증상타당도를 평가할 필요가 있다. 법의학 평가에서 노력 수준과 협조성에 대한 평가는 중요한데, 이는 개인이 원고의 변호사에 의해 의뢰되었든 피고의 변호사에 의해 의뢰되었든 마찬가지이다. 어떤 경우에도 의뢰인의 법적 이력에 대한 정보 수집은 라포와 임상적 작업 관계를 훼손하지 않으면서 신중하고 요령 있게 이뤄져야 한다. 때때로 법적 요인이 있는지에 대한 질문은 보고된 장애의 이력으로부터 자연스럽게 시사된다. 예를 들어, 사고나 의료 절차에 뒤따르는 문제라면 뇌졸중이나 치매 질환보다는 노력과 증상타당도의 문제에 영향을 받을 가능성이 더 높다.

일부 임상가들은 현재 진행 중이거나 예상되는 소송 또는 범죄 수사에 대한 평가 질문들을 표준적인 개인 과거력 양식으로 구성하여 평가하며, 이것들을 학업과 일반 의학 이력 같은 덜 민감한 질문들 사이 곳곳에 끼워 넣는다. 소송에 대한 선별은 환자 정보 양식에 "이 문제와 관련해서 소송이 진행 중인가요?"와 같은 질문으로 시작할 수 있다. 소송 중인 많은 사람은 직접 요청하지 않는 한, 진행 중인 소송이나 형사 고발에 대한 정보를 먼저 자발적으로 제공하지는 않을 것이며, 방금 들은 특정 질문에만 대답이 되는 세부 정보만을 답할 수 있다. 그러나 겉보기에는 무해한 상황(예: 의식을 잃지 않았으며 정신 상태를 손상시키지 않은 정도의 경미한 머리 부딪힘) 이후에 심한 기능적 장애가 뒤따르는 보고를 하는 경우라든지, 사건 발생 수개월 또는 수년 이후에 점차 증상이 심각해지고 있지만 일반적으로는 그러한 진행적 감퇴가 일어나지 않아야 하는 상황일 수 있다. 이러한 경우들은 환자들이 법적 맥락에서 평가하도록 직접적으로 의뢰된 것이 아니라고 하더라도 신중하게 살펴볼 필요가 있는 상황이다. 검사 수행이 검사실 내에서의 행동, 최근의 기능적 · 학업적 · 직업적 이력, 주장된 인과적 사건의 정황 등을 비추어 보았을 때 예상 밖의 저조한 수행을 보이는 경우에는 환자가 최대의 노력을 기울이지 않았을 가능성을 생각하고 있어야 하며, 이 가능성을 구체적으로 측정할 수 있는 배터리 검사를 포함해야 한다.

임상가들의 실전 지식에는 환자가 최적의 노력으로 수행하고 있는지, 아니면 병리를 과장하고 있는지를 판단하는 데 유용한 것으로 알려져 있는 징후들이 있다. 이러한 징후에는 임상가에 대한 의심을 드러내는 것, 부적절한 분노를 표현하는 것, 정상적인 검사 수행 중에 과도하게 느리게 수행하는 것, 검사의 어려움에 대한 잦은 불만, 검사 중 관찰자가 방에 있을 것을 요청하는 경우, 실내에서 선글라스를 착용하는 경우, 의료용 지팡이를 사용하는 경우, 그리고 예상 밖의 저조한 수행 등이 포함된다. 이러한 징후들은 대부분 과학적으로 타당화된 것이 아니며, 꾀병 수행의 존재를 입증하는 데 단독으로 사용될 수는 없다. 그러나 이러한 행동들의 존재는 꾀병 행동의 의심을 제기하며, 이를 본 임상가는 의뢰인의 노력과 순응 수준을 확인하기 위한 몇 가지 객관적인 방법을 고려해야 한다. 또한 이러한 방법들은 병력, 환자의 행동, 검사 결과들과 통합될 때 전체적인 임상적 그림을 그려 줄 것이다.

민간 장면에서 법의학 업무에 종사하는 신경심리학자들이 증가하고 있고, 신경심리학이 현재 법정에서 자주 참조되고 있기 때문에 동기에 민감한 측정 도구를 개발하는 것이 최근 몇 년간 상당한 연구의 초점이 되고 있다. 이러한 도구를 개발하기 위한 가장 일반적인 전략은 실제 뇌기능장애나 뇌병변이 있는 환자보다 가장을 하는 사람에게서 더 저조한 수행이 나타나는 과제를 찾는 것이었다. 어떤 과제들은 두 개의 선택지를 주는 강제-선택 방식이며, 우연 수준 이하의 수행 결과를 통해서 의도적으로 저조한 노력임을 짐작할 수 있다. 또 다른 꾀병 검사들은 어려워 보이지만 실제로는 너무 쉬워서 심각한 뇌손상이 있는 환자도 성공할 수 있도록 설계되었다. 이 개념은 속임수와 노력 부족에 쉽게 영향을 받는 기억 결함의 꾀병자들을 탐지하는 데 가장 성공적으로 적용되었다. 포틀랜드 숫자재인 검사(Portland Digit Recognition Test; Binder, 1993)와 꾀병 기억 검사(Test of Memory Malingering; Tombaugh, 1996)와 같은 여러 검사 도구는 중등도부터 중증에 이르는 기억상실증 환자(즉, 새로운 학습에서 기능할 능력이 없는 환자들)조차도 즉각재인기억 과제에서 단순한 강제-선택 보기가 주어졌을 때 거의 정상 수준으로 수행할 수 있다는 관찰에 기반을 두고 있다. 기억 결함을 가장하도록 지시받았거나, 노력이 부족할 위험이 있는 사람들은 그러한 과제를 거의 우연 수준이나 특정 기준 이하로 수행할 가능성이 더 높다.

의심스러운 수행들을 식별하는 데 도움이 되는 많은 검사가 있는데, 이러한 검사들은 제4장에 설명되어 있다. 과제 전반에 걸쳐 일관된 결과 패턴이 나타나는지 여부를 확인하기 위해 각각의 경우에 맞는 몇 가지 측정치들이 사용되어야 한다. 또한 환자가 자신의 주요 호소 내용과 관련이 있는 것으로 보이는 과제에만 실패하거나 노력을 덜 할 수 있기 때문에 여러 인지 영역을 측정하는 증상타당도 검사를 사용하는 것이 현명하다.

증상타당도의 특정 검사에 실패하는 것은 검사 결과의 신뢰성과 타당도를 판단하는 유일한 수단이 아니다. 꾀병의 특징 중 하나는 불일치이다. 이는 검사 중의 행동을 검사 외부의 행동과 비교함으로써, 알려진 부상 및 질병에 예상되는 결함 수준과 실제 관찰된 결함 수준의 일관성을 비교함으로써, 그리고 동일한 기능을 측정하는 서로 다른 과제에 걸친 수행의 일관성을 비교함으로써 평가되어야 한다. 또한 보고된 증상과 임상적 결과를 비교하여 일관성을 살펴보아야 한다. 그러나 이러한 비교를 할 때 신경심리학자는 검사에 대한 노력 수준에 영향을 미칠 수 있는 기분이나 의학적 상태의 변화가 있는 다른 상황일 가능성을 열어 놓아야 한다.

꾀병에 대한 평가는 의료 기록 및 기타 문서에 대한 철저한 검토가 필요하다. 이 독립적인 정보는 환자의 자기보고를 확증하거나 신빙성을 낮추는 데 사용될 수 있다. 때로는 가족, 친구, 동료로부터의 보고를 증거로 보강할 수 있다. 그러나 이러한 사람들에게도 자신의 보고를 왜곡시킬 만한 이유가 있을 수 있기 때문에 이 정보는 결과적으로 신중하게 검토되어야 한다.

임상적 면담도 꾀병 평가에 사용될 수 있다. 환자가 면담 질문에 답하는 방식은 꾀병의 의심을 제기할 수 있다. 환자들은 대략적인 대답, 모호한 대답 또는 기이한 반응을 함으로써 가장의 가능성을 시사할 수 있다. 그들은 면담이나 검사를 피하려고 하거나, 평가자에게 적대감을 가지고 접근하거나, 질문에 대답하기를 거부할 수 있다. 자신의 결함을 보여 주는 것에 너무 열심인 환자들, 또는 자신의 문제를 과장되고 극적으로 표현하는 환자들은 질환이 위장되고 있음을 암시한다. 보고된 증상, 검사 결과 또는 둘 모두와 상반되는 검사 중의 행동(예: 최근 사건에 대한 자세한 개인 이력을 보고할 수 있지만, WMS-IV 일반 기억지수가 58인 환자)도 꾀병의 징후일 수 있다(역주: WMS 일반기억지수 100은 규준 분포상의 중앙 평균에 해당).

꾀병에 대한 최고의 평가는 환자의 여러 자료 세트에 기반한다. 꾀병이 의심될 경우, 신경심리학자는 과거 정보를 평가해야 하며, 특정 뇌질환이나 질병에 대한 예상된 결과뿐만 아니라, 결과의 일관성 또는 불일치를 숙지해야 한다. 또한 신경심리학자는 잘못된 이유로 발생하는 오류 또는 확실한 뇌기능장애에서 볼 수 있는 오류와 일치하지 않는 오류가 있는지 살펴보고 환자가 저지르는 오류의 유형들을 평가해야 한다. 또한 신경심리학자는 환자가 수행한 행동이 신경심리검사 결과, 환자의 주호소 문제, 또는 둘 모두와 일치하지 않는다는 증거를 찾아야 한다(예: 집에서 '길을 잃었지만' 지하철을 타고 검사실로 오는 길을 찾은 사람). 또한 신경심리학자는 신경심리검사와 증상타당도 검사의 특정 결과에 주목해야 한다. 우연 수준 이하의 수행에 특히 주목해야 하는데, 이는 환자가 검사 도중에 일부 부정확한 반응을 의도적으로 선택한 것임을 시사하기 때문이다. 꾀병에 특이도가 높은 증상타당도 검사의 징후(예를 들어, 점 개수 세기나 'b 검사'의 오류 유형; Boone, Lu, & Herzberg, 2002a, 2002b)에도 주의를 기울여야 한다. 국립신경심리연구원(NAN)에서는 신경심리학자들을 대상으로 낮은 노력과 꾀병을 탐지하는 데 가장 흔히 쓰고 있는 노력성 평가 방법에 대한 생각과 실제로 실무에서 설문 조사가 이루어졌다. 그 방법들로는 실제 질환과 어긋나는 인지장애의 심각도 및 패턴, 자기보고, 의료 기록, 알려진 행동 간의 비일관성, 있음 직하지 않은 증상 및 검사-재검사 간의 있음 직하지 않은 변화, 노력성에 대한 특정한 검사(특히, 강제-선택 검사들)의 정량적인 절단점 이하의 점수 등이 있다(Sharland & Gfeller, 2007). 설문 응답자 중 57%는 신경심리평가에서 노력 수준에 대한 척도를 자주 사용했다고 보고했다.

[빠른 참조 6.7]에는 인지 능력 검사에서 꾀병의 흔한 징후와 증상이 요약되어 있다(Tombaugh, 1996).

빠른 참조 6.7 인지 능력 검사에서 흔히 사용되는 꾀병의 질적인 징후와 증상들

- 부상과 질환에 비례하지 않는 장애
- 단어 목록 학습과 같은 검사에서 회상 점수보다 낮은 재인 점수
- 학습 및 기억력에 비해 불균형적으로 손상된 주의력(예: WMS–III의 작업기억지수가 즉각기억지수보다 낮은 경우)
- 쉬운 문항은 틀리고 어려운 문항을 맞추는 경우(예: 숫자폭 검사 점수의 거꾸로 말하기 > 순서대로 말하기, 선로잇기 검사의 B형 > A형, 단어연합 검사에서 의미 연결이 쉬운 짝 > 어려운 짝)
- 이상할 정도로 많은 '모르겠다' 반응들
- 언어 학습 또는 비언어 학습과 같이 유사한 과정을 측정하는 검사들 사이의 점수 간극
- 기억의 불편함의 호소가 검사 중 또는 검사 상황 밖에서의 행동과 일관되지 않을 때
- 정답과 매우 가깝게 틀린 응답들
- 지나치게 현저한 지연 회상 감소
- 강제–선택 과제에서 우연 수준 수행 또는 우연 수준에 가까운 수행
- 4개 이하의 숫자폭 환산 점수
- 검사 점수와 신경학적 질환 및 부상에서 예상되는 점수 사이의 비일관적인 패턴

출처: *Test of Memory Malingering*, by T. N. Tombaugh, 1996, New York: Multi-Health Systems. In the USA, 908 Niagara Falls Blvd., North Tonawanda, NY 14120-2060, 1-800-456-3003. In Canada, 3770 Victoria Park Ave., Toronto, ON M2H 3M6, 1-800-268-6011. Internationally, 1-416-492-2627. Fax, 1-416-492-3343. Reproduced by permission.

법의학 신경심리평가

이 책은 임상신경심리학자를 위한 학습 자료로 만들어졌지만, 신경심리검사의 선택, 시행, 채점, 해석 방법에 대한 조언과 지침은 법의학적 적용의 맥락에서 발생하는 신경심리적 평가에도 적용될 수 있다. 민사 또는 형사 소송, 법적 판단 능력 증언(competency hearing), 장애 평가, 노동자 보상 사건 등과 같

은 법적 목적을 위해 신경심리평가를 해야 하는 것이 점점 더 보편화되어 많은 임상신경심리학자나 법의학적 사례로 자신의 전문성을 좁히지 않은 이들도 법적 문제와 관련되는 사례를 다뤄야 하는 일들이 생겼다. 그러나 법적 사건에서 전문가의 의견을 제시하는 신경심리학자가 해결해야 할 몇 가지 특별한 문제가 있다.

법의학 신경심리학에서 중요한 고려 사항 중 하나는 '치료자(역주: 또는 임상가)'와 '전문가'의 구분이다. 치료자(treater)는 환자나 환자의 가족이 신경심리적 서비스를 제공하고 임상 법적 장면에서 환자에게 자문 역할을 하기 위해 고용된 신경심리학자이다. 치료자의 의무는 환자를 향한다. 치료자는 필요에 의해 환자의 편에 선다. 반면에 전문가(expert)는 '변호사(들)와 사실의 판단자들(예: 판사, 배심원, 청문관)'에게 정보를 제공하고, 관련된 과학적 및 임상적 근거에 기초하여(즉, '사실의 대변자'로서) 사건과 관련된 특정한 질문에 대해 편견 없는 의견과 답변을 제시하기 위해 특정한 유료 자문의 역할을 하는 신경심리학자이다[American Academy of Clinical Neuropsychology(AACN) 이사회, 2007, p. 215]. 전문가의 의무는 사실관계에 있다. 처음에는 치료자 역할을 수행한 후에 전문가의 역할로 이동하거나, 이러한 역할을 동시에 결합하려는 임상가는 다중 관계를 맺는 것으로, 이는 미국 심리학협회의 윤리원칙과 행동강령(2002)에 의하면 "심리학자가 한 사람에게 대해 전문적 역할을 취하면서, (1) 동시에 같은 사람에 다른 역할을 취하거나 …, (3) 해당 사람과 미래에 다른 역할을 가질 것을 약속하는 경우에 발생한다. 치료자의 역할은 환자와 독립적이지 않으며, 환자에게 유리하게끔 편향된 것으로 간주될 수 있다. AACN 실무지침(2007)에서는 다음과 같이 조언하고 있다. "일반적으로 환자를 치료하는 신경심리학자는 해당 사례와 관련해서는 전문가로서의 역할 수행을 거부해야 한다. 증언을 요구받았을 경우, 치료 중인 임상가는 원래의 역할 한계와 일치하는 방식으로 응답해야 하고, 환자에 대한 질문에 대답할 때 자신의 역할에 대한 자격을 획득해야 한다"(p. 215). 이는 신경심리학자가 신경심리평가 내에서 수집했을 수도 있는 그 어떤 '사실관계' 내에서는 자신의 증언을 허용하지만, 인과 관계 및 기타 문제에 대한 전문가의 의견을 제시하는 것은 자제해야 한다는 것을 의미한다.

또한 치료자의 역할은 일반적으로 환자와 피드백 회기를 갖고, 검사 결과를 설명하고, 치료에 대한 조언과 권고를 제공하지만, 전문가의 역할에서는 그렇지 않을 것이다. 전문가의 역할에서 권고를 제공하지 않는 것은 전문가가 원고(고소인)의 변호사들과 관계를 지속하고 있는 경우에도 그렇다. 전문가는 일반적으로 자신의 발견을 보고서에 담게 되며, 전문가와 관계를 맺는 변호사에게 그 결과를 제시할 것이다. 또한 신경심리학자는 증언이나 법정과 같이 법적으로 승인된 재판장에서 결과를 제시하도록 요청받을 수 있다.

법의학적 장면에서 일하는 신경심리학자는 전문가 증인으로 활동할 때 관련되는 법적 책임을 철저히 숙지해야 한다. 법의학 신경심리학자들은 전문가로서 활동하기 위한 자격의 신뢰성(예: 교육과 임상 훈련, 학위, 연구 경험, 공인 자격증)과 그들의 증언 범위(예: 인지기능의 변화를 측정하고 정의할 수 있는 능력, 또는 이러한 변화가 뇌손상으로 인한 것이라고 결정할 수 있는 능력)에 대한 이의를 제기받을 준비가 되어 있어야 한다. 전문가는 또한 자신의 증언의 과학적 기반과 관련성에 대해 이의를 제기받을 수 있다. 후자의 이러한 이의 제기는 법정에서 과학적 증거의 허용 가능성을 둘러싼 조건을 규정했던 역사적인 대법원 판례에서의 '도버트 도전(Daubert Challenge; 역주: 적법성의 문제 제기)'으로 알려져 있다.

법의학 신경심리학자는 단순히 임상 사례에서 환자에게 제공하는 것과 같은 결론과 권고를 제시하는 것이 아니라, 합당한 수준의 신경심리학적 · 과학적 확실성으로 의견을 제시할 수 있어야 한다. 따라서 의견을 제시하는 신경심리학자는 당면한 문제와 관련된 과학 문헌과 신경심리검사 도구에 대한 최신 정보를 숙지해야 한다. 일차적 출처에 대한 직접적인 검토가 필요하며, 경우에 따라 해당 분야의 다른 전문가와의 협의가 필요할 수 있다. 또한 신경심리검사의 비특이성 때문에 법의학 신경심리학자는 의료 기록 및 다른 기록들을 면밀히 검토해야 한다. 검토할 다른 기록으로는 원고(고소인) 면담, 경우에 따라 (그리고 이것이 허용되는 경우에) 부수적인 정보원과의 면담, 현재 또는(그리고) 과거의 신경심리평가들이 있다. 때로는 한 차례 더 신경심리평가를 가지는 것이 불필요할 때도 있는데, 원고의 증언 녹취록, 그리고 또 다른 신경심리학자의 원자료와 보고서 같이 의료 기록과 기타 문서로만 조사가 국한될 수도 있다.

일반적으로 법의학 신경심리평가에서는 신경심리학자가 자신의 조사에 활용할 수 있는 가장 완전한 그림을 그릴 수 있도록 의료 기록 및 기타 문서에 대한 광범위한 검토를 해야 한다. 법의학적 평가를 처음 접하는 임상가들은 법의학 장면이 아닌 곳에서 일반적으로 보는 것보다 법의학적 신경심리평가에서 검토할 기록들이 훨씬 더 많다는 것을 알게 될 것이다. 법의학 신경심리평가에서 검토할 기록의 종류와 개수에서의 이러한 차이는 치료자가 전문가의 역할을 해서는 안 되는 또 다른 이유이다. 치료자라는 역할에서는 그들의 의견이 불완전한 정보에 근거한 것일 가능성이 높다. 한편, 기록에 대해 추가로 참고해야 할 것이 있다. 누락된 기록이 사건의 의견 형성에 도움이 될 수 있음이 명백한 경우(예: 학교 성적 기록)에는 해당 기록을 요청해야 한다.

법의학적 평가에서 검사 배터리를 선택할 때 유의해야 할 규칙도 있다. 임상 장면에서 신경심리학자는 절차 내에서 한계를 검증하거나, 연구실-특정적인, 비표준화된, 특정한 능력만을 평가하는 새로운 접근법을 사용함으로써 개인이 문제를 어떻게 해결해 나갔는지를 서술하는 정보를 제공할 수 있다. 하지만 법의학적 장면에서는 한 명의 개인에 맞는, 그리고 추정되는 질병, 장애, 부상에 적합하고 과학적인 규준 근거와 건전성을 갖춘 표준화된 검사를 사용해야 한다. 법의학 신경심리학자는 또한 검사 대상자와 관련하여 정확한 해석이 가능한 규준을 선택하도록 주의해야 한다.

법의학 신경심리평가는 노력성과 증상타당도를 아우르는 검사들을 반드시 포함해야 한다. 이는 신경심리학자를 고용한 쪽이 원고의 변호인이든 피고인이든 마찬가지이다. 비록 이러한 검사들이 평가 전반에 걸쳐 최대한의 노력을 했는지 여부에 대해 완벽히 답하지는 못할 수 있지만, 검사의 결과는 개인의 실제 기능 수준의 대표성에 대해 확신할 수 있는지 여부를 결정하는 데 도움이 될 것이다.

법의학적 평가에서 특히 중요한 문제는 제3의 관찰자의 허용 여부이다. 신경심리학자들은 수검자들이 관찰자로부터 주의가 산만해지지 않고 최선을 다할 수 있도록 표준화된 방식으로 검사를 시행하고 검사 환경을 보호할 책임이 있다. 검사실에서 다른 신경심리학자나 다른 관찰자가 있으면 알려지지 않은 변수가 검사 환경에 유입되어 혼입으로 작용하는 주의 방해를 일으킬 수 있다. 개인의 검사 수행을 관찰하는 것은 수행을 향상시키거나 악화시킬 수 있다는 것이 잘 알려져 있다. 이러한 간섭 효과는 관찰 방법과 상관없이 발생한다(예: 물리적으로 존재하기만 하는 것, 녹음과 녹화, 일방향 창문을 통한 관찰; McCaffrey, Lynch, & Yanz, 2005). 검사 도중에 검사실에 제삼자가 있으면 검사 개발자 및 출판사가 지정한 검사의 시행 절차를 위반하는 것이며, 심리학자가 준수해야 하는 미국심리학회(APA)의 검사 시행 관련 윤리원칙을 훼손하게 된다. 검사와 검사 상황의 과학적 무결성은 법의학적 사건에서 이의 제기 및 증거 탄핵의 대상이 될 수 있기 때문에 제3의 관찰자의 참석에 대한 요청은 '강력히 권장되지 않는다'(AACN, 2001; AACN 이사회, 2007; National Academy of Neuropsychology, 2000a).

법의학적 사건에서 종종 발생하는 또 다른 문제는 검사의 원자료를 비심리학자에게 공개할지 여부이다. 신경심리학자들은 APA 윤리원칙에 따라서 검사 보안을 유지해야 할 것이 요구된다. 검사의 원자료는 검사 재료와 중복되는 경우가 많기 때문에 검사의 원자료에 대한 비심리학자의 요청은 윤리원칙을 지키는 것과 요청에 협조하는 것 간의 갈등으로 이어진다. WMS-IV(2009)의 시행 및 채점 매뉴얼에서는 다음과 같이 규정하고 있다. "검사 사용자는 기록지와 같은 검사 재료들의 보안을 유지해야 하며, 적절한 사용으로 보호해 줄 전문가의 서면 허가가 있을 때에만 검사 재료를 공개해야 하는 의무가 있다"(p. 8). 법원 명령이 부재하다면 한 가지 해결책은 상대편 신경심리학자에게 원자료를 보내는 것이다. 이렇게 하는 배경 이유를 설명하자면 합리적인 변호사들은 대개 신경심리학자들 간의 검사의 원자료 교환에 동의할 것이다. NAN(2000b)에서는 1999년 10월 5일에 승인된 공식 정책 성명에서 검사의 원자료 공개, 기록, 또는 복사에 대한 요청을 다루는 일반 지침을 제공했다.

법의학적 평가가 임상적 평가와 공통되는 부분은 평가를 시작할 때 원고에 대한 공개와 관련된 것이다. 원고에게는 평가의 속성(즉, 일반적인 의사-환자 관계가 아니라 평가만이 시행된다는 것), 비밀 보장의 범위(누구만 결과를 보고받게 되는지), 그리고 평가에 무엇이 뒤따르는지를 분명히 알려 주는 것이 중요하다. 또한 수검자에게는 그의 반응이 참조받을 관련 당사자에게 공유될 것이고, 평가에서 작성된 모든 보고서에 포함될 수 있음을 알려 주며, 검사 중에는 최선의 노력을 기울이는 것이 중요하다는 것을 설명한다. 노력성 검사가 있는지를 알려 줄지의 여부는 신경심리학자마다 판단에 차이가 있다(Sharland & Gfeller, 2007). [빠른 참조 6.8]에는 법의학 신경심리평가에서 중요한 일반적인 고려 사항이 요약되어 있다. 이 책 끝의 부록에는 법의학 신경심리학 주제와 관련된 도서가 있다.

빠른 참조 6.8 법의학 신경심리평가에서 일반적인 고려 사항

- 치료자 역할과 전문가 역할이 구분됨을 인식하라. 치료자와 전문가의 역할 모두 취하지 않도록 주의하기
- 수검자에게 조언이나 권고를 주지 마라. 평가 결과는 보고서나 의뢰 사유에 대한 자문의 맥락을 통해 제시하기
- 증언의 신뢰 능력, 증언의 과학적 기반과 관련성에 대한 이의 제기를 준비하기
- 다루고 있는 사안과 신경심리검사 도구와 관련된 최신의 과학적 문헌들을 숙지하기
- 철저한 조사를 거칠 것. 의료 기록과 기타 서류(필요하다면 가능한), 환자 면담과 부수적 정보를 검토하고(필요한 경우) 신경심리검사를 시행하기

- 의료 기록과 기타 기록을 포괄적으로 검토할 준비하기. 사례를 이해하는 데 중요한 누락 기록을 요청하기(예: 학교 성적 기록)
- 온전한 과학, 규준 기반의 잘 표준화된 신경심리검사를 선택하기
- 노력과 증상타당도에 대한 여러 검사를 포함하기
- 검사 보안을 지키기 위한 적정한 노력하기
- 평가를 시작할 때는 의뢰 이유, 비밀 보장의 범위, 평가 과정의 내용에 대해 명백하게 알려 주기

스스로 평가

1. 십 대 또는 젊은 성인에게서 타당한 신경심리적 예측과 양질의 민감도를 가지는 검사 문항은 후기 아동이라고 할지라도 사용이 부적합할 때가 많을 것이다. (○ / ×)

2. 아동으로부터 얻은 검사 결과는 성인으로부터 얻은 검사 결과와 의미가 다를 것인데, 그 이유는?
   (a) 아동이 성인보다 더 적은 교육을 받았기 때문이다.
   (b) 아동의 능력은 출생에서 청소년기까지 빠르게 변하기 때문이다.
   (c) 아동의 뇌 조직화가 성인의 뇌 조직화와 다르기 때문이다.
   (d) 이상 모두

3. 말이 트인 아동에게 사용되는 검사들은 말을 하기 전의 아동에게도 자신 있게 사용할 수 있다. (○ / ×)

4. 검사의 번역은 이중언어자의 검사에서 발생할 수 있는 잠재적 부정확성의 문제를 교정하기에 충분하다. (○ / ×)

5. 횡단적 자료는 다른 연령대의 개인 간 차이를 과소평가하는 경향이 있다. (○ / ×)

6. 노인, 어린 아동, 정신과적 어려움이 있는 환자들은 긴 검사 회기를 견디기 어려워할 것이라는 공통점이 있다. (○ / ×)

7. 꾀병, 신체형 장애(신체증상장애), 인위성 장애는 모두 증상을 자발적으로 만들어 내는 것과 관련이 있다. (○ / ×)

8. 충분치 않은(suboptimal) 노력은 꾀병과 같은 개념이다. (○ / ×)

9. 전문가 역할은 필요에 의해 환자의 편에 서는 것이다. (○ / ×)

10. 법의학 장면에서의 신경심리학자는?
   (a) 제3의 관찰자를 평가에 참여하도록 해야 한다.
   (b) 증상타당도 검사(Symptom Validity Test: SVT)를 평가에 포함해야 한다.
   (c) 검사 이후의 피드백 회기에서 조언과 권장 사항을 제공해야 한다.
   (d) 비밀 보장의 범위를 공개하지 않아도 된다.

정답: 1-○, 2-d, 3-×, 4-×, 5-×, 6-○, 7-×, 8-×, 9-×, 10-b

7장

보고서 작성의 핵심

개관

신경심리평가를 완료하려면 수집된 정보와 얻어 낸 결과들이 이 정보를 요약하고 의사소통하는 보고서를 통해 해석되고 엮일 수 있어야 한다. 전반적으로 평가 과정의 마지막 단계에는 여러 목표가 있는데, 그중에는 정보를 요약하고 전달하며, 독자가 결과와 결론을 이해할 수 있도록 돕는 것이 있다. 신경심리학자는 평가를 시행하는 동안만큼 주의를 기울여서 보고서를 작성해야 한다. 이러한 보고서는 의뢰원 및 기타 당사자에게 환자에 대한 정보를 알려 주는 역할을 한다. 이는 교정 조치 및 치료 계획에 사용될 수 있으며, 작성 이후 긴 시간이 지난 후에도 독자에게 영향을 미칠 수 있다. 신경심리보고서는 구분된 절(section)들로 구성된 특정한 정보를 포함해야 한다. 각각의 보고는 확인된 정보, 의뢰 사유, 과거 이력 정보의 출처를 명시해야 한다. 배경 및 과거 정보와 관련된 행동 관찰을 상세히 설명하는 절도 포함되어야 한다. 또한 보고서에는 시행된 검사의 전체 목록과 각 검사에서 환자가 보인 결과가 포함되어야 한다. 또한 각 보고서에는 요약 및 결론 절이 필요하며, 필요한 경우에는 제언이 뒤따라야 한다.

신경심리보고서 작성자가 지켜야 할 가장 중요한 원칙은 보고서가 의뢰자에게 유용해야 한다는 것이다. 보고서는 의도한 수신자를 염두에 두고 작성되어야 하며, 읽기 쉽고 객관적이며 적절하게 종합적이어야 한다. 의뢰는 다른 심리학자, 의사, 다른 보건전문가, 교사, 변호사, 그리고 드물게는 환자로부터 받을 수 있다. 보고서는 항상 가능한 한 가장 명확하고 가장 간결한 정보를 사용하여 작성해야 하지만, 전문 용어와 세부 사항의 정도는 보고서를 읽게 될 대상을 고려하여 사용해야 한다. 대부분의 경우, 의도하는 수신자가 다른 심리학자일 때에도 보고서는 명확하고 체계적으로 작성되어야 한다. 보고서에는 당면한 의뢰 질문과 관련된 자료가 포함되어야 하며, 해당 자료를 객관적으로 다루어야 한다. 보고서에는 의뢰 질문과 관련이 없고 결과를 이해하는 데 도움이 되지 않는 정보를 제외해야 한다. 보고서의 진술과 결론은 뒷받침하고 있는 자료를 분명하게 따라가야 한다. 결론 부분은 가용한 과거 정보 및 행동 관찰 같은 기타 출처 정보의 맥락하에서 검사 결과를 해석하고 따라가야 한다. 보고서는 의뢰 질문을 다루어야 하며, 발견된 바와 적절한 제언을 포함해야 한다.

보고서의 목적은 평가자의 지식의 깊이를 보여 주기 위함이 아니다. 병변의 국재성에 대해서는 탄탄한 근거를 뒷받침하고, 정교한 예측을 펼친 보고서라고 하더라도 유용하고 구체적인 제언을 제공하지 않는다면 이는 종이와 하드디스크의 저장 공간을 낭비하는 일이며, 환자를 돌보는 이들에게 그 가치를 인정받기 어려울 것이다. 결론과 제언을 뒷받침하는 자료는 보고서에 제시되어야 하지만, 이 정보가 얼마나 세부적이고 포괄적이어야 하는지는 그것이 어떤 장면의 맥락인지와 어떤 의뢰 질문이었는지를 고려하여 달라져야 한다. 학업 과거력 및 뇌기능과 관련성이 낮은 의학적 질환의 세부 사항까지 포함하는 광범위한 보고서 양식은 특정한 소아 장면이나 법의학 장면에서는 적절할 수 있지만, 의사들이 자문 결과의 마지막 요점에 주로 관심을 갖는 의학 장면에서는 이러한 내용을 의미 있게 알아보지 않을 때가 많다. 어떤 상황에서는 신경심리학자가 법의학 평가에서 요구되는 것처럼 아주 많은 시간을 들여서 자료를 정리하고 제시해야 할 수도 있다. 임상과 법의학 신경심리보고서의 차이점에 대한 유용한 정보는 Greiffenstein과 Cohen(2005)을 참조하길 바란다. 그런 경우가 아니라면 신경심리학자는 신속하고 시기적절한 피드백을 하기 위해서 가장 중요한 정보만 제시할 것을 분별력 있게 판단해야 한다.

> **[주의] 일반적인 보고서 작성 지침**
> - 전문 용어와 전문적인 표현 피하기
> - 환자를 지칭할 때는 '그 환자'보다는 이름을 사용할 것
> - 분명하고 간결하게 쓰기
> - 모호한 용어와 단어를 부정적으로 내포된 의미를 담아 쓰지 않기
> - 결론을 지지하는 근거를 담기
> - 양질의 문법과 문장 구조를 사용하기
> - 객관적일 것
> - 부적절한 세부 사항을 포함하지 않도록 할 것

제5장에서 논의했던 것처럼, 신경심리평가의 일차적 기능은 더 이상 뇌손상이 있는지 결정하거나 기질적(organic) 뇌기능장애의 증거가 있는지를 결정하는 것에 있지 않다. 비록 여전히 신경심리학자가 지적 능력과 심리적 기능이 변화하게 된 원인들을 가려낼 수 있기를 기대하기도 하지만, 많은 평가 장면에서는 개인의 인지 프로파일과 강점 및 약점을 상세히 서술하고 실용적인 제언을 제공하여 단기 및 장기적인 환자 관리와 재활 및 교육적 교정 프로그램의 계획에 도움이 되길 기대한다.

신경심리보고서 작성의 핵심 요약

비록 과학적 연구에서는 전문 신경심리 정보를 신경심리학자가 아닌 사람들과 효과적으로 의사소통하는 문제를 거의 다루지 않지만(예: Ownby, 1990는 드문 예외), 보고서 작성의 기술이라는 것은 신경심리평가와 관련된 많은 현대의 문헌에서 자주 다루는 주제이다. 이 절에서는 자주 등장하는 몇 가지 주제들에 기반하여 신경심리검사 보고서를 작성하는 열세 가지 금언을 제시하고자 한다. [빠른 참조 7.1]에는 열세 가지의 금언이 요약되어 있다.

1. 신경심리검사를 사용하고 보고서에 제시하기 이전에 시행과 채점의 절차를 명확하게 이해한다. 부정확하게 채점되거나 해석된 검사를 기반으로 하는 신경심리검사 보고서는 의뢰자에게 잠재적으로 피해를 줄 수 있

으며 의료 과실로 간주될 수 있다. 보고서에 사용된 모든 자료와 검사 결과는 보고서에 포함되기 전에 신중하게 확인하고 채점되어야 한다.

2. 전문 용어를 피하고 명확하면서 읽기 쉬운 글의 규칙을 따르라. 거의 모든 경우에 모호하거나 전문적인 단어, 지나치게 긴 문장을 쓰는 것보다는 단순하고 보편적인 단어와 선언적인 문장 구조를 쓰는 것이 정확한 의사소통에 더 좋다. 기억을 수식하는 단어들 중에서 일차적(primary), 기억상실증의(anterograde), 암묵적(implicit), 의미적(semantic), 일화적(episodic)과 같은 것들은 현대 신경심리학 전문가에게는 풍부하고 구체적인 의미를 가지지만, 비심리학자에게는 똑똑하고 교육 수준이 높은 이들이라고 해도 오해되거나 의미가 없을 수 있다. 독자가 당신과 동일한 방식으로 용어를 정의할 수 없다고 생각되는 경우에는 용어를 사용하지 마라. 반드시 전문 용어를 사용해야 하는 경우에는 간단한 비전문적 정의가 수반되어야 한다. 일반적인 의학 용어(예: 관상동맥경색 또는 고혈압)를 사용하는 것은 이 언어를 이해할 수 있는 독자거나 이 정보가 의료 기록 같은 다른 정보원에 보고되어 있는 경우에 허용된다.

3. 보고서의 목적과 독자에 적합한 분량을 유지한다. 보고서의 가장 주요한 정보에 빠르게 접근하고 사용해야 하는 독자의 요구성과 그것에 대비되는 종합적 서술의 장점 사이를 저울질해 보라. 일반적으로는 간결한 것이 좋다고 여긴다. 다른 어떤 상황에서는 사례의 원자료와 자료의 세부적이고 명시적인 분석, 해석에 사용된 논리를 모두 제시하도록 요구한다. 대부분의 장면에서는 결론이 분명하고 쉽게 따라갈 수 있는 보고서가 읽힐 가능성이 더 높다. 신경심리학자들에게 실시한 보고서 작성 실무에 대한 설문 조사(Donders, 2001b)에서 응답한 사람들의 평균 보고서 분량은 약 7쪽이었으며, 몇몇 임상가들은 정기적으로 한 페이지 분량의 보고서를 쓰기도 했고, 어떤 이들은 30페이지 이상의 보고서를 정기적으로 작성했다. 노인 대상과 의학 장면에서 일하는 임상가들은 민간 장면

에서 일하거나 법의학 또는 소아를 일차적으로 다루는 장면보다 상당히 짧은 보고서를 작성하는 경향이 있었다.

4. 당신이 도달하는 결론 및 제언과 관련되는 과거력 자료를 포함하라. 대부분의 경우에 신경심리보고서는 중추신경계 기능과 관련되는 어떤 의학적 과거력을 포함해야 한다. 포함할 과거력으로는 중추신경계 기능에 영향을 미칠 수 있는 약물, 그리고 뇌기능에 영향을 미칠 위험이 있는 의료 절차(예: 심장 수술)가 있다. 또한 심각한 감염 이력(예: 폐렴) 및 중추신경계에 명확한 영향을 미치는 질병 및 질환(예: 폐쇄성 두부외상, 뇌졸중, 뇌전증, 의식 상실, 퇴행성 질환, 환경 독소 노출, 약물 및 알코올 사용)도 포함되어야 한다. 교육 수준 및 직업력과 같은 병전 능력의 패턴을 확인하는 관련 정보도 대부분의 신경심리보고서에서 중요하다. 소아 및 법의학 보고서는 다른 보고서 유형보다 이러한 정보에 대한 더 많은 세부 사항과 입증 기록을 요구하는 경향이 있지만, 모든 신경심리보고서는 이 주제에 대해서 정보를 포함해야 한다.

5. 의뢰 질문이나 자신이 도출한 결론과 관련이 없는 과거력 및 행동 자료는 제시하지 마라. 의뢰인의 치아 건강, 배우자의 취미, 최근에 다녀온 휴가 등은 흥미로울지 몰라도 신경심리적 해석을 개념화하는 데 활용되지는 않을 것이다. 다만, 어떤 상황에서는 관련이 없어 보이는 문제가 실제로 매우 관련이 있을 수 있다. 예를 들어, 환자가 업무보다 여가 생활을 위한 능력이 더 크게 발휘되고 있다면 휴가의 과거력은 중요할 수 있다. 또한 검사 보고서를 작성하는 시점에는 가용하지 않았던 기록 정보가 누락된 것이 있다면 이를 명시해야 한다. 만약 추가적인(하지만 가용하지는 않은) 정보가 결론을 더 강화하고 지지할 것 같다면 이를 명시해야 한다.

6. 신체적 외모와 정식 평가와 면담 중의 행동을 묘사하라. 그러한 정보는 의뢰 사유와 검사 해석과 관련이 있을 수 있다. 여기에는 대인관계 행동(예: 눈맞춤, 평가자와의 라포 감각), 행동 태도와 행실, 위생과 신체 외양,

정동의 범위와 적절성, 언어 산출과 이해의 특성들, 매력도, 동기와 협조성이 포함된다.

7. 당신의 글에서 언급하고 있는 절차의 이름을 말하고 기술하라. 이론적인 전문 용어만을 쓰면서 검사를 언급하지 않도록 해야 하며, 설령 독자 중에 다른 신경심리학자가 있다고 해도 그렇다. 제5장에서 다룬 것처럼, 많은 신경심리검사의 구인타당도는 여전히 불분명하거나 연구 중이다. 심리학자 A에게는 '순서화 검사'라도, 심리학자 B에게는 '주의력 검사', 심리학자 C에게는 '작업기억 검사'일 수 있다. 언제나 검사의 이름과 함께 절차에 대한 행동적 설명을 언급하라(예: 숫자폭, 숫자의 순서를 반복할 수 있는 능력).
8. 표준 양식에 맞게 실제 검사 점수들을 보고서 본문 또는 요약표에 제공하라. 표준점수를 생성하는 데 어떤 규준을 사용하고 있는지 명시함으로써 독자는 수검자가 어떤 집단에 대해 비교되었는지 알도록 해야 한다. 사용되는 규준이 다양한 경우(예: 보스턴 이름대기 검사)라면 원점수도 포함할 필요가 있다. 최근 보고서 작성 실무에 대한 Donders의 설문조사(2001a, 2001b)에 따르면, 검사 점수를 보고하는 것은 표준적인 관례가 되었다. 당신 스스로 전통적인 할스테드-라이탄의 전문가를 자처하든, 보스턴 과정 접근을 따르든 학파의 지향과는 무관하게 보고서를 미래에 읽게 될 모든 사람에게 검사 점수만은 공통의 참조 사항으로 활용될 것이다. 범주 기술(예: 평균 범위) 대신 검사 점수(예: 50% 백분위수)를 제시한다면 독자에게는 더 정확한 정보가 전달된다. 평균 범위는 백분위수 25~74%에 있음을 기억하라. 어떤 사람이 평균 범위에서 수행했다고 기술하는 것은 많은 경우에 충분하지 않으며, 범주 기술은 주관적일 수 있다. 그래서는 안 되지만 평균 범위의 최상단 같은 표현은 평가자마다 다른 의미를 나타낼 수 있다. 범주 표시는 검사 점수로 뒷받침하라. 또한 검사 점수를 포함하는 것은 다음 평가자가 정확한 변화량을 측정할

수 있도록 한다. 평균 범위 내라는 것은 평균으로부터 1표준편차 아래와 위까지 아우른다. 첫 번째 시행된 환자 점수가 백분위수 74%에 있는데, 평가자는 환자가 평균 범위 내에서 수행했다(틀리지 않은 기술)고만 보고했다고 하자. 그다음 환자가 1~2년 이후에 다시 같은 검사에서 점수가 백분위수 21%에 있었다고 하자. 두 번째 검사의 평가자는 앞선 수행에 대한 범주 기술만을 확인할 수 있기 때문에 현저한 감퇴 변화가 발생했을 가능성에 대해서는 알 수 없을 것이다.

9. 보고서의 검사 결과 절에는 손상이 확인된 검사 점수만이 아니라 모든 검사의 점수들과 일부 설명들을 포함하라. 다만, 제시된 모든 정보가 요약 및 결론에서 반복될 필요는 없다.

10. 신경심리적 해석이 이해가 되게끔 하라. 신경심리학자는 자료를 해석함에 있어서 모든 증거를 고려해야 한다. 검사 결과를 해석할 때, 먼저 여러 독립적인 출처의 자료로부터 도출하는 검사 자료에 대한 결론이 신경심리학적으로 그럴듯한 것인지 생각하고, 그다음에는 이 결론과 예측들을 당신 앞에 놓인 모든 증거와 비교해 보아야 한다. 신경심리, 과거력, 의학, 뇌 영상 자료가 각각 함의하는 것이 무엇인지, 그리고 이 자료 출처들 간의 일관성과 비일관성을 비교하여 결론을 도출한다. 검사 결과의 원인을 곧바로 앞선 사건이나 뇌 영상 양성 발견으로 돌리지 마라. 설령 다른 원인이 밝혀진 바가 없다고 해도 말이다. 손상이나 자기공명영상, 과거력, 두부 손상은 그 자체로 당신의 검사 결과와 인과적으로 연결되는 것이 아니다. 당신의 증거는 논리적으로 함께 들어맞아야 하며, 검사 결과는 출처를 고려했을 때 기대되는 것과 일관적이어야 한다. 만약 자료가 다른 정보와 그럴듯하게 조화될 수 없다면 그 내용을 써 줘야 한다.

11. 검사 점수들이 뇌손상의 존재를 보장할 수 없음을 알아야 한다. 단일 점수도 뇌손상이 구체적인 위치에 존재한다는 것을 정확하게 예측하는 경우는 거의 없다. 그러한 예측을 하려고 한다면 그것은 결함이나 점수의

패턴이 특정한 초점적 손상과 일관되며, 그러한 손상이 있을 만한 타당한 이유가 발생했기 때문이다(예: 좌측 중간대뇌동맥의 뇌졸중 이후에 나타난 유창성 실어증). 만약 당신이 하고 있는 것이 여러 검사의 점수들을 나열만 하면서 국소적 뇌손상의 증거를 내세우고 있는 것이라면 당신은 정확하지 않은 주장을 하는 것이다. 또한 이러한 경우에 당신은 환자를 진단하고 장애를 어떻게 다루어야 할지에 도움이 되는 정보를 제공하지 못할 것이다. 일련의 신경심리검사 수행에서 실패하는 사람이 해당 검사에 대응되는 확인 가능한 손상이 있을 가능성은 낮다.

12. 신경심리보고서에서 대부분의 경우에 가장 중요하면서도 간과되는 부분이 제언에 해당하는 부분임을 알아야 한다. 좋은 제언은 환자를 돌보게 될 어떤 사람에게도 유용한 안내서를 제공해야 하며, 보고서에 있는 자료에 직접 기반을 두고 있어야 한다. 대부분의 신경심리적 제언은 환자의 인지 및 정서의 강점과 약점에 집중하지만, 제언 사항에는 사회 기술 및 자기돌봄 기술에 대한 문제를 포함할 수도 있다. 뇌손상이 있는 환자들을 돕는 일반적인 지침에 있는 구조화하기, 언어 매개하기, 종이 기억과 같은 제언들은 관련 예시와 함께 설명되어야 한다. 또한 이들은 의뢰인의 상황에 구체적인 맞춤이 되어야 한다(예: 교실, 양로원, 직장). 제언은 현실적이어야 하며, 실제 가용한 자원과 서비스에 초점을 맞춰야 한다. 환자의 특정 문제(예: 뇌진탕)에 대해 아무것도 알지 못하는 경우에는 인지 재활을 권장하지 마라.

13. 시행된 어떤 검사가 이중언어나 신체장애와 같은 특수한 문제에 맞게 변조되어 수정되어야 했던 경우, 표준적인 과제 시행이 어려웠음을 분명히 명시하라. 검사가 변경된 것이 자료의 해석을 제약할 수 있음을 보고서에 분명하게 언급해야 한다.

빠른 참조 7.1 보고서 작성에서 염두에 둬야 할 금언

1. 제대로 채점된 검사와 정확한 자료를 보고하고 있는지 확실히 한다.
2. 전문 용어의 사용을 피한다.
3. 예상되는 독자에게 적합한 보고서 길이를 맞춘다.
4. 관련된 과거력 자료를 포함한다.
5. 관련 없는 과거력 자료는 포함하지 않는다.
6. 신체 외양과 행동을 설명한다.
7. 검사 절차의 명칭과 설명을 넣는다.
8. 검사 점수들을 포함한다.
9. 손상된 점수뿐만 아니라 모든 검사 점수를 제공한다.
10. 자료를 해석할 때는 검사 점수들뿐만 아니라 모든 증거를 고려한다.
11. 뇌손상의 위치를 특정하기 위한 목적으로 검사 점수를 활용하지 않는다.
12. 유용하고 구체적인 제언을 제공한다.
13. 검사 시행에 있었던 모든 절차 수정과 그것이 해석에 잠재적으로 미칠 수 있는 영향에 대해 설명한다.

보고서의 체계

모든 평가에 대한 하나의 절대적인 보고서 양식이 있는 것은 아니지만, 정해진 기본 정보가 보고서에 포함되어야 하며, 보고서는 특정한 기본 개요를 [빠른 참조 7.2]와 같이 갖추어야 한다.

빠른 참조 7.2 권장되는 보고서 개요

1. 신원 정보
2. 의뢰 사유
3. 검토된 기록 또는 과거력 배경의 정보원
4. 관련 과거력 및 배경 정보

5. 행동 관찰
6. 시행된 검사
7. 검사 결과
8. 요약 및 인상
9. 제언
10. 평가자 및 보고서 작성자 서명

1. **정보 확인하기** 보고서의 도입부에 작성자는 환자를 구체적으로 식별하는 정보를 제시해야 한다. 여기에는 환자의 이름, 생년월일, 연령, 검사일, 보고서 작성일, 평가자 이름(보고서 작성과 다른 경우), 그리고 어쩌면 의뢰 사유까지 포함한다.
2. **의뢰 사유** 여기서는 신경심리평가가 시행된 이유와 구체적인 의뢰 질문이 무엇이었는지를 분명히 기술해야 한다. 증상 및 의뢰를 촉발한 행동의 요약이 들어간다. 또한 여기에는 의뢰원의 이름 및 환자와의 관계를 넣는다. 이 정보는 보고서를 위한 어떤 경계를 설정하게 되는데, 왜냐하면 이를 통해 누가 보고서를 읽을 것이며 평가의 구체적인 목적이 무엇인지를 나타내기 때문이다. 이 정보는 결국 평가와 보고서의 활용 범위를 제한한다. 누가, 왜 환자를 의뢰했는지는 검사의 시행과 절차, 결과의 해석, 결과의 활용을 규정한다. 여기서 작성자는 환자의 주호소 문제와 걱정을 포함한다. 여기에 환자의 주관적 보고를 넣음으로써 의뢰원과 환자에게 얻은 정보를 서로 비교할 수 있다.

   여기서는 또한 누가 평가를 의뢰했으며, 평가의 목적이 무엇인지를 알렸는지도 언급해야 한다. 또한 만약 법원과 같은 제삼자의 요청하에서 검사가 수행되었다면 여기서는 독자에게 비밀 보장의 범위에 대해 안내되었는지를 언급한다.
3. **기록 검토** 여기서 작성자는 배경, 획득된 과거력, 검사 재료의 관련 날

짜에 대한 모든 정보 출처를 나열해야 한다. 독자들에게 보고서의 정보가 어디로부터 왔는지 알려 주는 것이 중요하다. 정보의 출처를 알려 줌으로써 독자에게 정보의 포괄성과 정확성, 그리고 (아마) 있을지 모르는 편향을 알린다. 어떤 경우에는 과거력 정보를 오로지 환자로부터 얻지만, 어떤 경우에는 친척, 돌봄자, 의뢰원으로부터 얻는 경우도 있다. 법의학 보고서에서는 검토된 기록과 정보의 출처가 특히 결정적인데, 의견과 주장이 가용한 사실에 기반하기 때문이다.

4. **과거력 및 배경 정보** 여기서는 기록 검토, 임상 면담, 타인의 보고를 통한 과거력을 보고해야 한다. 보고된 정보는 당면한 질문에 관련되어야 하며, 당신의 결론을 지지하는 데 사용될 정보이어야 한다. 여기서는 환자에 대한 정확한 설명을 위해서 출생과 발달, 교육적 · 직업적 · 의학적 · 사회적 · 가족적 과거력이 보고되어야 한다. 또한 앞서 있었던 신경심리평가 정보도 포함해야 한다. 앞선 검사 수행과 현재 것을 비교할 수 있을 정도로만 앞선 평가의 주요 발견을 강조하면 된다.
5. **행동 관찰** 이 부분에서는 환자를 면담과 검사 동안에 관찰하면서 알게 된 정보를 담아야 한다. 여기서 중요한 것은 대인관계 행동, 행실, 위생과 신체적 외양, 정동의 범위와 적절성, 언어 산출과 이해의 특성, 매력도, 동기와 협조성에 대한 관찰이다.
6. **시행된 검사** 어떤 형식으로든(목록 또는 문단) 환자에게 시행된 모든 검사와 절차는 보고서의 이 부분에 제공되어야 한다. 이것은 독자에게 어떤 특정한 검사들이 시행되었으며 그 검사가 몇 판이었는지(예: WAIS-III 또는 WAIS-IV)를 알려 준다.
7. **검사 결과** 여기서 평가자는 검사 점수와 각 검사의 수행 수준을 보고함으로써 검사 동안에 얻은 구체적인 결과를 알려 줄 수 있다. 한 가지 간편한 방법은 인지기능에 따라서 체계화하는 것이다. 지적 능력, 주의, 집행기능, 학습과 기억, 언어기능 등과 같은 부제로 구성하여 광범위한 신경

심리학적 조사를 보고할 수 있다. 여기서는 독자가 적절한 부제를 통해 측정된 특정 영역의 구체적인 정보를 쉽게 찾을 수 있도록 체계화되어야 한다.

8. **요약과 인상** 여기서는 검사의 모든 결과를 가용한 과거력과 관찰의 맥락으로 종합해야 하며, 이를 통해 자료에 대한 해석을 제공해야 한다. 강점과 약점의 패턴도 여기서 요약되고 논의되어야 한다. 관찰 결과의 해석에는 결론을 지지하는 정보가 포함되어야 한다.
9. **제언** 여기서는 환자 관리를 돕기 위한 어떤 치료나 사례관리에 대한 제언 사항을 포함해야 한다. 제언은 구체적이고 명료해야 한다.
10. **평가자와 보고서 작성자의 서명** 이는 독자에게 누가 검사를 시행하고 보고서를 작성했는지 확인시켜 주며, 자격에 대한 신뢰를 제공한다.

예시 보고서

신경심리평가	
이름: 수잔 스미스	연령: 35세
검사일: 2008/12/30	생년월일: 1973/08/09
보고서 작성일: 2009/01/02	
기밀 사항	

의뢰 사유

수잔 스미스 박사는 35세로, 독신이며, 오른손잡이이고, 의사이다. 그녀는 치료 중인 심리학자로부터 신경심리평가가 의뢰되었다. 의사로서 일상 기능을 수행하는 데 영향을 미치는 주관적인 불편한 느낌이 인지 결함에 상응하는 것인지 조사하기 위하여 평가가 요청되었다.

스미스 박사는 자신의 전문적 성취에도 불구하고, 자신이 보거나 만난 사람들의 얼굴을 기억하는 데 어려움을 겪고 있다는 불편함을 호소했다. 그녀는 이것이 단순히 누군가를 알아보지 못하고 이름을 기억하지 못하는 것이 아니라, 얼굴을 전혀 알아보지 못하는 것이라고 보고했다. 그녀는 이것이 그녀의 의료 행위에서 매일 발생하며, 누군가를 만난 후 한두 시간 안에 일어나는 일이라고 보고했다. 스미스 박사는 자신이 본 사람들의 얼굴의 일부를 포함하여 여러 가지를 기억할 수 있지만, 마치 얼굴 그 자체를 처리할 수 없는 것 같다고 말했다. 그녀는 또한 어떤 사람의 얼굴을 기억하지 못함에도 불구하고 그 사람의 의학적 사례의 세부 사항을 회상하는 데 어려움이 없다고 말했다. 스미스 박사는 가족 구성원과 닮은 사람들은 인식할 수 있고, 여러 번 반복해서 본 얼굴은 결국 알아본다고 보고했다. 그녀는 특이하지 않은 얼굴을 기억하는 데 특히 어려움을 겪는다고 보고했다. 스미스 박사는 이러한 문제 때문에 얼굴을 알아보지 못하는 것이 문제가 되는 파티 같은 상황을 피할 때가 자주 있다고 보고했다. 그녀는 일상적인 관계보다는 좀 더 집중적인 일대일 관계를 갖는 경향이 있다고 했다. 그녀는 이 문제를 다루기 위한 실질적인 전략이 없으며, 얼굴에 점이 있는지 여부나 의학과 관련된 특징을 식별하는 것 이외에는 사람에 대한 인상에 주의를 기울이는지 모르겠다고 했다.

이 보고서의 과거력 정보는 스미스 박사와의 면담과 그녀의 의뢰 심리학자로부터 나왔다. 스미스 박사는 신뢰할 만한 과거 보고자로 보인다.

관련 과거력 및 배경 정보

스미스 박사는 자신이 지역 병원의 기초진료 클리닉 내과에서 일하고 있다고 했다. 그녀는 이곳에서 풀타임으로 일하지만 인터넷에서 웹사이트를 관리하면서 많은 컴퓨터 작업도 한다고 말했다. 그녀는 자신을 성공적인 투자자라고 표현했고, 숫자를 정말 좋아한다고 말했다. 그녀는 현재의 병원 직책으로

[중요] 보고서의 관련 과거력 및 배경 정보에 포함할 정보

- 연령, 성별, 손잡이, 인종
- 주호소 문제의 과거력
- 교육 이력
- 고용 및 직업 이력
- 출생 및 초기 발달
- 의학적 이력
- 신경학적 이력
- 정신과적 이력
- 현재 및 과거에 약물 복용 이력
- 물질 남용 이력
- 심리사회적 이력 및 스트레스 요인
- 가족의 의학적 · 신경학적 · 정신과적 과거력
- 면담에서 얻은 기타 관련 정보

오기 전에는 2년 동안 야간근무를 했으며, 그전 약 6개월 동안은 다른 지역의 병원에 있었다고 보고했다.

스미스 박사는 초등학교 4학년 때부터 고등학교 3학년 때까지 다양한 실험 학습 프로그램이 시행되는 소위 엘리트 시험 학교에 다녔다고 보고했다. 스미스 박사는 1994년에 물리학 학사로 대학을 졸업했으며, 전액 장학금을 받고 다녔다고 보고했다. 그녀는 1998년 사우스웨스트 대학교 의과대학에서 박사학위를 취득했고, 레지던트 과정을 마치고 사우스웨스트의 시립병원 응급실에서 1년간 근무했다. 그녀는 대학에 가는 것이 가족으로부터의 진정한 휴식이라고 표현했다. 그 후, 그녀는 북동쪽의 큰 도시로 이사했는데, 그곳에서 가정방문 기반의 1차 진료를 하는 민간 시립병원에서 일하기 시작했다. 그러나 그 일에 불만을 느낀 그녀는 이후 교외의 큰 병원에서 일했고, 현재의 직장에서 일하기 시작할 때까지 앞서 언급한 지역병원에서 일했다. 스미스 박사는 자신이 항상 학업적으로 잘해 왔으며, 매우 열심히 일했기 때문에 잘해 냈다고 생각한다고 말했다.

스미스 박사는 병원과 인터넷 양쪽 모두에서 많은 시간을 보내며, 약 두 달에 한 번 정도 저녁식사와 영화를 보기 위해 가까운 친구들을 찾아가는 것 외에는 사회 활동을 거의 하지 않는다고 보고했다. 그녀는 태극권 강좌를 들었고, 이틀에 한 번 수영을 했으며, 정기적으로 피아노를 연주하곤 했다고 보고했다. 스미스 박사는 자신의 가족이 다른 북동쪽 도시의 위험한 동네에 살고 있다고 했다. 그녀의 두 언니 중 한 명은 미혼이며, 한 명은 결혼을 앞두고 있다고 보고했으며, 첫째 언니는 편지 배달부이고, 둘째 언니는 소아과 의사라고 보고했다. 그녀의 막내 여동생은 지적장애를 앓고 있고, 적어도 최근까지는 행동 문제를 겪고 있다고 보고했다. 그녀의 아버지는 다니던 회사가 문을 닫으면서 50대에 실직한 도면기안공이라고 했다. 그녀는 또한 자신이 폐암 진단을 받았으나 방사선 치료를 받은 후 치료를 거부 중이라고 보고했다. 그녀의 어머니는 고등학교를 졸업했고, 아이를 갖기 전까지 식당 종업원으로 일했다고 보고했다. 아버지는 11학년까지 학교를 다닌 것으로 알고 있다고 했다. 그녀는 가족이 고립되어 각자의 삶을 살았으며, 그녀의 어머니가 그녀를 학업적으로 밀어붙였다고 보고했다.

비밀 유지를 위해 스미스 박사의 정신과 병력은 간략하게만 요약되었다. 스미스 박사는 어렸을 때부터 가족 내에서 상당한 학대를 목격했으며, 그 결과 1990년대 중반부터 자살 충동을 느낀 적이 있다고 보고했다. 그녀는 정신과 병원에 입원한 적은 없으며, 수년 전에 항우울제를 중단하기까지 잠깐 동안만 복용했다. 스미스 박사는 자신의 과거 의학적 이력에 특별한 것이 없다고 보고했다. 그녀는 머리를 다치거나 의식을 잃은 경험을 부인했다. 그녀는 독소에 대해 알려진 노출과 신경학적 증상이나 병력을 부인했다. 스미스 박사는 또한 알코올이나 약물 남용의 어떠한 이력도 부인했다. 그녀는 담배를 피우지 않으며, 카페인 섭취도 극히 적었고, 검사 당시 약물을 복용하지 않았다고 보고했다.

행동 관찰

스미스 박사는 평가 시간에 맞춰서 방문했다. 그녀는 단정하면서도 적절한 평상복 차림이었다. 그녀는 검사에 협조적이었고 예의 바른 태도를 보였다. 그녀는 자신의 어려움을 논의하는 데 있어서 약간의 망설임과 당혹감이 관찰되었던 바, 적어도 처음에는 분명히 긴장하고 있었다. 검사가 진행될수록 그녀는 점점 더 편안해지고 자신감이 생기는 것처럼 보였다.

검사 중의 어떤 시점에서 스미스 박사는 가능한 한 최

[중요] 보고서의 행동 관찰 부분에 포함해야 할 정보

- 신체적 외양과 단정함
- 각성과 기민함
- 주의폭
- 협조 수준
- 활동 구준
- 실패 및 성공에 대한 반응
- 격려에 대한 반응
- 발화와 담화 능력
- 정서성
- 적절성과 사회 기술
- 감각운동기능
- 사고 내용과 과정
- 기이한 습관 또는 버릇

대로 집중을 하지 않는 것처럼 보였다. 그녀는 자신이 그렇다는 것을 알아차린 것처럼 보였는데, 예를 들어 산수 검사를 하는 동안에 그녀는 "어머, 제가 집중 안 하고 있죠, 그렇지요?"라고 말했다. 스미스 박사는 또한 검사가 겁을 주는 면이 있어서 그녀 스스로 조금은 편안한 마음을 가지려고 노력했다고 보고했다. 또한 검사 중의 어떤 시점에서 스미스 박사는 어려움을 겪는 것처럼 보였는데, 이는 단순한 과제를 복잡하게 만들면서 일부 과제를 의도된 것보다 더 어렵게 만들었기 때문으로 보였다. 예를 들어, 위스콘신 카드분류 검사-64에서 흔치 않은 패턴을 찾으려고 했으며, 이와 같은 특이한 경향은 동물 이름대기 동안에도 동물의 이름을 알파벳 순서로 외우려고 할 때에도 관찰되었다. 스미스 박사는 자신의 IQ가 낮은 평균이거나 단지 평균 수준이라고 생각하기 때문에 실제 IQ를 알고 싶지 않다고 말했다. 그녀는 타고난 능력보다는 열심히 노력한 결과 자신이 가진 것을 얻게 되었다고 믿고 있었다.

자발적 발화에서 언어는 유창했고, 단어 찾기 어려움은 발생하지 않았다. 스미스 박사는 검사 지시나 평가자의 언어를 이해하는 데 어려움이 없었다. 스미스 박사의 협조와 행동으로 비추어 볼 때, 검사 결과는 그녀의 현재 인지기능 수준을 신뢰할 만하고 타당하게 측정한 것으로 간주된다.

검사 결과

시행 검사

스미스 박사에게 다음의 검사 배터리가 시행되었다. WAIS-IV, TMT A와 B, 스트룹 색상단어 검사, WCST, 통제단어연상 검사(Controlled oral word Association Test: FAS); 동물 이름대기, WMS-III, RCFT, BNT 및 VOT이다. 또한 스미스 박사는 BDI-II와 BAI를 응답했다.

지적 기능

> **[중요] 보고서의 검사 결과 부분에 포함할 정보**
> - 사용된 검사 목록과 절차
> - 검사에 관한 설명
> - 검사 점수들
> - 검사 점수 평정
> - 요약 자료
> - 사용된 규준 명시
> - 영역 또는 개별 검사를 바탕으로 조직화된 결과들
> - 영역과 검사들에 걸쳐 통합된 결과들

지적 기능을 평가하기 위해 스미스 박사에게 WAIS-IV를 시행했다. WAIS-IV 검사는 개인의 능력을 네 가지의 전반적인 영역으로 분류한다. 언어 능력을 측정하는 언어이해지수(Verbal Comprehension Index: VCI), 비언어적 문제를 해결하기 위해 구체적인 재료를 조작하거나 시각 자극을 처리하는 지각추론지수(Perceptual Reasoning Index: PRI), 단기기억력을 측정하는 작업기억지수(Working Memory Index: WMI), 인지적 처리 효율성/ 속도를 측정하는 처리속도지수(Processing Speed Index: PSI)가 그것이다. 스미스 박사는 전체 지능지수(Full Scale IQ: FSIQ)에서 115점을 얻었으며, 이는 백분위수 84%에 해당하여 '평균 상' 및 정상 범위의 상단에 해당했다. 95% 신뢰구간상에서 그녀의 실제 점수는 111과 119 사이, 즉 '평균 상' 수준에서 '우수' 수준의 범위에 있을 것이다. 특이하게 지수들 간에 큰 차이가 있었고, 이는 그녀의 전체 지능지수가 그녀의 전반적인 전체 능력을 의미 있게 대표하는 것으로 해석하기에는 어려움이 있다. 스미스 박사의 인지 프로파일이 드물게 나타나는 패턴임을 고려할 때(비교 가능한 표준화 표본의 사람들의 0.5%에 해당함), 스미스 박사의 지적 프로파일은 VCI와 PRI를 개별적으로 살펴봄으로써 잘 파악할 수 있다. 각 지수 내의 소검사 변산성(scatter, 산포성)이 정상이었으므로 각 지수는 해석이 가능했다. 전반적으로 스미스 박사의 WAIS-IV 수행에서는 그녀의 언어적 능력이 시각 처리 및 시공간 능력보다 더 우수한 것으로 나타났다.

WAIS-IV에서 스미스 박사는 다음과 같은 지수 점수들을 얻었다.

척도	표준 점수	백분위수	범위
언어이해지수(VCI)	136	99	매우 우수
지각추론지수(PRI)	100	50	평균

작업기억지수(WMI)	122	93	우수
처리속도지수(PSI)	92	30	평균

지수들을 살펴본 결과, 스미스 박사는 매우 우수한 언어이해 능력과 우수한 작업기억 능력을 가졌으나, 지각추론 및 처리속도 능력에서는 평균 수준이었다. 최근에 새로운 증상이나 인지적 문제가 발생하지 않았다는 점을 고려할 때, 이 패턴은 오랫동안 있어 온 신경 발달의 패턴이라고 보는 것과 일치한다.

결정화된 지능의 척도인 VCI는 스미스 박사가 이전에 학습한 정보와 언어적 개념화 능력으로 추론할 수 있는 능력을 나타낸다. 이 능력은 주로 정규 또는 비정규 교육 기회와 경험에 따라서 발달하며, 미국 주류 문화에 대한 노출에 따라 변화한다. 여기서 그녀의 능력은 단어를 정의하기, 단어 사이의 개념적 유사성 도출하기, 그리고 일반적인 정보에 대한 지식과 관련된 질문에 답하는 과제로 평가되었다. 이러한 과제에 대한 스미스 박사의 수행 간 변산성은 정상(산포도 = 3, 비정상 기준은 5 이상)으로, 이는 이 영역의 전반적인 능력이 단일 점수(즉, VCI)로 적절히 요약될 수 있음을 의미한다. 그녀의 VCI는 136으로, 백분위수 99%에 해당하며, 정상 범위를 크게 웃도는 '매우 우수' 수준에 해당한다. 그녀의 VCI 소검사 수행은 '우수'에서 '매우 우수'의 범위에 있으며, 다음의 표와 같다.

소검사	환산 점수	백분위수	기술 범주
상식	17	98	매우 우수
어휘	17	98	매우 우수
공통성	14	91	우수

비언어적 사고와 시공간 문제해결의 측정치인 PRI는 시각 자극을 통합하고 비언어적으로 추론하며, 학교에서 가르치지 않는 종류의 문제를 해결하기 위해 시공간과 시각 운동 기술을 적용하는 능력을 나타낸다. 이 영역에서 그녀의

능력은 토막을 사용하여 일련의 그림 도형을 다시 만들거나 다섯 가지 보기 중 하나로 불완전한 시각 행렬의 누락된 부분을 찾아내고, 불완전한 그림에서 중요하게 누락된 세부 사항을 찾아내는 과제로 평가되었다. 이러한 과제에 대한 그녀의 수행 간 변산성은 정상(산포도 = 4)이었으며, 이 영역에서 그녀의 전반적인 능력이 단일 점수(즉, PRI)로 적절히 요약될 수 있음을 나타낸다. 스미스 박사는 50% 백분위수에 해당하는 100의 PRI 점수를 얻었고, 이는 정상 범위 내의 '평균' 수준에 해당한다. PRI 하위 소검사에서 스미스 박사의 점수는 다음의 표와 같이 '평균'에서 '평균 상'의 범위에 있었다.

소검사	환산 점수	백분위수	기술 범주
빠진곳찾기	8	25	평균
토막짜기	10	50	평균
행렬추론	12	75	평균 상

비록 시각 소검사에서 스미스 박사의 어떤 수행도 손상에 해당하는 범위에 근접하지 않았지만, 그녀의 언어이해 능력만큼 높은 수준으로 발달된 것은 없었다.

단기기억력의 척도인 WMI는 정보를 즉시 인식하여 몇 초 안에 파악하고 보유하거나 변환시키는 능력을 나타낸다. 이 영역에서 그녀의 능력은 두 가지 과제, 즉 검사자가 제시한 것과 똑같은 순서로, 역순으로, 그리고 숫자의 순서로 따라 말하도록 하는 숫자폭(Digit Span) 검사, 그리고 암산 문제를 풀도록 하는 산수(Arithmetic) 검사로 측정되었다. 스미스 박사는 WMI에서 122점을 얻었는데, 이는 93번째 백분위수에 속하며, 정상 범위 이상의 '우수' 수준으로 분류된다. 이 영역에서 스미스 박사의 수행은 일관성이 있었다(산포도 = 2). 정보 입력의 폭은 '평균 상' 수준이었고, 산수는 '우수' 범위에 속했다. 작업기억 영역에서 그녀의 점수들은 다음과 같았다.

소검사	환산 점수	백분위수	기술 범주
숫자폭	13	84	평균 상
산수	15	95	우수

처리속도의 척도인 PSI는 간단한 사무 업무 유형의 과제를 빠르게 수행하는 능력을 나타낸다. 이 영역에서 그녀의 능력은 두 가지 과제로 평가되었다. 하나는 숫자에 따라 짝을 이루는 기호들을 빠르게 복사하도록 하는 것이고, 다른 하나는 일련의 기호에서 표적 기호의 유무를 식별하도록 하는 것이다. 스미스 박사는 이 두 과제의 수행 간 차이가 정상 수준을 보인 바(산포도 = 3), PSI가 좋은 추정치임을 보여 주었다. 스미스 박사의 PSI는 92점이었는데 이는 백분위수 30%에 속하며, '평균'과 정상 범위 이내에 해당하는 것으로 분류된다. 그녀의 처리속도 하위 검사 점수는 다음과 같다.

소검사	환산 점수	백분위수	기술 범주
동형찾기	10	50	평균
기호쓰기	7	16	평균 하

주의 및 집행기능

스미스 박사는 검사 중에 각성과 기민함을 유지했다. WMS-III의 상식과 지남력 소검사의 모든 질문에 정확히 답하였으며, 수행은 정상 범위 내에 있었다. 그러나 반복적으로 학습되는 절차에 대한 정신적 통제는 평균에 불과했다. 이 검사에서 스미스 박사의 속도는 비일관적이었는데, 한 번은 순차적으로 6씩 빼기와 요일 말하기를 번갈아 말하는 과제에서 순서를 헷갈리는 모습을 보였다.

앞서 언급되었던 바처럼, WAIS-IV의 작업기억지수(WMI)에서는 '우수' 범위에 해당하는 백분위수 93%로 측정되었다. 숫자 순서대로 말하기는 8점으로, '평균 상'(백분위수 84%)의 수행이었으며, 숫자 거꾸로 말하기는 7점으로, 백분위수 91%의 ‘우수’에 해당했다. 또한 숫자 순서대로 말하기는 7점으로, 백분위수 91%의 ‘우수’ 수준에 해당했다. 이들 폭 점수들 간의 차이는 유의미하지 않았다. 정신적 산수 능력은 ‘평균 상’ 수준으로, 백분위수 84%로 측정되었다. 스미스 박사는 이 검사들을 하는 동안에 잘 집중하지 못했다고 말했다.

앞서 말한 바처럼, WAIS-IV의 처리속도지수(PSI)는 92점으로, 백분위수 30%의 순위에 위치하였으며, 정상 범위 내에서 ‘평균’ 수준에 속했다. 이는 스미스 박사에게 언어 능력에 비교되는 또 다른 약점 영역이었다. 글씨 옮겨쓰기 검사에서의 정신 운동 속도는 정상 범위 하단의 ‘평균 하’에 해당한 반면, 속도를 요구하는 시각 탐색에서는 정상 범위 내의 ‘평균’에 해당했다. 반면에 시각 탐색과 숫자 순서화를 요구하는 TMT A형 검사에서 속도를 요구하는 처리 과정은 연령, 성별, 인종, 교육에서 기대되는 수준이었으며, 백분위수 38%에 해당했다(규준; Heaton, Miller, Taylor, & Grant, 2004). 스미스 박사는 이 과제에서 오류를 범하지 않았으며, 수행을 완료하는 데 22초가 소요되어 예상 범위의 점수에 해당했다. 반면에 문자와 숫자 사이를 교대하며 순서화를 요구하는 복잡한 추적하기 검사인 TMT B형에서는 인구통계적 차이가 보정된 규준에 대비하여 백분위수 10%에 해당하는 예상 범위 아래의 점수를 보였다. 그녀는 이 과제에서 전반적으로 느리게 수행했으며(74초 소요), 규칙 세트를 헷갈리며 한 차례의 오류를 보이면서 수행이 느려지는 모습을 보였다.

자기-통제와 억제 능력을 측정하는 스트룹 색상단어 검사에서, 색상-단어를 읽을 때는 연령에 대비하여 ‘평균’에 해당하는 백분위수 27%의 수행을 보였으며, 색상을 말할 때는 ‘평균 하’에 해당하는 백분위수 16%의 수행을 보였다. 색상-단어를 보고 색상을 말해야 하는 억제 시행에서도 ‘평균 하’에 해당하는 백분위수 21%의 수행을 보였다. 비록 이는 정상 범위 내에 해당하는 것이었지만, 스미스 박사는 이 과제들에서 상대적으로 느리게 수행했다. 개념 형성과 과제 세트의 유연성을 요구하는 카드분류 검사인 WCST에서는 연령 및 교육 규준에 대비해서 전반적으로 기대되는 수준의 수행 점수를 얻었다. 완수한 범주(6개), 첫 범주를 마치는 데 소요된 시행(11회), 과제 세트 유지 실패(오류 0회)의 점수들은 정상 범위 내에 있었다(백분위수>16%). 총 오류 수(백분위수 21%), 보속 오류(백 분위수 18%), 비보속 오류(백분위수 21%), 개념 수준 반응 비율(백분위수 19%)는 모두 '평균 하' 범위에 해당했으나, 연령 및 교육 대비 정상 범위에 대비해서는 정상 범위 내의 수행이었다. 이와 같은 점수가 나온 것은 세 번째 범주를 파악하기 전까지 처음 두 가지의 명백한 범주를 분류한 이후에 특이한 조합과 패턴 분류를 시도했기 때문으로 보인다. 이러한 시도가 끝난 후에 그녀는 다시 재빨리 검사의 나머지를 마쳤다.

언어 유창성에서 또한 음소 범주에 대하여 인구통계적으로 규준이 보정된 것에 대비하여 기대 수준의 수행을 보였다. 스미스 박사는 3분 동안 42개의 F-A-S로 시작하는 단어들을 말하여 백분위수 27%의 점수를 보였다. 제시된 단어들은 논리정연하고 어휘력이 좋은 사람이 구사하는 것들이었다. 범주 유창성에서는 비록 반응을 알파벳 순서로 말하려고 하다가 느려지는 모습을 보였으나, 기대되는 범위 내의 수행을 보였다. 여기서 그녀는 1분 동안 21개의 동물 이름을 말했다. 이 수행은 인구통계적으로 보정된 규준에 대비하여 백분위수 21%에 해당했다.

학습과 기억기능

WMS-III에서 스미스 박사는 경계선 범위(백분위수 3%)에서 평균 범위의 상단(백분위수 70%)에 이르는 범위의 일차지수 점수를 보였으며, 대부분의 점수는 연령 대비 '평균 하' 또는 '평균'에 해당했다. 그녀의 일차지수는 다음의 표에 제시되어 있다.

일차지수	지수 점수	백분위수
청각즉각	105	63
시각즉각	71	3
즉각기억	87	19
청각지연	108	70
시각지연	81	10
청각재인지연	95	37
일반기억	93	32

이 점수들을 서로 비교하기에 앞서 청각즉각지수와 시각즉각지수 사이에, 그리고 청각지연지수와 시각지연지수 사이에 통계적으로 유의미한 차이가 있음을 확인했다. 이 두 가지 차이 점수는 규준 자료 표본에서는 상대적으로 보기 드문 수준이다(각각 4.2%, 7.9%). 시각즉각 및 시각지연보다 청각즉각 및 청각지연이 더 우수한 것은 WAIS-IV에서의 검사 결과 및 방향과 동일한 양상이다.

측정된 능력에 비하여 스미스 박사의 WMS-III 수행은 그녀가 이 과제들에 대해 기대한 만큼 학습하고 있지 못하며, 이는 특히 시각적 학습과 기억 영역에서 두드러짐을 보여 준다. 스미스 박사의 얼굴 인식에 대한 주관적 어려움에 대한 불편함을 고려할 때, 그 점수 패턴은 예상되는 방향이었다. 그러나 이 문제는 그보다 더 광범위한 것으로 보이며, 이는 이후 보고서에서 분명하게 다룰 것이다.

이야기 구절의 내용을 습득하는 것은 연령 대비 '평균'에 미치는 수준이었으며(백분위수 50%), 지연 이후의 수행도 유사한 수준이었고(백분위수 50%), 정보 보유율은 평균 수준(백분위수 63%)이었다. 단어연합 검사의 입력은 평균을 상회하는 수준이었으며(백분위수 75%), 지연 이후에도 모든 해당 정보를 양호하게 회상할 수 있었다(백분위수 84%). 지연 이후에 청각 정보의 재인은 평균 범위(백분위수 37%) 내에 있었다. 스미스 박사는 이야기 구절의 정보를 재인하는 것보다 표적이 아닌 단어 쌍을 재인하는 것을 더 수월하게 수행했다. 비록 이야기 구절 영역에서의 전반적인 학습은 스미스 박사의 매우 우수한 언어 능력에 기대되는 수준에는 미치지 못하지만, 시간에 따른 기억의 소멸 및 상실의 뚜렷한 양상은 없었다.

얼굴의 즉각 재인은 '평균 하'(백분위수 16%)였으며, 시간에 따른 정보 소실이 발생하지 않은 바(보유율 100%) 지연 재인은 상대적으로 양호(백분위수 37%)한 것으로 나타났다. 복잡한 시각 장면에서 시각적인 세부 사항을 습득하도록 요구하는 시각기억 과제의 수행에서 특히 주목할 만한 점이 관찰되었다. 이 특정 검사에서는 즉각적인 정보의 습득 능력이 경계선 범위(백분위수 2%)였다. 지연 이후의 기억 소멸은 없었다(백분위수 5%). 레이 복합도형의 우연학습적 요소(incidental; 역주: 그림의 외부 윤곽과 세부 도형의 요소로 채점된 점수)의 지연 회상은 정상 범위 내에 있었으나, 연령 대비 기대되는 수준에는 미치지 못하는 백분위수 21%에 해당했다. 스미스 박사는 도형의 주요 윤곽만을 회상했으며, 도형 내부 대부분의 세부 사항은 잊어버리면서 총점 36점에서 18.5점을 획득했다. 그러나 지연 이후에 더 추가적인 정보의 소실은 없었으며(18.5/36), 이는 백분위수 18%에 해당했다. 도형의 지연 재인에서는 정상 범위 내의 평균에 해당했으며, 백분위수는 46%였다.

언어기능

앞서 언급한 바처럼, 스미스 박사는 풍부한 어휘를 사용하여 분명하게 말을 할 수 있었다. 관찰에 따르면, 청각적 이해와 언어적 표현 같은 기본 언어기능에는 손상이 없었다. 보스턴 이름대기 검사로 측정되는 직면적 이름대기에서는 60개 문항 중에 57개를 올바르게 응답했으며, 3개 문항은 음소 단서를 받고 정답을 말할 수 있었다. 이름대기 수행은 백분위수 24%로, 인구통계적 변인으로 예상되는 수준에 해당했다. 보고서 전반부에 언급한 바처럼, 스미스 박사의 언어적 유창성 검사 수행은 측정된 능력 대비 예상되는 수준에 해당했다.

시공간기능

사물 이름대기와 도형 복사하기 과제에서의 기본적인 시지각에는 손상이 없었다. 여러 조각으로 잘려 있는 그림과 사물을 심적으로 재조합하는 능력을 측정하는 VOT에서는 총점 30점 중 27.5점을 획득하여 정상 범위인 백분위수 62%에 해당했다. 복합도형의 복사하기 수행(34/36)으로 측정된 시각 정보의 통합 및 조직화 능력에서도 연령 대비 손상이 나타나지 않았다(백분위수>16%).

기분 자기보고

우울 증상군을 액면적으로 타당하게 측정하는 자기보고식 검사인 BDI-II에서 스미스 박사의 증상은 시사되지 않았다(5점). 그녀는 많은 우울 증상이 있다고 보고하지 않았다. BAI의 점수도 최소 수준이었다(7점). 스미스 박사의 우울 및 불안 증상이 최소 수준이라는 것은 이 시기에 스미스 박사가 현저한 정서적 고통을 겪은 것은 아님을 시사한다.

요약 및 인상

스미스 박사는 35세이고 오른손잡이 의사로, 그녀의 심리학자에 의해 신경심리학 검사를 의뢰받았는데, 그녀가 얼굴을 기억하기 어렵다는 주관적 보고를 평가하기 위해 신경심리학 검사를 받기를 원했기 때문이다. 스미스 박사가 느끼는 불편함에 대한 설명에 따르면, 그 문제가 오랫동안 지속되어 왔고 그녀의 업무에 해롭다는 것을 시사한다. 스미스 박사의 교육 및 의학적 문제에서 특별한 점은 없었던 반면, 그녀의 정신과적 이력에서는 자존감과 대인관계의 어려움을 둘러싼 오랜 정서적 문제가 시사되었다.

현시점의 지적 능력의 측정에 따르면, 평균적인 비언어적 능력과 대조되는 매우 우수한 언어 능력을 나타냈다. 비언어적 능력은 전반적으로 평균 수준이었지만 이는 언어 능력에 크게 미치지 못했으며, 언어적 능력은 모두 일관되

[중요] 보고서의 요약 및 인상 부분에서의 중요 고려 사항
- 핵심 과거력을 간결하게 요약하기
- 강점과 약점 요약하기
- 가장 중요한 검사 결과들을 요약하기
- 모든 정보의 출처를 고려하기
- 검사 결과들을 통합하고 해석하기
- 비일관성을 언급하고 해소하기
- 진단적인 개념화하기
- 결론과 진단의 근거를 만들기

게 '우수'에서 '매우 우수' 수준에 해당했다. 언어적 능력과 비언어적 능력 간의 큰 간극은 오랫동안 지속되어 왔을 가능성이 있으며, 아마도 스미스 박사가 얼굴을 기억하는 데 주관적 어려움을 호소하는 원인일 것이다. 기초적인 주의 능력은 온전했고, 정보 습득의 폭은 매우 우수했다. 이와는 대조적으로 다양한 집행기능을 측정하는 검사들의 수행은 예상되는 수준보다 느린 처리속도를 보였으며, 검사를 필요 이상으로 복잡하게 만드는 경향을 보였다. 예상보다 느린 수행은 WAIS-IV의 PSI 검사들과 TMT B형 검사, 스트룹 색상단어 검사에서 현저했다. 청각적 학습과 기억력은 평균 수준이었으며, 이는 언어적 인지 능력을 고려할 때 예상되는 것보다 약간 낮은 수준이었다. 그러나 시각적 학습과 기억력은 지각적 추론 능력에 비교했을 때에도 예상된 수행과는 뚜렷한 불일치가 있었다. 비록 스미스 박사는 청각 정보를 습득하는 과제 수행을 '평균'에서 '평균 상' 수준으로 보였으나, 얼굴과 시각 장면으로 제시된 시각 정보를 습득하는 능력은 분명히 평균 아래에 있었다. 시간이 지남에 따른 기억의 소멸은 나타나지 않았으며, 이는 스미스 박사가 학습한 것을 그대로 유지했음을 나타낸다. 기본적인 언어기능과 시지각 능력은 양호했다. 시각적 통합과 시각 구성도 온전했다. 검사 당시에 스미스 박사는 눈에 띄는 우울증이나 불안 증상을 보고하지 않았다.

스미스 박사의 신경심리학평가의 인지 검사와 학습 및 기억 검사에서 드러난 결과에 따르면, 시각적 능력 대비 언어적 능력의 뚜렷한 강점은 상당한 수준으로 그 차이가 비정상적으로 컸으며 오랫동안 있어 왔던 것으로 시사된다. 스미스 박사는 시지각, 시각적 통합, 시각적 구성을 포함한 기본적인 시각 공간 능력에 장애가 있다는 증거를 보여 주지 않았지만, 시각적 세부 정보를 처리하고 사용하는 것은 그녀의 언어 능력에 비해 어려움이 있었다. 그녀는 또한 얼굴과 시각적인 장면 정보와 같은 시각적 정보를 배우는 데 정상적인 것과 비교되는 어려움이 있었다. 상대적으로 느린 처리속도는 언어적 재능이 뛰어난 사람에게 드물지 않게 관찰된다.

스미스 박사가 상대적으로 시각적 어려움을 겪는 원인은 불분명하지만, 이 기능장애가 명백히 오래 지속되어 왔을 것으로 보아 이는 선천적으로 발생한 것일 가능성이 높다. 시각적 능력보다 훨씬 더 뛰어난 언어 능력으로 나타나는 불일치 패턴은 비언어적 학습장애로 볼 수 있으며, 이는 대인관계의 어려움과 관련될 수 있는 장애이다. 그러한 어려움은 대인관계 동안에 주어지는 시각적 단서와 시각적 정보를 이해하기 어려운 것에서 기인하는 것으로 보인다.

제언

검사에서 볼 수 있는 기능장애의 오래 지속된 특성을 고려할 때, 스미스 박사의 이러한 어려움에 대처하기 위한 보상 전략을 개발하기 위해 노력할 것이다. 본 평가자는 이 문제를 다루는 현재 이용 가능한 구체적인 재활이 있는지 알 수 없으나, 스미스 박사는 사회적 상호작용을 이해하는 데 도움이 되고 사회적 상호작용이 수월해질 수 있는 사회적 기술 훈련을 통해 도움을 받을 수 있을 것이다. 그녀는 또한 얼굴과 시각 장면을 떠올리기 위한 전략을 개발하는 것도 고려해 볼 수 있다. 이 전략에는 그녀가 사람들을 만날 때 그들의 얼굴을 구체적으로 살펴보고 가능한 한 모든 특징에 주목한 다음, 이후에는 언어에 기반한 기억을 사용하여 회상하는 방법이 있다. 비록 이 전략이 시각적 이미지를 기억하지 못하는 것을 완전히 보상할 수는 없지만, 나중에 사람을 알아볼 수 있는 정보를 알려 주는 데 도움이 될 것이다. 그러나 이를 위해서는 스미스 박사가 그러한 정보를 적극적으로 부호화해야 한다. 환자를 만날 때 초기 기록, 신체 검사 결과지에 이러한 정보를 적어 놓을 수 있을 것이며, 다음 만남에서 이를 다시 확인할 수 있을 것이다. 또한 환자의 의료 기록에 환자의 사진을 함께 첨부해 보는 것도 가능하다. 스미스 박사는 또한 얼굴 알아보기의 어려움에 대해 다른 사람으로부터 도움을 얻어 보는 것이 현명할 것이다. 그녀가 모르는

[중요] 제언 부분에서의 중요 고려사항
- 실용성과 실행 가능성
- 분명하고 이해 가능하게 제시하기
- 개입 목표
- 가능한 치료와 재활 전략
- 강점과 약점을 재활에 활용하기
- 추후에 재평가 권고

사람들을 만날 때, 그녀는 친구에게 조용히 그녀의 시야에 있는 사람들에 대한 사실들을 물어봄으로써 이들의 도움을 통해 사람들을 알아볼 수 있을 것이다. 평가자는 얼굴 재인을 향상시키기 위해 설계된 실험적 치료법을 활용하는 프로그램에 대해 알고 있다(DeGutis at al., 2008). 만약 스미스 박사가 관심이 있다면 평가자는 그녀와 같은 환자를 임상시험 프로그램에 등록할 수 있도록 기꺼이 연결해 줄 수 있다.

이 문제의 오랫동안 지속되어 온 속성을 고려할 때, 추가적인 정밀조사가 필요하지는 않을 것으로 보인다. 스미스 박사가 자신의 능력이 감소한다고 느낀다면 반복된 신경심리검사와 자기공명영상을 통한 정밀 신경학적 평가를 고려해야 한다.

Jane Doe, Ph.D.
미국 심리학 전문 이사회,
공인 자격 임상신경심리학

스스로 평가

1. 검사 보고서는 정식 논문 인용과 참고문헌을 포함하는 학술적인 보고서처럼 작성되어야 한다. (○ / ×)

2. 모든 신경심리보고서는 모든 의료 과거력을 포함해야 한다. (○ / ×)

3. 보고서의 행동 관찰 부분에는 다음의 내용을 제외한 모든 내용이 포함되어야 한다.
   (a) 환자의 협조 및 동기와 관련된 관찰들
   (b) 환자의 기분 및 정동과 관련된 관찰들

(c) 환자가 가장 좋아하는 의류 디자이너와 관련된 관찰들
(d) 환자가 주의를 기울이는 능력과 관련된 관찰들

4. 전문가로서 보고서에는 실험심리학자들이 사용하는 최신의 이론적 용어를 사용하여 검사 결과를 서술해야 한다. (○ / ×)

5. 보고서의 검사 결과를 서술할 때, 다음과 같이 하는 것이 중요하다.
(a) 검사 점수들을 절대 포함하지 않기
(b) 전문 용어 사용하기
(c) 손상된 점수들만 제시하기
(d) 당신이 서술하고 있는 검사들의 명칭 제공하기

6. 검사 보고서에 포함된 자료로 당신의 결론을 꼭 지지해야 할 필요는 없다. (○ / ×)

7. 검사 보고서는 의뢰자로부터 요청받은 의뢰 질문을 반영해야 한다. (○ / ×)

정답: 1-×, 2-×, 3-c, 4-×, 5-d, 6-×, 7-○

부록 A

신경심리평가의 전반적인 지침

A. 평가 계획 수립

1. 의뢰자로부터 의뢰 질문과 환자의 병력에 대한 정보를 얻는다.
2. 환자의 의학적 · 사회적 · 심리적 · 교육적 · 직업적 이력에 관한 가용한 과거력 정보 및 기록을 요청하고 검토한다.
3. 평가 목적에 적합한 신경심리학적 검사를 선택한다. 이는 의뢰 질문, 가능한 진단 및 환자의 협조 및 검사를 소화할 수 있는 능력에 따라서 단축형 검사, 종합 검사, 단일 표적 검사로서 고정식 배터리 또는 유연 방식의 배터리를 구성할 수 있다.

B. 평가

1. 환자와 면담을 하고, 필요한 경우(예: 아동, 심한 외상성 뇌손상 환자, 알려진 또는 추정되는 알츠하이머병 환자)에는 부모 또는 보호자를 면담하여 의학, 사회, 심리, 교육 및 직업적 이력을 수집한다.
2. 모든 지시를 직접 준수하면서 신경심리검사를 시행한다. 표준 프로토콜에서 벗어난 것이 있다면 모두 기록으로 남긴다. 면담이나 관찰을 통해 얻은 정보를 바탕으로 검사를 조정하거나 수정한다.
3. 면담 및 검사 시행 중, 검사 해석과 관련되는 환자의 행동(예: 노력, 불안, 언어장애, 감정적 동요)을 관찰하고 기록한다.
4. 검사를 진행하며 점수를 매김으로써 검사 문제에 대한 적절한 추가 질문이 이루어질 수 있도록 한다.

C. 평가 결과의 채점

1. 평가 중에 완료하지 않은 개별 응답의 채점을 마무리한다.
2. 원점수를 표로 만들고, 척도, 표준점수 및 백분위 점수와 같은 기타 점수로 변환한다.
3. 모든 점수를 다시 확인하여 표와 변환이 올바른지 확인한다.
4. 필요에 따라 검사 점수들을 비교한다(예: WAIS-IV 조합 점수와 WMS-IV 지수 점수).

D. 평가 결과들의 해석

1. 1단계: 가능한 질환의 유병률 또는 기저율과 같은 해석의 기본 판 마련하기
   a. 의뢰 질문이 무엇이었는가? 평가의 목적은 무엇이었는가? (예: 재활, 진단, 기능에 대한 전반적인 평가)
   b. 의뢰 출처와 과거 병력을 고려할 때, 환자에게 인지장애가 있을 가능성은 얼마나 되는가? 주어진 의뢰 출처(예: 급성 병원 병동, 근로자 보상, 학교 심리학자)와 환자 이력(예: 심혈관 사고, 의식 상실 없는 폐쇄성 머리 부상, 심한 학업적 어려움, 모국어)에서의 기저율, 즉 뇌기능장애의 유병률을 고려한다.
   c. 행동 관찰은 발견된 결함의 가능한 원인에 대한 정보를 제공하고 있는가? (예: 졸음, 산만함, 충분치 않은 노력, 사고장애, 단어 찾기의 어려움, 저조한 이해력)
   d. 뇌손상 이외의 어떤 요인이 환자의 수행에 영향을 미칠 수 있었는가? (예: 나이, 교육, 동기, 노력, 불안, 문화적 배경, 정신과적 문제)

2. 2단계: 병전기능 수준 알아내기
   a. 환자의 교육적 · 직업적 성취는 어느 정도의 병전기능 수준을 시사하는가?
   b. 유지 검사(hold test; 예: WAIS-III 어휘 소검사)의 수행이 시사하는 병전기능

수준은 어느 정도인가?

c. 불규칙 단어를 읽는 검사(예: AMNART, WTAR)의 수행이 시사하는 병전기능 수준은 어느 정도인가?

d. Barona 등(1984)의 인구통계학적 공식은 어느 정도의 병전기능 수준을 추정하는가?

3. 3단계: 뇌손상 또는 기능장애의 증거가 있는지 확인하기
   a. 검사 결과가 현재 최적의 수행을 신뢰할 만하고 타당하게 반영할 수 있도록 환자가 충분히 주의를 기울이고 협조적으로 노력하였는가?
   b. 동기 부여 및 순응도 검사(예: TOMM, VIP)를 시행했을 때, 환자의 수행은 검사 결과의 신뢰도와 타당도를 감소시킬 수도 있는 불충분한 노력 또는 증상의 과장을 시사하였는가?
   c. 문화나 주언어 같은 요소가 사용된 표준화 검사의 요소와 달랐는가? 그 차이들은 검사 수행에 영향을 미치거나 검사에 설계된 기능을 측정하고 해당 질환의 존재를 예측하기 위한 검사의 타당도를 감소시킬 가능성이 있는가?
   d. 어떤 결과의 일부(또는 전부)를 설명할 수 있는 정신질환의 증거가 있었는가?
   e. 검사 점수가 연령 및 교육 측면에서 환자와 유사한 정상 개인들의 범위 내에 속하는가?
   f. 검사 점수가 환자의 특정한 교육 및 직업적 성과에서 기대되는 범위 내에 있는가?
   g. 검사의 결과가 예상된 결과와 얼마나 차이가 있는가? 즉, 검사 결과는 결함의 정도(경도, 중등도, 중증)에 대해 무엇을 시사하는가?
   h. 검사 결과는 하나 이상의 인지 영역에서 결함에 대한 일관된 증거를 제시하는가?

i. 의뢰 질문과 의심되는 병인을 고려할 때, 결과의 유형과 정도가 모두 예상과 일치하는가?

4. 4단계: 뇌손상이나 기능장애에 대하여 추론하기
   a. 결함의 패턴에 따르면, 결함이 강점과 약점의 명확한 패턴으로 비교적 뚜렷하게 구분되는가? (예: 기억 대 지각/언어)
   b. 결함이 전형적인 신경행동 증상의 범주(예: 실어증, 실인증, 실행증, 무시증, 기억상실증) 중 하나에 속하는가?
   c. 결함이 IQ를 포함한 많은 인지 영역에 모두 영향을 미치는 전반적 결함 패턴을 시사하는가?
   d. 증상의 과거력은 뇌에 국소적(예: 단일 뇌졸중 사고), 다초점적(예: 폐쇄성 두부 손상), 또는 분산적(예: 독성 및 대사성 질환) 영향을 미치는 병인을 시사하는가?
   e. 병력은 느린(예: 신생 종양) 또는 갑작스러운(예: 심혈관 사고) 발병 또는 오랜 문제(예: 지적장애)를 시사하는가?
   f. 증상과 결함의 진행은 특정한 병인을 따르는가? 즉, 악화의 양상이 알츠하이머병이나 파킨슨병과 같은 질환처럼 점진적이고 일관적이었는가, 아니면 다발성경화증과 같은 질환처럼 불규칙적이고 비일관적인가?

E. 평가 결과 전달하기

1. 의뢰 정보, 관련 과거력, 행동 관찰, 시행된 검사, 검사 결과, 해석, 제언을 포함하는 보고서를 작성한다.
2. 의뢰자와 결과에 대해 의사소통하고, 가능하다면 환자에게 피드백을 주는 회기를 가진다.

부록 B

신경행동 증후군의 핵심

이 부록에서 우리는 독자에게 많은 신경심리학적 의뢰의 중심에 있는 주요한 임상적 현상들의 목록을 제시하고자 한다. 이러한 증후군과 유사 증후군을 이해하는 것은 신경심리평가의 기술 계발에 매우 중요하다. 이 글은 주로 뇌-행동 관계의 임상적 평가 절차와 논리에 초점을 맞추고 있기 때문에 임상신경심리학과 신경학의 임상적 현상학에 대해서는 거의 제시하고 있지 않으며, 해부학과 신경병리학에 대한 설명을 다루지 않는다. 이 영역들에 대한 대략적인 언급도 이 책의 범위를 크게 벗어난다. 해부학에서는 임상가의 기본적인 자료 지식을 이루는 중요 영역을 검토했으며, 참고문헌 목록에서는 임상신경심리학의 과학적 자료에 접근할 수 있는 도서와 논문의 목록이 있다. 부록 B는 특정 뇌손상으로 인해 독자적으로 발생할 수 있는 특정 증후군의 종류에 대해 독자를 안내하기 위함이다. 전형적인 원인 병변에 대한 부분적인 정보를 많은 예시와 함께 제시하였다. 독자들은 이러한 목적으로 사용되는 용어를 이해하기 위해서 기초적인 신경해부학에 익숙해야 한다. 증후군의 이름은 '~이 없는(without)'의 의미를 지칭하는 그리스어 접두사 a를 사용하였으며, '결함이 있는(impaired)'을 의미하는 라틴어 접두사 dys로는 지칭하지 않았다. 둘 다 문헌에서 사용되지만, 이 책에서 사용하는 것은 미국에서 가장 많이 사용되는 양식이다.

계산불능증(acalculia) 계산불능증은 환자의 계산 수행 능력에 영향을 미치는 여러 가지 장애를 말한다. 이 문제는 쓰인 기호에 대한 이해력 상실(즉, 숫자에 대한 실독증), 또는 쓰기 산술 문제에서 열(column)을 정렬하는 데 필요한 공간 정보를 사용하는 어려움 때문에 생긴 이차적 문제일 수 있다. 또한 계산 오류는 산술에 관한 지식들을 기억하고 사용하지 못하는 것, 그리고 일차적인 개념적인 산술 지식을 상실해서 발생할 수 있다. 계산불능증은 실어증을 유발하는 좌반구의 모든 병변으로 발생할 수 있지만, 후측 측두엽 또는 두정엽 영역의 병변과 관련될 가능성이 가장 높다.

실인증(인식불능증, agnosia) 실인증은 일차적인 감각 상실로 설명할 수 없으며, 이전에 학습한 정보에 대한 재인 상실을 포함하는 일련의 장애를 말한다. 실인증은 모든 감각 양식(예: 시각 또는 청각)에서 발생할 수 있으며, 특정한 종류의 양식(예: 얼굴에 대한 안면실인증)과 관련될 수 있다. 실인증은 인지의 다른 문제와 개별적으로 발생하는 일은 매우 드물지만, 매우 특정한 영역의 병변이 있는 경우에는 독자적으로 발생할 수 있다. 실인증은 일반적으로 영향을 받는 정보 양식의 일차감각 영역에서의 병변으로 발생하며, 편측성 병변(역주: 한쪽 반구에서만 손상이 있는 것)보다는 양측성 병변에서 발생할 가능성이 더 높다.

실서증(쓰기언어상실증, agraphia) 실서증은 후천성 쓰기장애이다. 드문 경우에 실서증은 비교적 독자적으로 발생할 수 있지만, 일반적으로는 전반적 언어장애의 일부로 간주된다. 환자는 쓰기의 작동 원리나 철자 능력을 잃어버리거나 문자 기호에 대한 이해력 상실로 인해서도 글을 쓰지 못할 수 있다(즉, 실독증). 실서증은 좌반구, 특히 실비우스열(sylvian fissure; 역주: 전두엽과 측두엽을 경계 짓는 고랑)을 둘러싼 전두엽, 두정엽 및 측두엽 영역의 병변에서 발생할 가능성이 가장 높다.

실독증(alexia) 실독증은 독자적으로 발생할 수 있는 후천적 읽기장애이지만, 실어증과 동반되는 증상이 가장 흔하게 나타난다. 단일 문자는 읽을 수 있지만 단어는 읽을 수 없는 순수실독증, 빈번한 구문 및 의미 오류를 범하는 심층성 난독증을 포함하여 실독증에는 여러 하위 유형이 존재한다. 순수실독증은 좌반구 후두엽–측두엽 영역의 병변에 따른 결과일 가능성이 높으며, 심층성 난독증은 좌반구 브로카 영역을 포함하는 병변의 결과일 가능성이 높다(다음의 '실어증' 설명 참조). 난독증(dyslexia)이라는 용어는 일반적으로 읽기의 발달장애를 지칭하는 데 사용된다.

기억상실증(amnesia) 이 고전적인 후천성 기억장애는 새로운 정보를 유지할 수 없다는 것이 특징이다. 기억상실증이 있는 환자는 여전히 각성을 유지하고 있으며, 장애가 발생하기 전에 배운 정보를 기억할 수 있을 것이다. 순행성 기억상실증은 부상 이후에 제시된 정보를 학습하거나 기억하지 못하는 것을, 역행성 기억상실증은 부상 전에 알고 있던 정보를 기억하지 못하는 것을 말한다. 일부 환자는 기억 수행에 큰 영향을 미칠 수 있는 주의력 문제 또는 인출의 어려움을 갖고 있다. 이러한 장애는 진정한 기억상실증과는 구별되는 것으로 간주된다. 기억상실증이 있는 환자들은 연습된 운동 기술을 배울 수 있는 뛰어난 능력과 지각 학습의 흔적을 보일 수 있다. 해마나 내측 측두엽의 인접 구조에 영향을 미치는 병변은 장애의 발현에 중요한 것으로 간주되며, 전측 시상, 뇌궁, 유두체, 편도체와 같은 구조의 병변도 중요할 수 있다.

질병인식불능증(anosognosia) 질병인식불능증은 신경학적 질병의 결과로 발생하는 감각, 운동 또는 인지적 결함에 대한 인식의 장애를 말한다. 질병인식불능증은 종종 반구 편측무시증(hemispatial neglect)을 동반하지만(see entry), 치매와 기억상실증 같은 다른 신경학적 장애와 함께 발생할 수도 있다. 질병인식불능증 환자는 외과적 치료 또는 작업치료 접근이 어렵다. 질병인식불능증은 장기적으로 좋지 않은 결과를 예측한다.

실어증(언어상실증, aphasia) 실어증은 후천성 언어장애로, 일반적으로는 단어 찾기의 어려움과 단어 오류의 특징을 보인다. 일부 실어증은 의미 있는 명사와 동사가 부족하고, 단어 대체 오류, 즉 착어증(paraphasia)을 보인다(예: 의미적 착어, 개→고양이; 음소적 착어, 개→캐). 이 환자들은 특정한 생각을 언어로 표현할 수 없는 상태에서 판에 박힌 어구(예: "네, 알겠습니다."), 흔하거나 반복 학습된 표현(예: "무슨 말인지 알겠죠?"), 빙빙 에두르는 표현("당신이 음식을 먹는 그거.")을 쓸 수 있다. 유창성 실어증은 흔히 쓰기 및 청각 언어의 이해력 저하를 동반한다. 유창성 실어증은 가장 경미하게는 단어 찾기 어려움이나 이름못대기증(anomia)의 양상으로 나타날 수 있다.

다른 실어증들은 명사, 대명사, 그리고 몇몇 흔한 동사를 강조하며, 힘겹고 엉성한 발화를 하지만 문장의 구조가 부재한 특징을 보인다. 이러한 환자들도 착어 오류를 보일 수 있는데, 음소적 착어는 단어의 순서와 문장 구조의 규칙을 크게 위반하는 방식으로 나타난다(예: "나는 거기에 갔다." → "거기 나."). 비유창성 실어증이 있는 환자는 일반적으로 발음과 문어에 대한 이해가 더 나은 것으로 보이지만, 그럼에도 불구하고 길거나 복잡한 문장을 잘못 해석할 수 있다.

많은 실어증은 따라 말하기, 읽기, 쓰기 능력을 포함한 모든 언어 관련 반응 체계에 영향을 미친다. 경우에 따라 이러한 반응 시스템은 원인 병변의 특정한 위치에 따라 선택적으로 손상되거나 보존될 수 있다. 전형적인 실어증의 증후군으로는 브로카 실어증(비유창성: 따라 말하기, 읽기, 쓰기는 저조하지만 이해력은 상대적으로 보존되어 있다), 베르니케 실어증(유창성: 다양한 착어증 오류를 보이며, 이해력, 따라 말하기, 읽기, 쓰기 수행이 저조하다.)이 있다. 실어증이 있는 일부 환자는 이러한 범주에 속하지만, 비교적 보존된 따라 말하기 능력을 보인다. 이러한 환자들은 전형적인 초피질성 실어증으로 지칭되며, 이들은 유창할 수도 유창하지 않을 수도 있다. 어떤 환자들은 그들의 자발적 발화에서 예상되는 수준보다 따라 말하기에서 더 저조할 수 있다. 이러한 환자들은 전형적으로 전도성 실어증에 분류된다. 실어증은 주로 좌반구의 질환이다(대부분의 오른손잡이와 상당수의 왼손잡이 성인). 비유창성 실어증 환자는 전두엽과 때때로 앞쪽 두정엽 영역에 영향을 미치는 영역의 손상으로 발생하는 반면, 유창성 실어증은 측두엽과 하측 측두엽에 영향을 미치는 병변으로 발생한다. 병변 위치의 작은 차이들은 실어증의 임상적 발현의 큰 차이를 만들 수 있다.

실행증(행위상실증, apraxia) 실행증은 이전에 알려진 동작을 자발적으로나 명령에 따라 수행하는 능력을 상실하는 것이다. 이 용어는 때때로 주의력이나 감각 문제를 반영할 수 있는 장애(예: 복장실행증, 구성실행증, 시각실행증)를 설명하기 위해 사용되지만, 일반적으로는 일차 근육 약화나 경련 때문이 아닌 최상위 수준의 운동 계획과 관련된 장애로 간주된다. 전형적인 실행증의 한 유형으로 관념실행증과 관념운동실행증이 있다. 관념실행증은 조직화된 운동의 연쇄(예: 접시 씻기나 요리하기)를 실행하는 데 어려움을 겪는다. 관념운동실행증은 명령(예: "빗으로 머리를 빗는 방법을 보여 주세요.")에 따라서 행동을 취하지 못한다. 관념운동실행증은 정확한 몸짓 행동 산출에 필요한 세부적인 손과 손가락의 모양을 짓지 않은 채로 전반적인 팔 움직임만을 보여 줄 때도 있다(예: 환자가 머리를 빗는 방법을 보여 달라고 요청받으면 손을 빗으로 사용할 수 있다). 이 현상은 '사물로서의 신체' 현상으로 알려져 있다. 운동 행위 상실 증상은 좌반구 병변에 의해 발생할 가능성이 높으며, 종종 실어증 증상을 동반한다.

섬망 또는 혼돈 상태(delirium or confusional state) 이는 기본적인 주의력과 일관된 사고의 흐름을 유지하는 능력의 장해이다. 깨어 있는 상태에서 어려움이 나타날 수도 있고, 경우에 따라서는 과다각성 증상을 동반할 수도 있다. 일반적으로 섬망은 감염, 독성 또는 대사장애 혹은 중추신경계의 기능을 현저하게 방해하는 뇌질환으로 야기될 수 있는 광범위한 중추신경계 장애를 의미한다. 섬망은 원인 질환에 따라 급성 발병으로 나타날 수도 있고, 기간이 한정되어 느리게 발병하고 만성적 경과를 보일 수도 있다(예: 전자는 중추신경계 감염, 후자는 치매).

치매(dementia) 치매는 인지기능의 진행적인 감소가 특징인 일련의 장애들을 지칭한다. 치매 환자는 일반적으로 언어, 지각 및 집행기능(집행기능 손상 증후군 참조)을 포함하는 여러 기능의 상실로 고통받기도 하지만, 진단을 위해서는 기억의 장애가 있어야 할 때도 있다. 치매를 발생시키는 가장 흔한 질병은 알츠하이머병이다. 혈관 치매 및 피크병과 같은 다른 질환들은 초기에 집행기능 또는 언어기능의 문제가 나타나지만 이후에는 기억장애로 진행될 수 있다. 치매를 발병시키는 질병은 노인에게서 빈번하며, 70대 이후부터 점점 더 흔해진다.

집행기능 손상 증후군(dysexecutive syndrome) 집행기능 손상 증후군은 비록 고전적인 증후군은 아니지만, 집행기능이라는 영역의 장애가 최근 점차 대두되고 있다. 집행기능은 정보의 심적 유지 및 조작(즉, 작업기억), 행동 반응의 시작 및 종료/억제, 계획 및 사회적 판단과 같은 고위 수준의 기능을 아우르는 다양한 능력을 말한다. 집행기능 손상 증후군은 수많은 임상적 발현으로 관찰되는데, 자발적인 행동이 감소하여 무기력해 보이는 환자에서부터 성적 · 공격적 행동을 보이면서 사회적으로 부적절한 방식으로 행동하는 환자, 그리고 업무와 일상생활에 방해를 받을 정도로 체계적이지 못한 환자에 이르는 다양한 모습이 있다. 집행기능 손상 증후군은 흔히 전두엽의 손상으로 인해 발생하지만, 이 광범위한 피질의 구조물 내에서의 정확한 국재성에 따라서 증후군은 상당히 다르다. 하지만 임상가는 집행기능 손상 증후군을 특정한 손상과 연결짓는 것에 대해 특히 조심해야 하는데, 이 장애는 다른 피질 또는 피질하 구조물의 손상 결과이거나 기타 정신과적 질환과 관련이 있을 수 있기 때문이다.

반맹(hemianopsia) 이는 한쪽 시야에 문제가 생기는 일차성 시각장애이다. 반맹은 시신경 교차 지점(optic chiasm)을 넘어서는 시신경 또는 후두피질 자체에서 발생하는 시각 체계의 손상으로 발생한다. 반맹은 눈이 아니라 시야가 영향을 받아서 발생하는 실명이라고 볼 수 있다.

편측 공간 무시(hemispatial neglect) 이는 정상의 감각기능에도 불구하고 환자가 공간의 한쪽에 존재하는 정보를 인식하거나 반응하지 못하는 후천성 장애이다. 무시증(neglect)은 감각보다는 주의력의 장애로 간주되며, 원인이 되는 손상의 반대쪽 공간 또는 반대쪽 신체 부위에 영향이 나타난다. 무시증은 좌반구보다는 우반구의 손상에 의해서 발생할 가능성이 높고, 증상의 심각도도 더 심각하다. 무시증은 전두엽과 측두엽을 포함한 다양한 뇌구조물의 손상으로 발생할 수 있지만, 두정엽 부위의 손상으로 가장 현저하고 지속되는 무시증이 나타난다. 무시증은 종종 실인증(anosognosia)의 증상으로 확인된다(앞의 '실인증' 참조).

얼굴실인증(prosopagnosia) 이는 시각적 변별력이나 유사한 새로운 얼굴을 구분할 수 있는 능력이 정상임에도 불구하고 친숙한 얼굴을 알아보지 못하는 장애를 말한다. 이는 후천성으로도 발생할 수 있고, 선천성 또는 발달성 장애로도 나타날 수 있다. 이 문제는 성인의 2.5%가 영향을 받는 것으로 추정된다(Kennerknecht et al., 2006). 우측 측두엽-후두피질 아래에 있는 방추상회의 손상은 얼굴실인증의 원인 병변으로 지목될 때가 많으나, 가장 심각한 사례에서는 양측의 손상이 있을 때가 많다. 얼굴실인증은 최근에 연구자들의 많은 관심을 받았는데, 고등 영장류에만 고유하게 특화된 국재화 뇌 기제로 얼굴 재인이 가능하다는 주장의 근거가 되기 때문이다.

참고문헌

Achenbach, T. M., Newhouse, P. A., & Rescorla, L. A. (2004). *Manual for the ASEBA older adult forms & profi les.* Burlington, V T: University of Vermont Research Center for Children, Youth, & Families.

Achenbach, T. M., & Rescorla, L. A. (2000). *Manual for the ASEBA preschool-age forms & profi les.* Burlington, VT: University of Vermont Research Center for Children, Youth, & Families.

Achenbach, T. M., & Rescorla, L. A. (2001). *Manual for the ASEBA school-age forms & profi les.* Burlington, VT: University of Vermont Research Center for Children, Youth, & Families.

Achenbach, T. M., & Rescorla, L. A. (2003). *Manual for the ASEBA adult forms & profi les.* Burlington, VT: University of Vermont Research Center for Children, Youth, & Families.

Adams, K. M., & Rourke, B. P. (Eds.). (1992). *The TCN guide to professional practice in clinical neuropsychology.* Amsterdam: Swets & Zeitlinger.

Adams, W., & Sheslow, D. (1995). *Wide Range Assessment of Visual Motor Ability.* Lutz, FL: Psychological Assessment Resources.

Allen, L. M., Conder, R. L., Jr., Green, P., & Cox, D. R. (2000). *Computerized Assessment of Response Bias.* Durham, NC: Cognisyst.

American Academy of Clinical Neuropsychology. (2001). Policy statement on the presence of third party observers in neuropsychological assessments. *The Clinical Neuropsychologist, 15,* 433-439.

American Board of Professional Neuropsychology. (2007). The board of directors' meeting. *The Professional Neuropsychologist, Volume 12, Issue 2.* Retrieved December 23, 2008, from www.neuropsychologyboard.org/newsArticle.aspx?id=3.

American Educational Research Association, American Psychological Association, & National Council on Measurement in Education. (1999). *Standards for educational and psychological testing.* Washington, DC: American Educational Research Association.

American Psychiatric Association. (2000). *Diagnostic and Statistical Manual of Mental Disorders, Fourth Edition, Text Revision.* Washington, DC: American Psychiatric Association.

American Psychological Association. (2002). Ethical principles of psychologists and code of conduct. *American Psychologist, 57,* 1060-1073.

Anderson, J. A. (1995). *An introduction to neural networks.* Cambridge, MA: MIT Press.

Armstrong, K. E., Beebe, D. W., Hilsabeck, R. C., & Kirkwood, M. W. (2008). *Board certifi cation in clinical neuropsychology: A guide to becoming ABPP/ABCN certifi ed without sacrifi cing your sanity.* New York: Oxford University Press.

Baade, L. E., & Schoenberg, M. R. (2004). A proposed method to estimate premorbid intelligence utilizing group achievement measures from school records. *Archives of Clinical Neuropsychology, 19,* 227-243.

Baddeley, A., Emslie, H., & Nimmo-Smith, I. (1992). *The Speed and Capacity of Language-Processing Test.* Suffolk, England: Thames Valley Test Company.

Baddeley, A., Emslie, H., & Nimmo-Smith, I. (1993) The Spot-A-Word Test: A robust estimate of verbal intelligence based on lexical decision. *British Journal of Clinical Psychology, 32,* 55-65.

Baddeley, A., Emslie, H., & Nimmo-Smith, I. (1994). *Doors and People.* Bury St. Edmonds, England: Thames Valley Test Company.

Barona, A., Reynolds, C. R., & Chastain, R. (1984). A demographically based index of premorbid intelligence for the WAIS-R. *Journal of Consulting and Clinical Psychology, 52,* 885-887.

Beck, A. T., & Steer, R. A. (1993). *Beck Anxiety Inventory.* San Antonio, TX: Psychological Corporation.

Beck, A. T., Steer, R. A., & Brown, G. (1996). *Beck Depression Inventory-II.* San Antonio: Psychological Corporation.

Beck, J. S., Beck, A. T., Jolly, J. B., & Steer, R. A. (2005). *Beck Youth Inventories, Second Edition for Children and Adolescents manual.* San Antonio, TX: Harcourt Assessment.

Beery, K. E., & Beery, N. A. (2006). *The Beery VMI For Children and Adults with supplemental developmental tests of visual perception and motor coordination: Administration, scoring and teaching manual, 5th ed.* Minneapolis, MN: NCS Pearson.

Belar, C. D., & Perry, N. W. (1992). National conference on scientist-practitioner education and training for the professional practice of psychology. *American Psychologist, 44,* 60-65.

Ben-Porath, Y. S., & Tellegen, A. (2008). *MMPI-2-RF: Manual for administration, scoring, and interpretation.* Minneapolis: University of Minnesota Press.

Benedict, R. H. B. (1997). *Brief Visuospatial Memory Test-Revised.* Odessa, FL: Psychological Assessment Resources.

Benton, A., & Adams, K. M. (2000). *Exploring the history of neuropsychology: Selected papers.* New York: Oxford University Press.

Benton, A. L., deS Hamsher, K., & Sivan, A. B. (1994). *Multilingual Aphasia Examination, 3rd ed.* Iowa City, IA: AJA Associates.

Benton, A. L., Sivan, A. B., deS. Hamsher, K., Varney, N. R., & Spreen O. (1994). *Contributions to neuropsychological assessment* (2nd ed.). New York: Oxford University Press.

Binder, L. M. (1993). An abbreviated version of the Portland Digit Recognition Test. *The Clinical Neuropsychologist, 7,* 104-107.

Binder, L. M., Iverson, G. L., & Brooks, B. L. (2009). To err is human: "Abnormal" neuropsychological scores and variability are common in healthy adults. *Archives of Clinical Neuropsychology, 24,* 31-46.

Bihrle, A. M., Bellugi, U., Delis, D., & Marks, S. (1989). Seeing either the forest or the trees: Dissociation in visuospatial processing. *Brain and Cognition, 11,* 37-49.

Blair, J. R., & Spreen, O. (1989). Predicting premorbid IQ: A revision of the National Adult Reading Test. *The Clinical Neuropsychologist, 3,* 129-136.

Board of Directors. (2007). American Academy of Clinical Neuropsychology (AACN) practice guidelines for neuropsychological assessment and consultation. *The Clinical Neuropsychologist, 21,* 209-231.

Boll, T. (1993). *Children's Category Test.* San Antonio, TX: Psychological Corporation.

Boone, K., Lu, P., & Herzberg, D. (2002a). *The b Test.* Los Angeles: Western Psychological Services.

Boone, K., Lu, P., & Herzberg, D. (2002b). *The Dot Counting Test.* Los Angeles: Western Psychological Services.

Brady, C. B., Spiro, A., McGlinchey-Berroth, R., Milberg, W., & Gaziano, M. (2001). Stroke risk predicts verbal fl uency decline in healthy older men: Evidence from the Normative Aging Study. *Journal of Gerontology: Psychological Sciences, 56B,* 340-346.

Brandt, J. (1992). Detecting amnesia's impostors. In L. R. Squire & N. Butters (Eds.), *Neuropsychology of memory* (2nd ed., pp. 156-165). New York: Guilford Press.

Brandt, J., & Benedict, R. H. B. (2001). *The Hopkins Verbal Learning Test-Revised.* Odessa, FL: Psychological Assessment Resources.

Briere, J. (1995). *Trauma Symptom Inventory: Professional Manual.* Odessa, FL: Psychological Assessment Resources.

Briere, J. (1996). *Trauma Symptom Checklist for Children: Professional Manual.* Odessa, FL: Psychological Assessment Resources.

Brink, T. L., Yesavage, J. A., Lum, O., Heersema, P. H., Adey, M., & Rose, T. L. (1982). Screening tests for geriatric depression. *Clinical Gerontologist, 1,* 37-43.

Brown, J. I., Fishco, V. V., & Hanna, G. S. (1993). *Nelson-Denny Reading Test.* Itasca, IL: Riverside.

Brown, L., Sherbenou, R. J., & Johnson, S. K. (1997). *Test of Nonverbal Intelligence-III.* Austin, T X: PRO-ED.

Brownell, R. (2000a). *Expressive One-Word Picture Vocabulary Test.* Novato, CA: Academic Therapy.

Brownell, R. (2000b). *Receptive One-Word Picture Vocabulary Test.* Novato, CA: Academic Therapy.

Bruininks, R. H., Woodcock, R. W., Weatherman, R. F., & Hill, B. K. (1996). *SIB-R: Scales of Independent Behavior-Revised.* Itasca, IL: Riverside Publishing Company.

Brunswick, E. (1956). *Perception and the representative design of psychological experiments, 2nd ed.* Berkley, CA: University of California Press.

Burgess, P. W., Alderman, N., Forbes, C., Costello, A., Coates, L. M-A., Dawson, D. R., Anderson, N. D., Gilbert, S. J., Dumontheil, I., & Channon, S. (2006). The case for the development and use of "ecologically valid" measure of executive function in experimental and clinical neuropsychology. *Journal of the International Neuropsychology Society, 12,* 194-209.

Buschke, H. (1973). Selective reminding for analysis of memory and learning. *Journal of Verbal Learning and Verbal Behavior, 12,* 543-550.

Butcher, J. N., Dahlstrom, W. G., Graham, J. R., Tellegen, A. M., & Kaemmer, B. (1989). *MMPI-2: Manual for administration and scoring.* Minneapolis, MN: University of Minnesota Press.

Butcher, J. N., Williams, C. L., Graham, J. R., Archer, R. P., Tellegen, A., Ben-Porath, Y. S., & Kaemmer, B. (1992). *MMPI-A: Manual for administration, scoring, and interpretation.* Minneapolis, MN: University of Minnesota Press.

Centers for Disease Control and Prevention, National Center for Health Statistics. (2005). *Health, United States, 2005: With chartbook on trends in the health of Americans.* Hyattsville, MD: Centers for Disease Control and Prevention.

Christensen, A. -L. (1974). *Luria's neuropsychological investigation*. Munksgaard, Copenhagen, Denmark.

Churchland, P. M. (1989). *A neurocomputational perspective.* Cambridge, MA: MIT Press.

Cohen, M. (1997). *Children's Memory Scale.* San Antonio, TX: Psychological Corporation.

Colarusso, R. R., & Hammill, D. D. (2003). *Motor-Free Visual Perception Test-3.* Novato, CA: Academic Therapy.

Conners, C. K. (2004). *Conners' Continuous Performance Test II, Version 5.* Toronto, Canada: Multi-Health Systems.

Conners, C. K. (2008). *Conners 3rd Edition.* North Tonawanda, NY: Multi-Health Systems.

Constantinou, M., Ashendorf, L., & McCaffrey, R. J. (2002). When the third party observer of a neuropsychological evaluation is an audio-recorder. *The Clinical Neuropsychologist, 16,* 407-412.

Constantinou, M., Ashendorf, L., & McCaffrey, R. J. (2005). Effects of a third party observer during neuropsychological assessment: When the observer is a video-camera. *Journal of Forensic Neuropsychology, 4,* 39-47.

Crocker, L., & Algina, J. (1986). *Introduction to classical and modern test theory.* Fort Worth, TX: Holt, Rinehart and Winston.

Culbertson, W. C., & Zilmer, E. A. (2000). *Tower of London-Drexel University (2nd ed.).* North Tonawanda, NY: Multi-Health Systems.

Cummings, J. L., & Coffey, C. E. (2000). Geriatric neuropsychiatry. In C. E. Coffey & J. L. Cummings (Eds.), *Textbook of geriatric neuropsychiatry* (2nd ed., pp. 3-15). Washington, DC: APA Press.

Damasio, A. R. (1995). *Descartes' error: Emotion, reason, and the human brain.* New York: Avon Books.

Dana, R. H. (1993). *Multicultural assessment perspectives for professional psychology.* Boston: Allyn and Bacon.

De Renzi, E., & Vignolo, L. (1962). The Token Test: A sensitive test to detect receptive disturbances in aphasics. *Brain, 85,* 665-678.

DeFilippis, N. A., & McCampbell, E. (1997). *Manual for the Booklet Category Test (2nd ed.).* Odessa, FL: Psychological Assessment Resources.

DeGutis, J., Robertson, L., Nakayama, K., McGlinchey, R., & Milberg, W. (2008). Learning faces: Plasticity and the rehabilitation of congenital prosopagnosia [abstract]. *Journal of Vision, 8,* 184a.

D'Elia, L. F., Satz, P., Uchiyama, C. L., & White, T. (1996). *Color Trails Test.* Odessa, FL: Psychological Assessment Resources, Inc.

Delis, D. C., Kaplan, E., & Kramer, J. H. (2001). *Delis-Kaplan Executive Function System.* San Antonio, TX: The Psychological Corporation.

Delis, D. C., Kramer, J. H., Kaplan, E., & Ober, B. A. (1987). *California Verbal Learning Test-Adult Version.* San Antonio, TX: Psychological Corporation.

Delis, D. C., Kramer, J. H., Kaplan, E., & Ober, B. A. (1994). *California Verbal Learning Test-Children's Version.* San Antonio, TX: Psychological Corporation.

Delis, D. C., Kramer, J. H., Kaplan, E., & Ober, B. A. (2000). *California Verbal Learning Test-Second Edition.* San Antonio, TX: Psychological Corporation.

Division 40. (1997). Bylaws of the Division of Clinical Neuropsychology. Retrieved December 24, 2008, from http://www.div40.org/APA Division_40_Bylaws 2005.pdf.

Division 40. (1989). Defi nition of a clinical neuropsychologist. *The Clinical Neuropsychologist, 3,* 22.

Donders, J. (2001a). A survey of report writing by neuropsychologists: I. General characteristics and content. *The Clinical Neuropsychologist, 15,* 137-149.

Donders, J. (2001b). A survey of report writing by neuropsychologists: II. Test data, report format, and document length. *The Clinical Neuropsychologist, 15,* 150-161.

Dunn, L. M., & Dunn, D. M. (2006). *Peabody Picture Vocabulary Test, fourth edition.* Minneapolis, MN: Pearson Assessments.

Emslie, H., Wilson, F. C., Burden, V., Nimmo-Smith, A., & Wilson, B. A. (2003). *Behavioural Assessment of the Dysexecutive Syndrome in Children.* Bury St. Edmunds, England: Thames Valley Test Company.

Faust, D., Hart, K., & Guilmette, T. J. (1988). Pediatric malingering: The capacity of children to fake believable defi cits on neuropsychological testing. *Journal of Consulting and Clinical Psychology, 56,* 578-582.

Finger, S., & Stein, D. G. (1982). *Brain damage and recovery: Research and clinical perspectives.* New York: Academic Press.

Flanagan, D. P., & Kaufman, A. S. (2009). *Essentials of WISC-IV assessment, 2nd ed.* New York: Wiley.

Flanagan, D. P., Ortiz, S. O., & Alfonso, V. C. (2007). *Essentials of cross-battery assessment, 2nd ed.* New York: Wiley.

Flourens, P. (1960). Recherches Expérimentales sur les Propriétés les Fonction du Système Nerveux dans les Animaux Vertébrés. Paris: Crevot. Translated and reprinted in G. von Bonin (Ed.), *Some papers on the cerebral cortex.* Springfi eld, IL: Thomas. (Original work published 1824)

Fodor, J. A. (1983). *The modularity of mind: An essay on faculty psychology.* Cambridge, MA: MIT Press.

Folstein, M. F., Folstein, S. E., & McHugh, P. R. (2001). *Mini-Mental State Examination: Clinical guide.* Odessa, FL: Psychological Assessment Resources.

Frederick, R. I. (1997). *Validity Indicator Profi le.* Minneapolis, MN: National Computer Systems.

Freedman, M., Leach, L., Kaplan, E., Winocur, G., Shulman, K. I., & Delis, D. C. (1994). *Clock drawing: A neuropsychological analysis.* New York: Oxford University Press.

Gall, F. (1835). *On the functions of the brain and each of its parts: With observations on determining the instincts, propensities, and talents, or the moral and intellectual dispositions of men and animals, by the confi guration of the brain and head* (Vol. 3; W. Lewis Jr., Trans.). Boston: Marsh, Capen and Lyon.

German, D. J. (1990). *Test of Adolescent/Adult Word Finding.* Austin, TX: PRO-ED.

Geslani, D. M., Tierney, M. C., Herrmann, N., & Szalai, J. P. (2005). Mild cognitive impairment: An operational defi nition and its conversion rate to Alzheimer's disease. *Dementia and Geriatric Cognitive Disorders, 5,* 383-389.

Gilliam, J. E. (1995). *Attention-Defi cit/Hyperactivity Disorder Test: Examiner's manual.* Austin, TX: PRO-ED.

Gioia, G. A., Espy, K. A., & Isquith, P. K. (2003). *Behavior Rating Inventory of Executive Function-Preschool Version.* Lutz, FL: Psychological Assessment Resources.

Gioia, G. A., Isquith, P. K., Guy, S. C., & Kenworthy, L. (2000). *Behavior Rating Inventory of Executive Function.* Lutz, FL: Psychological Assessment Resources.

Glutting, J., Adams, W., & Sheslow, D. (1999). *Wide Range Intelligence Test Manual.* Lutz, FL: Psychological Assessment Resources.

Golden, C. J. (1978). *Stroop Color and Word Test.* Chicago, IL: Stoelting.

Golden, C. J., & Freshwater, S. M. (2002). *Stroop Color and Word Test: Revised Examiner's Manual.* Wood Dale, IL: Stoelting.

Golden, C. J., Freshwater, S. M., Golden, Z. (2003). *Stroop Color and Word Test Children's Version for Ages 5-14.* Wood Dale, IL: Stoelting.

Golden, C. J., Hammeke, T. A., & Purisch, A. D. (1978). Diagnostic validity of a standardized neuropsychological battery derived from Luria's neuropsychological tests. *Journal of Consulting and Clinical Psychology, 46,* 1258-1265.

Golden, C. J., Purisch, A. D., & Hammeke, T. A. (1985). *Manual for the Luria-Nebraska Neuropsychological Battery: Forms I and II.* Los Angeles: Western Psychological Services.

Goldstein, K. (1939). *The organism.* New York: American Book Company.

Goodglass, H., & Kaplan, E. (1983). *The assessment of aphasia and related disorders* (2nd ed.). Philadelphia: Lea & Febiger.

Goodglass, H., Kaplan, E., & Barresi, B. (2001). *Boston Diagnostic Aphasia Examination* (3rd ed.). Philadelphia: Lippincott Williams & Wilkins.

Grant, D. A., & Berg, E. A. (1993). *Wisconsin Card Sorting Test.* Odessa, FL: Psychological Assessment Resources.

Green, P. (2003). *Green's Word Memory Test for Windows.* Edmonton, Canada: Green's Publishing.

Green, P. (2004). *Green's Medical Symptom Validity Test for Microsoft Windows.* Edmonton, Canada: Green's Publishing, Inc.

Green, P. (2006). *The Nonverbal Medical Symptom Validity Test: MS Windows computer program.* Edmonton, Canada: Green's Publishing.

Green, P., & Astner, K. (1995). *Test Manual for the Oral Word Memory Test.* Durham, NC: Cognisyst. [Out of print but available through Green's Publishing, Inc.].

Greenberg, L. M. (2007), *The Test of Variables of Attention* (Version 7.3) [Computer Software]. Los Alamitos, CA: The TOVA Company.

Greiffenstein, M. F., Baker, W. J., & Gola, T. (1996). Comparison of multiple scoring methods for Rey's malingered amnesia measures. *Archives of Clinical Neuropsychology, 11,* 283-293.

Greiffenstein, M. F., & Cohen, L. (2005). Neuropsychology and the law: Principles of productive attorney-neuropsychologist relations. In G. J. Larrabee (Ed.). *Forensic neuropsychology: A scientifi c approach* (pp. 29-91). New York: Oxford University Press.

Grober, E., & Sliwinski, M. (1991). Development and validation of a model for estimating premorbid verbal intelligence in the elderly. *Journal of Clinical and Experimental Neuropsychology, 13,* 933-949.

Gronwall, D. M. A. (1977). Paced Auditory Serial-Addition Task: A measure of recovery from concussion. *Perceptual and Motor Skills, 44,* 367-373.

Gronwall, D. M. A., & Sampson, H. (1974). *The psychological effects of concussion.* New Zealand: Auckland University Press.

Guilmette, T. J., Hagan, L. D., & Giuliano, A. J. (2008). Assigning qualitative descriptions to test scores in neuropsychology: Forensic implications. *The Clinical Neuropsychologist, 22,* 122-139.

Guy, S. C., Isquith, P. K., & Gioia, G.A. (2004). *Behavior Rating Inventory of Executive Function-Self-Report.* Lutz, FL: Psychological Assessment Resources.

Halstead, W. C. (1947). *Brain and intelligence.* Chicago: University of Chicago Press.

Hammill, D. D., Pearson, N. A., & Wiederholt, J. L. (2009). *Comprehensive Test of Nonverbal*

Intelligence, Second Edition. Austin, TX: PRO-ED.

Hannay, H. J., Bieliauskas, L., Crosson, B. A., Hammeke, T. A., deS. Hamsher, K., & Koffler, S. (Eds.). (1998). Proceedings of the Houston Conference on Specialty Training in Clinical Neuropsychology, September 3-7, 1997. *Archives of Clinical Neuropsychology, 13*, 157-249.

Hannay, H. J., & Levin, H. S. (1985). Selective reminding: An examination of the equivalence of four forms. *Journal of Clinical and Experimental Neuropsychology, 7,* 251-263.

Harrison, P. L., & Oakland, T. (2000). *Adaptive Behavior Assessment System: Manual.* San Antonio, TX: Psychological Corporation.

Heaton, R. K., Chelune, G. J., Talley, J. L., Kay, G. G., & Curtiss, G. (1993). *Wisconsin Card Sorting Test manual: Revised and expanded.* Odessa, FL: Psychological Assessment Resources.

Heaton, R. K., Grant, I., & Matthews, C. G. (1991). *Comprehensive norms for an Expanded Halstead-Reitan Battery: Demographic corrections, research fi ndings, and clinical applications.* Odessa, FL: Psychological Assessment Resources.

Heaton, R. K., Miller, S. W., Taylor, M. J., & Grant, I. (2004). *Revised comprehensive norms for an expanded Halstead-Reitan Battery: Demographically adjusted neuropsychological norms for African American and Caucasian adults.* Lutz, FL: Psychological Assessment Resources, Inc.

Hiscock, C., Branham, J., & Hiscock, M. (1994). Detection of feigned cognitive impairment: The two-alternative forced-choice method compared with selected conventional tests. *Journal of Psychopathology and Behavioral Assessment, 16,* 95-109.

Hiscock, M., & Hiscock, C. K. (1989). Refi ning the forced-choice method for the detection of malingering. *Journal of Clinical and Experimental Neuropsychology, 11,* 967-974.

Hooper, H. E. (1958). *The Hooper Visual Organization Test.* Beverly Hills, CA: Western Psychological Services.

Hsieh, S. L. J., & Tori, C. D. (1993). Neuropsychological and cognitive effects of Chineselanguage instruction. *Perceptual and Motor Skills, 77,* 1071-1081.

Ivnik, R. J., Haaland, K. Y., & Bieliauskas, L. A. (2000). The American Board of Clinical Neuropsychology (ABCN), 2000 update. *The Clinical Neuropsychologist, 14,* 261-268.

Jackson, J. H. (1894). The factors of insanities. *Medical Press and Circular, 2,* 615-619.

Joy, S., Fein, D., Kaplan, E., & Morris, F. (2001). Quantifying qualitative features of Block Design performance among healthy older adults. *Archives of Clinical Neuropsychology, 16,* 157-170.

Jurica, P. J., Leitten, C. L., & Mattis, S. (2001). *Dementia Rating Scale-2: Professional manual.* Odessa, FL: Psychological Assessment Resources.

Kaplan, E. F., Goodglass, H., & Weintraub, S. (2001). *The Boston Naming Test (2nd ed.).* Philadelphia: Lippincott, Williams & Wilkins.

Kaplan, E., Fein, D., Kramer, J., Delis, D., & Morris, R. (1999). *Wechsler Intelligence Scale for Children-Third Edition as a Process Instrument manual.* San Antonio, TX: Psychological Corporation.

Kaplan, E., Fein, D., Morris, R., & Delis, D. C. (1991). *WAIS-R NI for use with WAIS-R manual.* San Antonio, TX: Psychological Corporation.

Kaufman, A. S. (1994). *Intelligent testing with the WISC-III.* New York: Wiley.

Kaufman, A. S., & Kaufman, N. L. (1993). *Kaufman Adolescent and Adult Intelligence Test.* Circle Pines, MN: American Guidance Service.

Kaufman, A. S., & Kaufman, N. L. (1994). *Kaufman Functional Academic Skills Test.* Circle Pines, MN: American Guidance Service.

Kaufman, A. S., & Kaufman, N. L. (2004a). *Kaufman Assessment Battery for Children, Second Edition.* Circle Pines, MN: AGS.

Kaufman, A. S., & Kaufman, N. L. (2004b). *Kaufman Brief Intelligence Test, Second Edition.* Circle Pines, MN: AGS.

Kaufman, A. S., & Kaufman, N. L. (2004c). *Kaufman Test of Educational Achievement, Second Edition.* Circle Pines, MN: American Guidance Service.

Kaufman, A. S., & Kaufman, N. L. (2004d). *Kaufman Test of Educational Achievement, Second Edition, Brief Form.* Circle Pines, MN: American Guidance Service.

Kaufman, A. S., & Lichtenberger, E. O. (2000). *Essentials of WISC-III and WPPSI-R Assessment.* New York: Wiley.

Kennerknecht, I., Grueter, T., Welling, B., Wentzek, S., Horst, J., Edwards, S., & Grueter, M. (2006). First report of prevalence of non-syndromic hereditary prosopagnosia (HPA). *American Journal of Medical Genetics Part A, 140,* 1617-1622.

Kiernan, R. J., Mueller, J., Langston, J. W., & Van Dyke, C. (1987). The Neurobehavioral Cognitive Status Examination: A brief but differentiated approach to cognitive assessment. *Annals of Internal Medicine, 107,* 481-485.

Kongs, S. K., Thompson, L. L., Iverson, G. L., & Heaton, R. K. (2000). *Wisconsin Card Sorting Test-64 Card Version.* Lutz, FL: Psychological Assessment Resources.

Korkman, M., Kirk, U., & Kemp, S. (2007). *NEPSY-Second Edition.* San Antonio, TX: Harcourt Assessment.

Kraemer, H. C. (1992). *Evaluating medical tests: Objective and quantitative guidelines.* Newbury Park, CA: Sage.

Kuo, H-K., Jones, R.N., Milberg, W. P., Tennstedt, S., Talbot, L., Morris, J. N., & Lipsitz, L. A. (2005). Effect of blood pressure and diabetes mellitus on cognitive and physical function in older adults: A longitudinal analysis of the advanced cognitive training for independent and vital elderly cohort. *Journal of American Geriatric Society, 53,* 1154-1161.

Kuo, H-K., Jones, R.N., Milberg, W. P., Tennstedt, S., Talbot, L., Morris, J. N., & Lipsitz, L. A. (2006). Cognitive function in normal-weight, overweight, and obese older adults: An analysis of the advanced cognitive training for independent and vital elderly cohort. *Journal of American Geriatric*

Society, 54, 97-103.

Lashley, K. S. (1929). *Brain mechanisms and intelligence.* Chicago: University of Chicago Press.

Leach, L., Kaplan, E., Rewilak, D., Richards, B., & Proulx, G. B. (2000). *Kaplan Baycrest Neurocognitive Assessment manual.* San Antonio, TX: Harcourt Assessments.

Leark, R. A., Greenberg, L. K., Kindschi, C. L., Dupuy, T. R., & Hughes, S. J. (2007). *Test of Variables of Attention professional manual.* Los Alamitos, CA: The TOVA Company.

Lee, G. P., Loring, D. W., & Martin, R. C. (1992). Rey's 15-Item Visual Memory Test for the detection of malingering: Normative observations on patients with neurological disorders. *Psychological Assessment, 4,* 43-46.

Leritz, E. C., McGlinchey, R. E., Lundgren, K., Grande, L. J., & Milberg, W. P. (2008). Using lexical familiarity judgments to assess verbally mediated intelligence in aphasia. *Neuropsychology, 22,* 687-696.

Lewis, R. F. (1995). *Professional user's guide for the Digit Vigilance Test.* Odessa, FL: Professional Assessment Resources.

Lezak, M. D. (1983). *Neuropsychological assessment.* New York: Oxford University Press.

Lezak, M. D., Howieson, D. B., & Loring, D. W. With Hannay, J. & Fischer, J. S. (2004). *Neuropsychological Assessment* (4th ed.). New York: Oxford University Press.

Libon, D. J., Mattson, R. E., Glosser, G., Kaplan, E., Malamut, B. M., Sands, L. P., Swenson, R., & Cloud, B. (1996). A nine-word dementia version of the California Verbal Learning Test. *The Clinical Neuropsychologist, 10,* 237-244.

Llorente, A. M., Williams, J., Satz, P., & D'Elia, L. F. (2003). *Children's Color Trails Test (CCTT).* Odessa, FL: Psychological Assessment Resources, Inc.

Luria, A. R. (1966). *Higher cortical functions in man.* New York: Basic Books.

Luria, A. R. (1973). *The working brain: An introduction to neuropsychology.* New York: Basic Books.

Malmgren, R. (2000). Epidemiology of aging. In C. E. Coffey & J. L. Cummings (Eds.), *Textbook of geriatric neuropsychiatry* (2nd ed., 17-31). Washington, DC: APA Press.

Manly, T., Robertson, I. H., Anderson, V., & Nimmo-Smith, I. (1998). *TEA-Ch: The Test of Everyday Attention for Children.* Bury St. Edmunds, England: Thames Valley Test Company.

Martin, N. A. (2006). *Test of Visual Perceptual Skills, 3rd ed.* Novato, CA: Academic Therapy.

Matarazzo, J. D. (1972). *Wechsler's measurement and appraisal of adult intelligence* (5th ed.). Baltimore: Williams & Wilkins.

McCaffrey, R. J., Fisher, J. M., Gold, B. A., & Lynch, J. K. (1996). Presence of third parties during neuropsychological evaluations: Who is evaluating whom? *The Clinical Neuropsychologist, 10,* 435-449.

McCaffrey, R. J., Lynch, J. K., & Yantz, C. L. (2005). Third party observers: Why all the fuss? *Journal of Forensic Neuropsychology, 4,* 1-15.

McCaffrey, R. J., Williams, A. D., Fisher, J. M., & Laing, L. C. (1997). *The practice of forensic neuropsychology: Meeting challenges in the courtroom.* New York: Plenum Press.

McGlinchey-Berroth, R., Bullis, D. P., Milberg, W. P., Verfaellie, M., Alexander, M., & D'Esposito, M. (1996). Assessment of neglect reveals dissociable behavioral but not neuroanatomical subtypes. *Journal of the International Neuropsychological Society, 2,* 441-451.

McKhann, G. (1984). Criteria for the clinical diagnosis of Alzheimer's disease: Excerpts from the NINCDS-ADRDA work group report. *Neurology, 34,* 939.

Meehl, P. E., & Rosen, A. (1955). Antecedent probability and the effi ciency of psychometric signs, patterns, or cutting scores. In D. N. Jackson & S. Messick (Eds.), *Problems in human assessment* (pp. 392-412). New York: McGraw-Hill.

Meier, M. J. (1997). The establishment of clinical neuropsychology as a psychological specialty. In M. E. Maruish & J. A. Moses, Jr. (Eds.), *Clinical neuropsychology: Theoretical foundations for practitioners* (pp. 1-31). Mahwah, NJ: Lawrence Erlbaum Associates.Meier, M. J. (1998). On the emergence of clinical neuropsychology as a specialty. *Division 40 Newsletter 4* (Spring), 7-8.

Mesulam, M. M. (1985). *Principles of behavioral neurology.* Philadelphia: Davis.

Meyers, J. E., & Meyers, K. R. (1995). *Rey Complex Figure Test and Recognition Trial.* Odessa, FL: Psychological Assessment Resources.

Meyers, J. E., & Meyers, K. R. (1996). *Rey Complex Figure Test and Recognition Trial. Manual Supplement.* Odessa, FL: Psychological Assessment Resources.

Milberg, W. P. (1996). Issues in the assessment of cognitive function in dementia. *Brain and Cognition, 31,* 114-132.

Milberg, W. P., Hebben, N., & Kaplan, E. (2009). The Boston process approach to neuropsychological assessment. In I. Grant & K. M. Adams (Eds.), *Neuropsychological assessment of neuropsychiatric and neuromedical disorders* (3rd ed., pp. -42-65). New York: Oxford University Press.

Milner, B. (1963). Effects of different brain regions on card sorting. *Archives of Neurology, 9,* 90-100.

Morey, L. C. (1991). *Personality Assessment Inventory: Professional manual.* Odessa, FL: Psychological Assessment Resources.

Naglieri, J. A. (2000). *Naglieri Nonverbal Ability Test-Individual Administration.* San Antonio, TX: Psychological Corporation.

National Academy of Neuropsychology. (2000a). Presence of third party observers during neuropsychological testing: Offi cial statement of the National Academy of Neuropsychology. *Archives of Clinical Neuropsychology, 15,* 379-380.

National Academy of Neuropsychology. (2000b). Test Security: Offi cial position statement of the National Academy of Neuropsychology. *Archives of Clinical Neuropsychology, 15,* 383-386.

National Academy of Neuropsychology. (2001). Defi nition of a neuropsychologist. Retrieved December 23, 2008, from http://www.nanonline.org/PositionPage

Links/Pages/Defi nitionofaNeuropsychologist.aspx.

Navarrette, M. G. (1999). Verbal and nonverbal memory differences in bilingual children. *Dissertation Abstracts International 60,* 1013A.

Nelson, H. E. (1982). *National Adult Reading Test (NART): Test manual.* Windsor, England: NFER Nelson.

Nelson, H. E., & McKenna, P. (1975). The use of current reading ability in the assessment of dementia. *British Journal of Social and Clinical Psychology, 14,* 259-267.

Nezu, C. M., Finch, A. J., & Simon, N. P. (Eds.). (2009). *Becoming board certifi ed by the American Board of Professional Psychology.* New York: Oxford University Press.

O'Carroll, R. E., Baikie, E. M., & Whittick, J. E. (1987). Does the National Adult Reading Test hold in dementia? *British Journal of Clinical Psychology, 26,* 315-316.

Ownby, R. L. (1990). A study of the expository process model in mental health settings. *Journal of Clinical Psychology, 46,* 366-371.

Paolo, A. M., Ryan, J. J., & Troster, A. I. (1996). Demographically based regression equations to estimate WAIS-R subtest scaled scores. *The Clinical Neuropsychologist, 10,* 130-140.

Parsons, O. A., Vega, A., & Burn, J. (1969). Different psychological effects of lateralized brain-damage. *Journal of Clinical and Consulting Psychology, 33,* 551-557.

Pascal-Leone, A., Davie, N. J., Rothwell, J., Wasserman, E. M., & Puri, B. K. (2002). *Handbook of transcranial magnetic stimulation.* London: Arnold.

Penrose, R. (1997). *The large, the small and the human mind.* Cambridge, England: Cambridge University Press.

Poeck, K. (1986). The clinical examination for motor apraxia. *Neuropsychologia, 24,* 129-134.

Poreh, A. M. (2000). The quantifi ed process approach: An emerging methodology to neuropsychological assessment. *The Clinical Neuropsychologist, 14,* 212-222.

Poreh, A. M. (Ed.). (2006). *The quantifi ed process approach.* Lisse, Holland: Swets & Zeitlinger.

Pugh, K. G., Milberg, W. P., & Lipsitz, L. A. (2001). Frontal executive dysfunction in community dwelling elderly persons with preserved memory [*abstract*]. *Journal of the American Geriatrics Society, 49,* 77-78.

Randolph, C. (1998). *Manual for the Repeatable Battery for the Assessment of Neuropsychological Status.* San Antonio, TX: The Psychological Corporation.

Raven, J. C. (1994). *Advanced Progressive Matrices Sets I and II.* Oxford: Oxford Psychologists Press. (Original work published 1965)

Raven, J. C. (1995). *Coloured Progressive Matrices Sets A, Ab, B.* Oxford: Oxford Psychologists Press. (Original work published 1947)

Raven, J. C. (1996). *Progressive Matrices: A Perceptual Test of Intelligence.* Oxford: Oxford Psychologists Press. (Original work published 1938)

Raven, J., Raven, J. C., & Court, J. H. (1998). *Raven manual: Section 4. Advanced Progressive Matrices.* Oxford: Oxford Psychologists Press.

Reitan, R. M. (1955). The distribution according to age of a psychological measure dependent upon organic brain functions. *Journal of Gerontology, 10,* 338.

Reitan, R. M., & Davison, L. A. (Eds.). (1974). *Clinical neuropsychology: Current status and applications.* New York: Wiley.

Reitan, R. M., & Wolfson, D. (1993). *The Halstead-Reitan Neuropsychological Test Battery: Theory and clinical interpretation.* Tucson, AZ: Neuropsychology Press.

Reitan, R. M., & Wolfson, D. (1996). Theoretical, methodological and validated bases of the Halstead-Reitan neuropsychological test battery. In I. Grant & K. M. Adams (Eds.), *Neuropsychological assessment of neuropsychiatric disorders* (2nd ed., pp. 3-42). New York: Oxford University Press.

Rey, A. (1941). L'examen psychologie dans les cas d'encephalopathie traumatique. *Archives de Psychologie, 28,* 286-340.

Rey, A. (1958). *L'examen clinque en psychologie.* Paris: Presse Universitaire de France.

Reynolds, C. R. (2002). *Comprehensive Trail-Making Test.* Austin, TX: PRO-Ed.

Reynolds, C. R., & Horton, A. M., Jr. (2006). *Test of Verbal Conceptualization and Fluency examiner's manual.* Austin, TX: PRO-ED.

Reynolds, C. R., & Kamphaus, R. W. (2004). *Behavior Assessment System for Children, Second Edition: Manual.* Circle Pines, MN: American Guidance Service.

Reynolds, C. R., & Kamphaus, R. W. (2003). *Reynolds Intellectual Assessment Scales professional manual.* Lutz, FL: Psychological Assessment Resources, Inc.

Reynolds, C. R., & Voress, J. K. (2007). *Test of Memory and Learning-Second Edition.* Austin, TX: PRO-ED.

Robertson, L. C. (1995). Hemispheric specialization and cooperation in processing complex visual patterns. In F. L. Kitterle (Ed.), *Hemispheric communication: Mechanisms and models* (pp. 301-318). Hillsdale, NJ: Erlbaum.

Robertson, I. H., Ward, T., Ridgeway, V., & Nimmo-Smith, I. (1994). *The Test of Everyday Attention.* Bury St. Edmunds, England: Thames Valley Test Company.

Roid, G. H. (2003). *Stanford-Binet Intelligence Scales, Fifth Edition,* Itasca, IL: Riverside Publishing.

Roth, R. M., Isquith, P. K., & Gioia, G. A. (2005). *Behavior Rating Inventory of Executive Function-Adult Version professional manual.* Lutz, FL: Psychological Assessment Resources.

Rourke, B. P., & Murji, S. (2000). A history of the International Neuropsychological Society: The early years (1965-1985). *Journal of the International Neuropsychological Society, 6,* 491-509.

Ruff, R. M. (1998). *Ruff Figural Fluency Test professional manual.* Odessa, FL: Psychological Assessment Resources.

Ruff, R. M., & Allen, C. C. (1996). *The Ruff 2 & 7 Selective Attention Test professional manual.* Odessa,

FL: Psychological Assessment Resources, Inc.

Russell, E., Neuringer, C., & Goldstein, G. (1970). *Assessment of brain damage: A neuropsychological key approach.* New York: Wiley.

Saetveit, J. G., Lewis, D., & Seashore, C. E. (1940). *Revision of the Seashore Measure of Musical Talents* (University of Iowa No. 5). Iowa City: University of Iowa Press.

Sattler, J. M. (1992). *Assessment of children* (3rd ed.). San Diego: Sattler.

Sbordone, R. J. (1996). Ecological validity: Some critical issues for the neuropsychologist. In R. J. Sbordone & C. J. Long (Eds.), *Ecological validity of neuropsychological testing* (pp. 15-41). Orlando, FL: St. Lucie Press.

Sbordone, R. J., & Guilmette, T. J. (1999). Ecological validity: Prediction of everyday and vocational functioning from neuropsychological test data. In J. J. Sweet (Ed.), *Forensic neuropsychology: Fundamentals and practice* (pp. 227-254). Lisse, Netherlands: Swets & Zeitlinger.

Sbordone, R. J., & Saul, R. E. (2000). *Neuropsychology for health care professionals and attorneys* (2nd ed.). Boca Raton, FL: CRC Press.

Sbordone, R. J., Saul, R. E., & Purisch, A. D. (2007). *Neuropsychology for psychologists, health care professionals, and attorneys* (3rd ed.). Boca Raton, FL: CRC Press.

Schmidt, M. (1996). *Rey Auditory Verbal Learning Test: A handbook.* Los Angeles: Western Psychological Services.

Schoenberg, M. R., Duff, K., Scott, J. G., & Adams, R. L. (2003). An evaluation of the clinical utility of the OPIE-3 as an estimate of premorbid WAIS-III FSIQ. *The Clinical Neuropsychologist, 17,* 308-321.

Schoenberg, M. R., Scott, J. G., Duff, K., & Adams, R. L. (2002). Estimation of WAIS-III Intelligence from combined performance and demographic variables: Development of the OPIE-3. *The Clinical Neuropsychologist, 16,* 426-438.

Schretlen, D. (1997). *Professional manual for the Brief Test of Attention.* Odessa, FL: Professional Assessment Resources.

Schretlen, D. J., Munro, C. A., Anthony, J. C., & Pearlson, G. D. (2003). Examining the range of normal intraindividual variability in neuropsychological test performance. *Journal of the International Neuropsychological Society, 9,* 864-870.

Seashore, C. E., Lewis, D., & Saetveit, D. L. (1960). *Seashore Measures of Musical Talents* (rev. ed.). New York: Psychological Corporation.

Seguin, E. (1907). *Idiocy: Its treatment by the physiological method.* New York: Bureau of Publications, Teachers College, Columbia University. (Original work published 1866)

Sharland, M. J., & Gfeller, J. D. (2007). A survey of neuropsychologists' beliefs and practices with respect to the assessment of effort. *Archives of Clinical Neuropsychology, 22,* 213-223.

Sheslow, D., & Adams, W. (2003). *Wide Range Assessment of Memory and Learning, Second Edition administration and technical manual.* Lutz, FL: Psychological Assessment Resources.

Shipley, W. C. (2008). *Shipley Institute of Living Scale-2.* Los Angeles, CA: Western Psychological Services.

Sivan, A. B. (1992). *Benton Visual Retention Test* (5th ed.). San Antonio, TX: Psychological Corporation.

Slick, D., Hopp, G., Strauss, E., & Thompson, G. B. (1999). *Victoria Symptom Validity Test (VSVT) for Windows.* Odessa, FL: Psychological Assessment Resources.

Sliwinski, M., Lipton, R. B., Buschke, H., & Stewart, W. (1996). The effects of preclinical dementia on estimates of normal cognitive functioning in aging. *Journal of Gerontology: Psychological Sciences and Social Sciences, 51,* 217-225.

Smith, A. (1991). *Symbol Digit Modalities Test.* Los Angeles: Western Psychological Services.

Sparrow, S. S., Cicchetti, D. V., & Balla, D. A. (2005). *Vineland Adaptive Behavior Scales Second Edition.* Circle Pines, MN: American Guidance Service.

Stern, R. A., & White, T. (2003). *Neuropsychological Assessment Battery: Administration, scoring, and interpretation manual.* Lutz, FL: Psychological Assessment Resources.

Strauss, E., Sherman, E.M.S., & Spreen, O. (2006). *A compendium of neuropsychological tests: Administration, norms, and commentary* (3rd ed.). New York: Oxford University Press.

Sweet, J. J., Nelson, N. W., & Moberg, P. J. (2006). The TCN/AACN 2005 "Salary Survey": Professional practices, beliefs, and incomes of U.S. neuropsychologists. *The Clinical Neuropsychologist, 20,* 325-364.

Tombaugh, T. N. (1996). *Test of Memory Malingering.* North Tonawanda, NY: Multi-Health Systems.

Tombaugh, T. N., & Rees, L. M. (2008). *Computerized Test of Information Processing technical manual.* North Tonawanda, NY: Multi-Health Systems.

Tulsky, D. S., & Zhu, J. (2000). Could test length or order affect scores on Letter Number Sequencing of the WAIS-III and WMS-III? Ruling out effects of fatigue. *The Clinical Neuropsychologist, 14,* 474-478.

Tuokko, H., Hadjistavropoulos, T., Miller, J. A., Horton, A., & Beattle, B. L. (1995). *The Clock Test.* Toronto, Canada: Multi-Health Systems.

Vanderploeg, R. D. (2000). *Clinician's guide to neuropsychological assessment* (2nd ed.). Mahwah, NJ: Erlbaum.

Vigil Continuous Performance Test: User's guide. (1996). San Antonio, TX: Psychological Corporation.

Wechsler, D. (1955). *Manual for the Wechsler Adult Intelligence Scale.* New York: Psychological Corporation.

Wechsler, D. (1997). Manual for the Wechsler Adult Intelligence Scale-*Third Edition.* San Antonio, TX: Psychological Corporation.

Wechsler, D. (1999). *Manual for the Wechsler Abbreviated Scale of Intelligence.* San Antonio, TX: Harcourt Brace.

Wechsler, D. (2001a). *Wechsler Individual Achievement Test-Second Edition.* San Antonio, TX:

Psychological Corporation.

Wechsler, D. (2001b). *Wechsler Test of Adult Reading.* San Antonio, TX: Psychological Corporation.

Wechsler, D. (2002). *Manual for the Wechsler Preschool and Primary Scale of Intelligence-Third Edition.* San Antonio, TX: Psychological Corporation.

Wechsler, D. (2003). *Manual for the Wechsler Intelligence Scale for Children-Fourth Edition.* San Antonio, TX: Psychological Corporation.

Wechsler, D. (2008a). *Wechsler Adult Intelligence Scale-Fourth Edition.* San Antonio, TX: Pearson.

Wechsler, D. (2008b). *Wechsler Fundamentals: Academic Skills.* San Antonio, TX: Psychological Corporation.

Wechsler, D. (2009). *Wechsler Memory Scale-Fourth Edition.* San Antonio, TX: Pearson.

Wechsler, D., Kaplan, E., Delis, D., Fein, D., Maerlander, A., Morris, R., & Kramer, J. (2004). *Wechsler Intelligence Scale for Children, Fourth Edition, Integrated technical and interpretive manual.* San Antonio, TX: NCS: Pearson.

Wechsler, D. & Naglieri, J. A. (2006). *Wechsler Nonverbal Scale of Ability.* San Antonio, TX: Psychological Corporation.

Wecker, N. S., Kramer, J. H., Wisniewski, A., Delis, D. C., & Kaplan, E. (2000). Age effects on executive ability. *Neuropsychology, 14,* 409-414.

Weigl, E. (1927). Zur Psychologie sogenannter Abstraktionsprozesse. *Zeitschrift fur Psychologie, 103,* 2-45 [Translated by M. Rioch and reprinted as "On the psychology of so-called processes of abstraction"]. *Journal of Abnormal and Social Psychology, 36,* 3-33, 1948.

Weinstein, C. (2001). For your information: Defi nition of a clinical neuropsychologist-Offi cial position of the National Academy of Neuropsychology (Draft). *Massachusetts Neuropsychological Society Newsletter, 11,* 9.

Welsh, K. A., Butters, N., Mohs, R. C., Beekly, D., Edlands, S., Fillenbaum, G., and Heyman, A. (1994). The Consortium to Establish a Registry for Alzheimer's Disease (CERAD) Part V: A normative study of the neuropsychological battery. *Neurology, 44,* 609-614.

Wetzel, L., & Boll, T. J. (1987). *Short Category Test, Booklet Format.* Los Angeles: Western Psychological Services.

Widows, M. R., & Smith, G. P. (2005). *Structured Inventory of Malingered Symptomatology professional manual.* Lutz, FL: Psychological Assessment Resources.

Wiederholt, J. L., & Bryant, B. R. (2001). *Gray Oral Reading Test-Fourth Edition.* Austin, TX: PRO-ED.

Wilkinson, G. S., & Robertson, G. J. (2006). *Wide Range Achievement Test 4 professional manual.* Lutz, FL: Psychological Assessment Resources.

Williams, K. T. (2006). *Expressive Vocabulary Test, Second Edition.* Minneapolis, MN: Pearson Assessments.

Wilson, B. A., Ivani-Chalian, R., & Aldrich, F. (1991). *Rivermead Behavioural Memory Test for Children.*

Bury St. Edmunds: Thames Valley Test Company.

Wilson, B. A., Alderman, N., Burgess, P. W., Emslie, H., & Evans, J. J. (1996). *Behavioral Assessment of the Dysexecutive Syndrome.* Bury St. Edmunds, England: Thames Valley Test Company.

Wilson, B. A., Greenfi eld, E., Clare, L., Baddeley, A., Cockburn, J, Watson, P., Tate, R., Sopena, S., & Nannery, R. (2008). *The Rivermead Behavioural Memory Test, Third Edition.* London: Pearson Assessment.

Wilson, R. S., Rosenbaum, G., Brown, G., Rourke, D., Whitman, D., & Grisell, J. (1978). An index of premorbid intelligence. *Journal of Consulting and Clinical Psychology, 46,* 1554-1555.

Wilson, R. S., Rosenbaum, G., & Brown, G. (1979). The problem of premorbid intelligence in neuropsychological assessment. *Journal of Clinical Neuropsychology, 1,* 49-53.

Woodcock, R. W., McGrew, K. S., & Mather, N. (2001a). *Woodcock Johnson III NU Tests of Cognitive Abilities.* Itasca, IL: Riverside.

Woodcock, R. W., McGrew, K. S., & Mather, N. (2001b). *Woodcock Johnson III NU Tests of Achievement.* Itasca, IL: Riverside.

Woodcock, R. W., McGrew, K. S., & Mather, N. (2007). *Woodcock Johnson III NU.* Itasca, IL: Riverside.

Yeates, K. O. & Bieliauskas, L. A. (2004). The American Board of Clinical Neuropsychology and American Academy of Clinical Neuropsychology: Milestones past and present. *The Clinical Neuropsychologist, 18,* 489-493.

Yesavage, J. A., Brink, T. L., Rose, T. L., Lum, O., Huang, V., Adey, M. B., & Leirer, V. O. (1983). Development and validation of a geriatric depression rating scale: A preliminary report. *Journal of Psychiatric Research, 17,* 37-49.

저자 소개

Nancy Hebben

Wayne State University, Ph.D.

현 Harvard Medical School, Department of Psychiatry 교수

Licensed Psychologist(Massachusetts)

Massachusetts Institute of Technology 신경심리학 박사후과정 펠로우십

〈주요 저서〉

『Essentials of WISC-IV Assessment』(공저, Wiley, 2009)

William Milberg

Wayne State University, Ph.D.

현 Harvard Medical School, Department of Psychiatry 교수

VA Boston Healthcare System, 박사-전, 박사-후 임상 수련 과정

Board certified in clinical psychology(American Board of Professional Psychology)

〈주요 저서〉

『Neuropsychological Assessment of Neuropsychiatric & Neuromedical Disorders』(공저, Oxford University Press, 2009)

역자 소개

곽세열(Seyul Kwak)

연세대학교 교육학과 학사

서울대학교 심리학과 석사, 박사

현 부산대학교 심리학과 교수

(사)한국심리학회 임상심리전문가

〈주요 역서〉

『행동신경과학』(공역, 사회평론아카데미, 2022)

신경심리평가의 핵심 [원서 2판]

Essentials of Neuropsychological Assessment, 2nd Edition

2024년 8월 5일 1판 1쇄 인쇄
2024년 8월 15일 1판 1쇄 발행

지은이 • Nancy Hebben · William Milberg
옮긴이 • 곽세열
펴낸이 • 김진환
펴낸곳 • ㈜ 학지사
04031 서울특별시 마포구 양화로 15길 20 마인드월드빌딩
대표전화 • 02-330-5114 팩스 • 02-324-2345
등록번호 • 제313-2006-000265호

홈페이지 • http://www.hakjisa.co.kr
인스타그램 • https://www.instagram.com/hakjisabook

ISBN 978-89-997-3167-9 93180

정가 18,000원

역자와의 협약으로 인지는 생략합니다.
파본은 구입처에서 교환해 드립니다.